幼儿园危机管理策略与实例

周丛笑 等 编著

中国轻工业出版社

图书在版编目(CIP)数据

幼儿园危机管理策略与实例/周丛笑等编著. —
北京：中国轻工业出版社，2018.8（2022.1重印）
ISBN 978-7-5184-1784-1

Ⅰ.①幼⋯ Ⅱ.①周⋯ Ⅲ.①幼儿园-管理
Ⅳ.①G617

中国版本图书馆CIP数据核字（2017）第311759号

总 策 划：石　铁
策划编辑：吴　红　　　　　　　　责任终审：杜文勇
责任编辑：吴　红　王慧超　　　　责任监印：刘志颖

出版发行：中国轻工业出版社（北京东长安街6号，邮编：100740）
印　　刷：三河市鑫金马印装有限公司
经　　销：各地新华书店
版　　次：2022年1月第1版第2次印刷
开　　本：710×1000　1/16　印张：20.00
字　　数：201千字
印　　数：5001—7000
书　　号：ISBN 978-7-5184-1784-1　定价：52.00元

读者服务部邮购热线电话：010-65125990，65262933　传真：010-65181109
发行电话：010-85119832　传真：010-85113293
网　　址：http://www.wqedu.com
电子信箱：1012305542@qq.com
如发现图书残缺请直接与我社读者服务部（邮购）联系调换
171238Y1X101ZBW

本书作者

邓 艳　李颖斌　刘亮辉　罗荣辉
王立群　向松梅　徐 惠　周丛笑

（按姓氏拼音排列）

序言：化解危机，重生前行

当下，各种危机频发，幼儿园也概莫能外。由于幼儿园自身和国内外环境的影响，无论公办幼儿园还是民办幼儿园，都会遇到不少危机的困扰。这些危机不但给幼儿园的人、财、物造成损害，也会危及幼儿园的生存和发展甚至使其陷入困境。搞好幼儿园危机管理、化解危机是学前教育理论工作者和实践工作者需要认真研究的重要问题；而关注危机、提升危机意识、提高危机管理能力，也已成为幼儿园管理工作中不可或缺的部分。

一、幼儿园危机管理的概念

（一）幼儿园危机的内涵

"危机"一词源于古希腊语"Krincin"，指的是人濒临死亡、游离于生死之间的状态。《韦氏词典》认为："Crisis"是有可能变好或者变坏的转折点或关键时刻。《辞海》对"危机"的解释是："潜伏的祸根；生死存亡的紧要关头。"其实，从字面意思来看，"危机"是"危"与"机"的组合，而"危"即"危险""危难"，"机"即"机会""机遇"，因此，"危机"既是"危难状态"又是"机会之时"，不仅代表着危险的境界，而且意味着大量的机会。

幼儿园作为社会的组成部分之一，与其他组成部分有共性，同时也具有自身的特性。因此，幼儿园危机也有其特殊的内容。综合中西方危机的概念以及马和民关于学校危机、陈群关于幼儿园危机的界定，本书将"幼儿园危机"理解为：发生在幼儿园园内或者与幼儿园有关，由幼儿园内外因素引起的，干扰幼儿园正常运行的，危及幼儿的安全，严重损害或者可能严重损害幼儿园组织功能及成员利益的突发事件、意外事故或演变趋向等。

从上面的解释可以看出，幼儿园危机包括两方面的含义：

- "幼儿园危机事件"，指发生在幼儿园内或者与幼儿园有关，由幼儿园内外因素引起的，干扰幼儿园正常运行的，严重损害幼儿园组织功能及成员利益的突发事件、意外事故。
- "幼儿园危机状态"，指发生在幼儿园内或者与幼儿园有关，由幼儿园内外因素引起的，可能严重损害幼儿园组织功能及成员利益的演变趋向，这一趋向包括了"某种类型幼儿园危机的意识和观念"和"某种类型幼儿园危机的原因或根源"，即幼儿园危机发生在幼儿园内或者与幼儿园成员有关，是已经爆发的或尚处于潜伏状态的，对幼儿园的声誉、运作或部分幼儿园成员已造成或将会造成严重损害的情境。

（二）幼儿园危机管理的内涵

所谓危机管理，是指社会组织根据危机事件的状态，在第一时间内依据已制定的一系列具有针对性的管理方案而做出的管理行为的总称。它主要包括危机的控制、化解、潜伏、爆发、修复、常态化等全过程中的应对机制和制度安排。危机管理是一门科学，其精髓就是能及时发现危机、理性处理危机，并牢牢抓住潜在的成功机会。不良的危机管理就是错误地估计形势，不能及时采取有力的措施，导致事态进一步恶化。一般说来，危机如果处理得当，就可以转变为契机。在当下，几乎所有的幼儿园在办园过程中都不可避免地会遇到一些突发事件，如果处理不当，就会使幼儿园陷入困境。

在通常情况下，幼儿园危机管理是其为应对危机而做出决策并选择处理方案的过程，其宗旨是为了消除威胁和损失或使其降到最低。幼儿园危机管理一般包括三个部分：

- 危机发生前的预防、预警管理，即危机的事前监控。这是幼儿园危机管理的关键环节。通过监控，可及时掌握危机的多方面信息，如危机产生的根源及缘由、危机事件的类型、可能的危害程度、危机事件发展的速度及趋势、危机事件预防、预警等管控的可能性与有效性等。

- 危机发生时的应急处置，即危机的处置。这是幼儿园危机管理的核心。危机一旦没有被及时有效地管控，就会演变为既定的危机事实。此时，幼儿园危机管理的重点由预防、预警转为处置，及时采取有效的针对性措施处置危机，能在最大程度上降低危机的发展速度和危害程度，减少危机对在园幼儿和幼儿园的危害。
- 危机发生后的善后管理，即危机的恢复。当危机被有效地控制和处理之后，幼儿园应及时开展事后重建，恢复教育教学秩序。

此外，幼儿园还要结合危机针对幼儿或教师的受害程度开展心理辅导和人文关怀工作。

然而，目前我国的幼儿园危机管理并不乐观，存在的主要问题有三：

- 没有危机意识。由于事前没有章法和应对措施，致使幼儿园损失严重、幼儿园形象受到破坏。
- 没有危机防范措施。多数幼儿园事前没有制定危机防范措施，事态一旦发生就不能马上得到控制，导致幼儿园的品牌和信誉毁于一旦。
- 缺乏危机管理知识。多数幼儿园管理者对危机管理不够重视，他们不能主动、自觉地学习危机管理知识，也不组织员工学习，导致国内外的好经验、好做法无法运用到幼儿园管理中。

这三个问题易使幼儿园陷入危机，不利于幼儿园的生存发展，需认真解决。

二、幼儿园危机管理的原则

幼儿园危机管理应该有原则、有步骤地进行，这样方能将危机转化为契机，甚至转化为胜机。

（一）事先未雨绸缪原则

随着危机管理理论的不断发展，危机管理不再是单纯的"亡羊补牢"式，而是需要提前预警，做到事先预防。这就要求幼儿园在事前建立有效的预防预警机制，加强预防预警制度建设，建立幼儿园危机管理的常态化机制，从教育培训、强化认识、演练实践、提高技能等方面着重对师幼进行引导，努力提高师幼的危机意识和基本技能，以在危机来临之时能沉着应对、处变不惊，尽可能减少危机带来的负面效应。

（二）事中快速反应原则

一旦发生危机，全园管理者、全体教职工和全体幼儿要能够快速反应并处理，在最短时间内做出正确、及时、有效的处理，有效遏制危机事件的发展，将危机遏制在未发生状态或降低其破坏力。

1. 集中管理

没有权威必然引起混乱，在危机初现之时，幼儿园管理者必须对危机事件"集中统一"指挥和决策。

2. 全局观念

幼儿园管理者和教职工在危机事件中所做的一切决策、行为和信息发布，都要从危机的受害者（如幼儿、家长、教职工）、幼儿园、政府、危机其他波及者的视角来考虑，要全方位衡量、全局性考虑，统筹谋划，科学决策。

3. 内外一致

在危机事件处理过程中，应努力避免在内、外两个层面上对危机事件说明不一致的情况，保持信息渠道的双向通畅。要做到：头脑冷静，遇危不慌；掌握动态的、准确的、全面的信息；发言人发布的所有信息，无论对外还是对内都要经过审核，不能有任何随意性或临时发挥；危机事件一旦发生，对外、对内口径必须保持一致。在同一危机事件里，如果幼儿园内部有不同的看法、见解和声音，不仅会使事态扩大，也会影响幼儿园内部的团结。因此，幼儿园内部绝对不能未经授权擅自发表不负责任的声音和信息，要由幼儿园管理者授权给专门的发言人对外发布信息。

4. 核心价值

危机一旦爆发，在明确幼儿园核心价值、立场的原则下，应迅速对危机的起因、影响、趋向进行分析与预测，采取科学的、理性的、有力的措施进行应对。值得强调的是，这种核心价值是持久的、内涵深刻的，是与幼儿园的长期发展战略和基础价值观相吻合的。

5. 留有余地

在危机处理中，要给自己留有余地，特别是在幼儿园"危机处理准备阶段"和"危机影响控制阶段"。例如，在危机处理准备方面，幼儿园不应按照危机影响评估的"最低限度"，而最好按照"最高限度"做危机处理的准备工作；在危机影响的控制方面，幼儿园不应按照危机影响评估的"最高限度"，而最好按照"最低限度"来尝试控制危机的不良影响。这样，在危机管理实践中才不致陷于被动。

6. 传媒友好

幼儿园危机管理中的一项重要工作就是使危机信息得到良性传播。而危机传播的主要渠道是新闻媒体和新闻发布。有人说，"成也媒体，败也媒体""成也发布，败也发布"。新闻媒体和新闻发布对危机信息传播至关重要。要想使新闻媒体能够起到正面引导的作用，幼儿园管理者在处理危机信息传播时要有针对性地做好面对新闻媒体的危机攻关。在危机信息传播方面，英国公关专家杰斯提出了"3T"处理原则（有三个节点，每个节点都是以"T"字开头）。"3T"的具体内容是：①以我为主提供情况，掌握信息发布的主动权；②尽快提供情况，尽快发布信息；③提供全部情况，强调信息发布全面、真实，同时必须是实言相告。因此，幼儿园应在日常工作中与媒体建立合作关系，监控舆论导向，掌控舆论方向，一旦发生危机，就可以使幼儿园的不良影响降至最低，甚至扭转局面并进而扩大幼儿园的知名度。

（三）事后尽快修复原则

此原则是指在幼儿园危机事件得到控制后，进行后续幼儿园形象恢复与提升、危机管理工作总结、汲取经验教训等，以避免重蹈覆辙。一般情况下，在经历过危机事件后，幼儿、教师、教学秩序、财物及家长等都会受到不同程度的冲击和影响。危机事件平息之后，幼儿园危机管理进入善后阶段。幼儿园危机事件的善后工作主要是消除事件处理后的遗留问题和影响。为了尽快恢复幼儿园的正常秩序，对受影响的幼儿家庭进行补偿，追究工作不当的幼儿园相关人员的责任并对事故进行反思，必须适时启动危机事件的善后机制，以修复危机事件造成的危害，妥善处理危机事件的遗留问题。幼儿园危机事件善后主要包括幼儿园危机的修复、补偿和问责、反思和再教育、危机公关与法律维权等。

（四）全程师幼为本原则

幼儿园是对3—6岁幼儿实施保育和教育的机构，首先需要保障的是师幼的生命安全，这就要求在危机管理的全过程中坚持以师幼为本：在日常工作中加强演练；在危机发生过程中要采取一切措施降低危机事件给师幼的人身和财产造成的损失；在危机发生后要分析研判师幼的心理状态，对其进行适当的心理干预与介入。

三、幼儿园危机管理的措施

美国危机管理专家史蒂文·芬克（Steven Fink）的危机生命周期理论指出，危机的生命周期包括征兆期（Prodromal）、发作期（Breakout）、延续期（Chronic）、痊愈期（Resolution）等四个阶段。因此，幼儿园应着重从危机预防、危机预警、危机处置、危机恢复等四个方面建立健全危机管理机制，对危机发生发展的各个阶段和状态进行管理。

（一）幼儿园危机预防措施

从幼儿园危机发生发展的规律与特点来看，幼儿园危机预防具体包括五个方面。

1. 树立幼儿园危机管理理念

科学的危机管理理念是做出正确的危机管理行为的先导。树立危机意识，才能做好危机预防，才能有危机准备。幼儿园危机管理需要强化忧患意识，牢固树立预防为主、多管齐下、综合预防、以人为本等理念，摒弃"亡羊补牢"式的危机管理思维。幼儿园管理者及全体教职工既要树立危机意识，在思想上有所防范，也要设置危机管理机构，由专人负责危机管理工作，制定、审核和监督实施危机处理方案和工作程序。

2. 健全幼儿园危机管理制度

规章制度是幼儿园的"法"，系统化、条理化、标准化是幼儿园危机管理的标准。幼儿园的危机管理制度主要包括幼儿园危机预防制度、幼儿园危机预警制度、幼儿园危机处理制度、幼儿园危机恢复制度，还包括危机管理的方针、政策、计划、措施等，以制度和计划保证危机管理的有效实施。

3. 加强幼儿园教职工危机知识与技能培训

美国危机管理专家希斯指出，高素质的危机管理人员是降低危机发生几率和减少其冲击的一个关键因素。幼儿园应加强危机管理队伍的培养，加强对园长、教师、保育员、医护人员、炊事员、门卫等工作人员的知识和技能培训，增强员工的危机意识，定期或不定期地举行演习，提高其预防、应对危机事件的能力和危机管理水平。

4. 建立幼儿园危机事件应急预案

"只有做好应对危机的准备和计划，才有力量与命运周旋。"史蒂文·芬克的这句话很好地道出了应急预案的重要性。幼儿园在制定危机事件应急预案时应遵循预见性、科学性、可操作性、动态性等四大原则，使预案具有应急规划、纲领和指南的作用，成为应急管理部门实施应急教育、预防、引导、操作等多方面工作的有力"抓手"，从而使教职工和幼儿在危机发生时不惊慌失措，能沉着应对、科学处置。

5. 定期开展幼儿安全教育

幼儿安全教育最主要的目的是通过教育确保幼儿身体健康和生活愉悦。把安全的金钥匙交给孩子才是最可靠的。

（二）幼儿园危机预警措施

危机预警非常重要，是幼儿园危机管理的首要问题。幼儿园危机管理所关注的不仅是危机爆发造成的危害,还包括及时捕捉危机爆发的征兆,使幼儿园避开危机。从危机演进的过程来看,预警是应急管理在事件发生前的一个重要环节,是危机处理的"前哨"。有效的预警可以使幼儿园及时采取消灾、避灾、救灾的行动,最大限度地减少危机事件可能带来的损失和影响。英国学者特威格(Twigg)将突发事件预测预警分为评估与预报、预警与传播、响应这三个阶段。根据危机的发展阶段及其状态,幼儿园危机事件的预警流程分为五步。

1. 潜在危机的信息收集

在危机预防阶段,定期开展各种危机检查,最大程度地收集各种潜在突发事件信息。在信息收集时,既要着重关注多发性危机源头,又不能忽视低爆发频率的领域。

2. 危机信息的分析和预测

首先,对收集到的信息进行去伪存真处理,剔除无关信息和虚假信息。其次,深刻剖析相关信息,分析其关联性,以防遗漏关键信息。再次,对已经确定的可能发展成突发事件的信息源进行预测和研判,以便及时识别、发现和判定危害。

3. 危机的风险评估

在危机信息的分析和预测的基础上,再次进行风险评估,确定危机因子演变成突发事件的可能性及其危害程度。风险评估要及时、果断、客观准确,既不能拖拉迟延贻误良机,也不能过高地评估风险级别夸大事实,以免对准确预警造成干扰。

4. 危机的预警决策

准确评估危机风险之后,一旦锁定危机因子,幼儿园园长要及时果断地做出预警决策。在决策时,要确定危机预警级别,确定预警发布的时间、方式和接警对象。

5. 危机的预警实施

预警决策之后,要及时向接警对象发布警报信号,提醒预警受众及时做好消灾避灾的准备。如果危机因子及时被控制并消除，危机预警便可取消，否则，幼儿园危机管理便进入危机处置阶段。

（三）幼儿园危机处理措施

即使幼儿园采取了有效的预防预警措施，也并不能完全避免危机事件的发生。危机事件一旦爆发，幼儿园危机管理便正式进入危机处理阶段。危机处理是一种很高明的管理艺术和技术，要求管理者既积极主动，又稳妥慎重，"遇事不慌，保持冷静""使危机损害降到最小"是危机处置的基本要求。

1. 接警，初步研判

幼儿园相关责任人接到危机事件爆发的警报后，要用最快的速度了解和掌握危机发生的状况、原因及危害程度，尽快尽可能多地收集各种危机信息（有关部门应及时了解和提供详细的相关情况或报告），并对危机事件的发展速度、趋势及危害后果快速做出初步研判，为危机的科学处理提供依据和建议，并通知相关人员。与此同时，幼儿园危机事件负责人应视危机的危害程度向相关领导报告情况。

2. 启动危机事件应急预案，必要时扩大应急

在初步研判的基础上，危机事件责任人应及时启动相关的危机事件应急预案，按照应急预案的提示与要求做出相应的处置。应急预案启动后，在坚持科学性原则的基础上，危机事件处理人要灵活运用应急预案，切勿机械照搬。如果发现危机事件的危害程度较严重，发展态势失控或事态恶化，幼儿园应及时争取社会支援。

3. 先期处理，后续跟进

一旦危机事件发生，幼儿园要及时且科学地进行先期处理，严防事态扩大升级。先期处理如果得当，会给后续工作争取更多的时机；如果先期处理不当，不但不利于事件的解决，反而会给后续工作造成很大的麻烦和障碍。如果危害程度较重，幼儿园应在先期处理之后，做好后续跟进工作。一是及时进行进一步的专业处理，如将受伤人员及时送医。二是组织专职人员，与公众及时沟通信息。如主动向新闻媒体和员工提供真实、可靠、准确的信息，

公开表明幼儿园的立场和态度，以减少新闻媒体和公众的猜测，使新闻媒体能够准确报道、正面引导。如有条件，对于重要的事项，要提供书面材料，避免口头提供信息造成报道的失实。如幼儿园给孩子、家长或教职工造成损失，应向受损失对象说明并表示道歉和承担相关责任。

（四）幼儿园危机善后措施

合理处理并平息幼儿园危机后，还需适时启动危机善后工作。危机善后是危机管理的重要环节，善后工作处理得好，会减轻和减少幼儿园的矛盾和负担。一般而言，善后处理应包括：危机的总体调查、危机原因的确认、危机责任的认定、危机后果的评估、危机危害的赔偿、危机后损失的补偿、危机处理和管理的评价、危机后幼儿园再发展的规划（消除危机的不利影响、恢复和重振教职工信心、恢复和重塑幼儿园形象、重塑和再造幼儿园辉煌）等，其中以下几项工作尤应引起重视。

1. 危机后的物质、心理和秩序重建

一般情况下，危机会给幼儿园的物质、心理和教学秩序等造成冲击和影响，因此，在危机处置完成后，幼儿园要及时开展危机后的物质、心理和秩序的重建工作。

- 基础设施的重建。如在处理完火灾、房屋倒塌、大型玩具损坏等危机之后，要及时排查安全隐患，重建基础设施，严防次生危机的爆发。
- 心理恢复与教育。即对在心理上遭受不同程度压力和恐慌的幼儿和教师进行心理干预。
- 秩序重建。严重的危机会对教学秩序造成局部或全局性的冲击，幼儿园应及时制定恢复方案，做好恢复教学秩序的工作。

2. 危机后的补偿与法律维权

幼儿园是否承担赔偿责任，主要看幼儿园是否有过错，而不能仅看危机事件发生的地点。危机结束后，幼儿园要配合司法、公安等部门调查危机爆发的原因，按照过错责任原则进行赔偿，通过适当补偿安抚危机受众的情绪。

如果依法确认幼儿园没有过错而不应承担责任，或者有过错但受到来自幼儿家长的无理纠缠、冲击，幼儿园及教职工的合法权益受到不法侵害，幼儿园应及时、合法、正确地向公安机关报案或向人民法院依法提起诉讼，进行法律维权。

3. 危机问责

幼儿园危机问责是善后工作的重要组成部分，对因行为过错或过失而导致危机的责任人进行危机问责，既能在一定程度上降低幼儿家长及社会的愤怒情绪和不满，消除舆论压力和不良影响，也能在很大程度上对幼儿园全体教职工起到警示作用。幼儿园在开展危机问责时，要尽可能全面、客观地收集相关证据，在确认事实后根据危机影响程度确定处罚措施并果断落实。

4. 危机评估与反思

管理者要善于分析原因，总结经验教训，引以为戒。幼儿园管理者应在其他善后工作结束后，组织相关负责人与责任人对危机预防、预警、处置及善后等的危机管理实践进行评估，同时还应对危机事件应急预案进行评估及修正。在评估结果的基础上，对危机管理工作要进行反思。

5. 危机公关

如果危机的社会影响较大，幼儿园有必要及时采取有针对性的措施开展危机公关工作。通过危机公关消除社会不良舆论，恢复幼儿园的社会形象和声誉。幼儿园在开展危机公关时要坚持公布真实信息、负责到底、彻底改进、公众利益第一等原则，以增强危机公关的效果。

6. 危机事件的通报与培训

幼儿园要及时召开全园大会，通报危机评估与反思情况，进行相应的危机管理知识与技能培训，进一步增强教职工的危机意识和危机预防与处理能力。

本书的编撰，即基于上述原则和措施，根据幼儿园有可能遇到的危机事件分析，设计了幼儿园园舍建设、教育装备、队伍建设、教育活动、保育、安全、后勤、公共关系危机管理与实例八个章节，每章从危机概述、危机预防、危机应对三个方面展开，具有理论与实践紧密结合、简明适用、操作性强等特点，能给幼儿园危机管理实践提供参考、借鉴和指导。本书的写作分工如下：湖南省教育科学研究院基础教育研究所学前与特殊教育研究室副主任周丛笑负责组织编著，确定编写思路，拟定各章的写作提纲及体例，进行全书的修改及统稿，并撰写序言和第五章；湖南省株洲市幼儿园园长刘亮辉负责第一章的撰写；湖南省长沙市岳麓幼儿教育集团第二幼儿园园长向松梅负责第二章的撰写；湖南省株洲市教育科学研究院幼教教研员邓艳负责第三章的撰写；湖南省水利厅幼儿园园长李颖斌负责第四章的撰写；湖南省怀化市幼儿园园长罗荣辉负责第六章的撰写；湖南师范大学幼儿园园长徐惠负责第七章的撰写；湖南省娄底市教育科学研究所幼教教研员王立群负责第八章的撰写。

需要特别说明的是，由于幼儿园危机具有偶发性、随机性、多样性等特点，幼儿园所面临的危机事件千变万化，本书不可能一一列举；同时，由于编者水平有限，书中难免有不足之处，敬请广大读者批评指正。

在本书的编写过程中，我们参考和借鉴了诸多专家学者的理论与实践研究成果，在此谨致谢忱！相信随着幼儿园危机管理理论和危机管理实践研究的深入，相关的研究成果将会为幼儿园危机管理工作提供更加有效的指导和借鉴。

周丛笑

2017年12月8日

目 录

序言：化解危机，重生前行 ··· I
    一、幼儿园危机管理的概念 ··· I
    二、幼儿园危机管理的原则 ·· III
    三、幼儿园危机管理的措施 ·· VI

第一章　幼儿园园舍建设危机管理与实例 ·· 1
第一节　幼儿园园舍建设危机概述 ··· 2
    一、幼儿园园舍建设危机与管理的概念 ···································· 2
    二、幼儿园园舍建设危机的特点与危害 ···································· 4
    三、幼儿园园舍建设危机的根源与类型 ···································· 6
第二节　幼儿园园舍建设危机预防 ·· 20
    一、幼儿园园舍建设危机的预防原则 ······································ 20
    二、幼儿园园舍建设危机的预防策略 ······································ 22
    三、幼儿园园舍建设危机的预防案例 ······································ 24
第三节　幼儿园园舍建设危机应对 ·· 28
    一、幼儿园园舍建设危机的应对原则 ······································ 29
    二、幼儿园园舍建设危机的应对策略 ······································ 30
    三、幼儿园园舍建设危机的应对案例 ······································ 33

第二章　幼儿园教育装备危机管理与实例·····35
第一节　幼儿园教育装备危机管理概述·····35
一、幼儿园教育装备危机与管理的概念·····35
二、幼儿园教育装备危机的特点与危害·····37
三、幼儿园教育装备危机的根源与类型·····39

第二节　幼儿园教育装备危机预防·····45
一、幼儿园教育装备危机的预防原则·····45
二、幼儿园教育装备危机的预防策略·····46
三、幼儿园教育装备危机的预防案例·····51

第三节　幼儿园教育装备危机应对·····57
一、幼儿园教育装备危机的应对原则·····57
二、幼儿园教育装备危机的应对策略·····59
三、幼儿园教育装备危机的应对案例·····60

第三章　幼儿园队伍建设危机管理与实例·····71
第一节　幼儿园队伍建设危机概述·····72
一、幼儿园队伍建设危机与管理的概念·····72
二、幼儿园队伍建设危机的特点与危害·····73
三、幼儿园队伍建设危机的根源与类型·····76

第二节　幼儿园队伍建设危机预防·····77
一、幼儿园队伍建设危机的预防原则·····78
二、幼儿园队伍建设危机的预防策略·····79
三、幼儿园队伍建设危机的预防案例·····80

第三节　幼儿园队伍建设危机应对·····89
一、幼儿园队伍建设危机的应对原则·····89
二、幼儿园队伍建设危机的应对策略·····91

三、幼儿园队伍建设危机的应对案例 ··· 92

第四章　幼儿园教育活动危机管理与实例 ··· 101
第一节　幼儿园教育活动危机概述 ··· 101
　　一、幼儿园教育活动危机与管理的概念 ··· 102
　　二、幼儿园教育活动危机的特点与危害 ··· 103
　　三、幼儿园教育活动危机的根源与类型 ··· 104
第二节　幼儿园教育活动危机预防 ··· 106
　　一、幼儿园教育活动危机的预防原则 ··· 107
　　二、幼儿园教育活动危机的预防策略 ··· 107
　　三、幼儿园教育活动危机的预防案例 ··· 109
第三节　幼儿园教育活动危机应对 ··· 111
　　一、幼儿园教育活动危机的应对原则 ··· 111
　　二、幼儿园教育活动危机的应对策略 ··· 112
　　三、幼儿园教育活动危机的应对案例 ··· 114

第五章　幼儿园保育危机管理与实例 ··· 131
第一节　幼儿园保育危机概述 ··· 132
　　一、幼儿园保育危机与管理的概念 ··· 132
　　二、幼儿园保育危机的特点与危害 ··· 134
　　三、幼儿园保育危机的根源与类型 ··· 139
第二节　幼儿园保育危机预防 ··· 146
　　一、幼儿园保育危机的预防原则 ··· 146
　　二、幼儿园保育危机的预防策略 ··· 147
　　三、幼儿园保育危机的预防案例 ··· 153
第三节　幼儿园保育危机应对 ··· 160
　　一、幼儿园保育危机的应对原则 ··· 160

二、幼儿园保育危机的应对策略 …………………………………… 163
　　三、幼儿园保育危机的应对案例 …………………………………… 171

第六章　幼儿园安全危机管理与实例 ……………………………… 175
第一节　幼儿园安全危机概述 ………………………………………… 175
　　一、幼儿园安全危机与管理的概念 ………………………………… 176
　　二、幼儿园安全危机的特点与危害 ………………………………… 177
　　三、幼儿园安全危机的根源与类型 ………………………………… 179
第二节　幼儿园安全危机预防 ………………………………………… 182
　　一、幼儿园安全危机的预防原则 …………………………………… 182
　　二、幼儿园安全危机的预防策略 …………………………………… 183
　　三、幼儿园安全危机的预防案例 …………………………………… 189
第三节　幼儿园安全危机应对 ………………………………………… 211
　　一、幼儿园安全危机的应对原则 …………………………………… 211
　　二、幼儿园安全危机的应对策略 …………………………………… 212
　　三、幼儿园安全危机的应对案例 …………………………………… 214

第七章　幼儿园后勤危机管理与实例 ……………………………… 223
第一节　幼儿园后勤危机概述 ………………………………………… 224
　　一、幼儿园后勤危机与管理的概念 ………………………………… 224
　　二、幼儿园后勤危机的特点与危害 ………………………………… 224
　　三、幼儿园后勤危机的根源与类型 ………………………………… 226
第二节　幼儿园后勤危机预防 ………………………………………… 229
　　一、幼儿园后勤危机的预防原则 …………………………………… 230
　　二、幼儿园后勤危机的预防策略 …………………………………… 231
　　三、幼儿园后勤危机的预防案例 …………………………………… 240
第三节　幼儿园后勤危机应对 ………………………………………… 248

一、幼儿园后勤危机的应对原则……………………………………249
　　二、幼儿园后勤危机的应对策略……………………………………249
　　三、幼儿园后勤危机的应对案例……………………………………251

第八章　幼儿园公共关系危机管理与实例……………………………257
第一节　幼儿园公共关系危机概述………………………………………258
　　一、幼儿园公共关系危机与管理的概念……………………………258
　　二、幼儿园公共关系危机的特点与危害……………………………259
　　三、幼儿园公共关系危机的根源与类型……………………………262
第二节　幼儿园公共关系危机预防………………………………………265
　　一、幼儿园公共关系危机的预防原则………………………………266
　　二、幼儿园公共关系危机的预防策略………………………………268
　　三、幼儿园公共关系危机的预防案例………………………………271
第三节　幼儿园公共关系危机应对………………………………………273
　　一、幼儿园公共关系危机的应对原则………………………………273
　　二、幼儿园公共关系危机的应对策略………………………………275
　　三、幼儿园公共关系危机的应对案例………………………………278

主要参考文献……………………………………………………………289

第一章 幼儿园园舍建设危机管理与实例

新中国成立以来，幼教事业飞速发展，幼儿园如雨后春笋般涌现。为不断改善办园条件，使幼儿教育水平不断提高，国家先后出台了多项关于园舍建设的法规政策，其中最新的是住建部颁发的于2016年11月1日开始施行的《托儿所、幼儿园建筑设计规范》，以及教育部、住建部、发改委联合颁发的于2017年1月1日开始施行的《幼儿园建设标准》，各幼儿园应认真学习这两份国家规范和标准，从中发现园舍建设与国家要求之间的差距，设法及时改善。

用国家规范与标准来衡量，我们会发现有为数不少的幼儿园在园舍建设方面存在问题与不足，有的甚至存在危房，从而造成幼儿园的生存危机。如不消除危机、改善不足、解决问题，这些幼儿园不但满足不了人民群众对优质幼儿教育的需求，甚至连幼儿的生命安全都难以保障。

本章拟说明幼儿园园舍建设存在的各种危机，分析其危害及形成原因，并提出预防与应对这些危机的基本原则和工作方法。

第一节 幼儿园园舍建设危机概述

一、幼儿园园舍建设危机与管理的概念

(一)幼儿园园舍建设危机的概念

1. 园舍及其功能与建设标准

幼儿园的园舍包括场地、房屋建筑、园区附属设施、建筑附属设备四大部分。其中,场地包括室外游戏场地、集中绿地、道路等;房屋建筑包括幼儿活动用房、服务用房、附属用房等;园区附属设施包括围墙、入侵报警系统、电子巡查系统、消防设备等;建筑附属设备包括建筑给排水系统、建筑电气系统、采暖通风系统、电视系统、网络系统、电话系统、电梯等。

园舍是幼儿园最基本、最重要的物质基础,应具备如下基本功能:抵御自然灾害,保障幼儿安全,适应学前教育发展和社会经济发展的水平,符合幼儿的生理、心理成长规律,促进儿童的身心健康发展,寓教于乐。

园舍建设包括园舍的新建、改建、扩建、维护、维修及拆除,是兴办、维持幼儿园正常运转最基本、最重要、所需经费最多的物质条件。为实现园舍的应有功能,国家在前述两个文件中规定了详尽的园舍建设具体标准,从保障幼儿基本权益的角度看,可概括为5项根本标准:安全,卫生,活动空间充足,使用方便,适应教育要求。

2. 幼儿园园舍建设危机

幼儿园园舍建设危机,就是发生在幼儿园内或与幼儿园有关且与幼儿园园舍建设相关的、严重危害幼儿园组织功能及成员利益的突发事件、意外事故或演变趋向。

幼儿园园舍建设方面的危机有两种:一种是园舍建设方面已经发生的事实性危机,即突发事件或意外事故;另一种是园舍建设方面潜在的危机,即

在或长或短的时间后将引发突发事件或意外事故的演变趋向。

对已经发生的事实性危机，幼儿园都会赶紧采取应对措施，以求迅速解决，恢复幼儿园的正常状态，这时需要镇静的态度、较强的组织能力和社交能力。但对潜在性危机，有些幼儿园因为认识不足或其他原因，看不出来，没有警惕性和应对预案，一旦危机发生则惊慌失措。所以，从长远来看，幼儿园应高度重视对潜在性园舍建设危机的预防，或消除可能引发事实性危机的某种演变趋向，或提早制定系统的应对措施，以防不测。而要做到这一点，幼儿园需要认真、细致地了解国家各项有关法规政策，还需要积极研究，把握幼教发展的趋势与特点，才能面向长远、有备无患。

（二）幼儿园园舍建设危机管理的概念

幼儿园园舍建设危机管理，是指幼儿园管理者根据幼儿园的危机管理制度和计划对幼儿园园舍建设危机进行预防、应对、恢复的过程，是幼儿园管理的重要组成部分。

但要做好园舍建设危机管理，不能只了解上述概念，还必须多一点、深一点地了解"管理"概念，懂得管理什么和怎样管理。以下依据张兆响、司千字主编的《管理学》补充介绍三个管理的基本概念，并引申出对园舍建设危机管理的一些基本要求。

管理，是以协调为基础，通过实施决策、计划、组织、领导、控制和创新等职能，有效地获取、分配、利用人力资源和物力资源，以实现预期目标的活动过程。由此可知，园舍建设危机管理首先要明确"预期目标"，而该目标应该包括两点：一是防微杜渐，即敏锐地发现可能引发园舍建设危机的潜在趋势，制止它、消除它；二是有备无患，即针对那些难以预测的园舍建设危机事先准备好应急措施，一旦危机发生迅速启动，将危机的不良后果降至最低程度。其次，园舍建设危机管理要切实纳入幼儿园的中长期发展规划和年度工作计划，而且要内容充实、职责分明、措施具体。

管理对象包括人、财、物、事（事务）、时（时间）、空（空间）、信（信息）。每所幼儿园都重视对"人财物事"的管理，但很容易忽视对"时空信"

的管理。比如：园领导该用多少时间去发现潜在的园舍建设危机？如何应对做到环环相扣、分秒必争？对园舍里的空间拥挤有没有危机意识？应对危机的各种措施有没有可靠的空间保障？对各种危机可能发生的信息有没有及时发现、快捷传递、迅速决策、有效应对？

一般情况下，人们将那种能认识环境、适应环境，进而能动地作用于环境的有效组织称为学习型组织。面对复杂多变的竞争环境，组织领导者的首要任务是将传统的"控制型"组织改造为"学习型"组织。当下，建设学习型组织已成为大家的共识。但对照上述定义，尚有很大差距，具体表现是很多领导者以为只要员工们爱学习了，组织就是学习型组织了，其实这是很片面、很狭隘的理解。学习型组织的意思是这个"组织"不运用领导控制一切、员工只会服从的管理机制，而是领导看重激励、员工看重改革与创新，从而使组织有效地适应环境，获得可持续发展。因此，从园舍建设危机管理的角度来看，仅仅指望严苛的、命令式的危机应对预案是远远不够的，因为再聪明的领导也不可能预知一切，从而制定出万全的预案。在制定危机应对预案之外，还必须激励全体员工的自觉行为，提高全体员工的素质，经常听取他们的建议特别是创新性的建议，将园舍建设危机的隐患消灭在萌芽状态。

二、幼儿园园舍建设危机的特点与危害

（一）幼儿园园舍建设危机的特点

幼儿园园舍建设危机既有与其他危机共同的特点，也有其独有的特点。

1. 共同特点

（1）突发性

危机爆发都有突然性，在那一瞬间，危机将会有多大规模、危机状态是否会扩展以及怎样扩展、危机的后果会有多大，均难以预料、难以掌控。

（2）紧迫性

危机一旦爆发，其破坏性的能量就会被迅速释放，并呈快速蔓延之势，如果不能及时控制，危机就会急剧恶化，所以决策者应当机立断，果断决

策。同时因为决策的时间以及信息有限，切忌决策失误而导致不可估量的损失。

（3）传播性

危机消息的传播比危机本身的发展快得多。特别是在信息化的今天，人们都有手机，一旦知道某个幼儿园发生危机，这个消息就会通过手机与网络像刮风一样四处传播、急速蔓延，而且会持续很长一段时间，甚至还会发生危机不大却被误传成危机很严重的情形。不了解这一点，未及时采取公关措施，不大的危机也会给幼儿园造成很大的负面影响。

（4）潜伏性

有些危机的原因是幼儿园外部的某些不可控因素，但更多的危机是由于幼儿园内部管理不善。"千里之堤，溃于蚁穴"，这种内因型危机往往具有潜伏性，开始时似乎毫无征兆，即使有迹可循也不明显，何时会演变成危机、危机会有多严重，事先难以确定。

（5）可转化性

"危"表示危险，"机"却暗含机遇。危机在给幼儿园带来损失的同时，也带来了发展契机。只要深刻接受教训、切实改革和优化管理，就能坏事变好事，让幼儿园的管理上一个新台阶。

2. 独有特点

（1）起因多样

由于园舍的组成多样，故园舍建设危机的起因也多样，如暴风、暴雨、剧烈的雷击或闪电、冰雹、地震等自然灾害带来的，动物的隐蔽性破坏、某种成分的老化、人为破坏、员工操作错误带来的，等等，因此，有的园舍建设危机让人防不胜防。

（2）起因难以辨析

园舍的一些组成部分如建筑物内部结构、埋在地下的水电气网络系统、电器等，技术含量高，幼儿园又不可能配备足量的专业技术人员，通过一般的日常检查难以发现它们的安全隐患。

（3）形成过程隐蔽

以上两个特点造成相当大一部分园舍建设危机的酝酿形成过程很隐蔽，而危机一旦发生就后果严重。

（二）幼儿园园舍建设危机的危害

1. 危及生命

严重的园舍建设危机将导致房舍毁坏甚至倒塌，直接危及幼儿、幼儿园员工甚至幼儿家长的生命，人命关天，不可不防。

2. 造成不便

即使房舍毁坏不是很严重，也必须维修，不能继续使用，这将影响幼儿园的正常运转，给幼儿园员工的正常工作和幼儿的日常生活与学习造成诸多不便，也给幼儿家长造成诸多不便。

3. 带来损失

幼儿园园舍建设危机的爆发会造成严重的经济损失，迫使幼儿园改建或新建园舍，幼儿园需要筹措大笔资金。

4. 降低信誉

幼儿园园舍建设危机的发生及所造成的损失将大大降低幼儿园的信誉度，将造成较长一段时间内生源流失、教师流失以及新教师聘不进来的危局，严重影响幼儿园的生存与发展。

5. 影响发展

园舍建设危机的表现形态不只是房舍的毁坏，还包括园舍建设的功能设置不科学或建筑风格与现代幼教理念不相符。这种"软"危机将造成幼儿园的教育效果不好、效率不高、缺乏特色、缺乏后劲，从而阻碍幼儿园的可持续发展。

三、幼儿园园舍建设危机的根源与类型

幼儿园可能发生的园舍建设危机主要有三大类型：现实危险最大的是危房倒塌；存在最普遍、隐藏着潜在危机的是园舍建设未达国家标准；同样普

遍、虽不会引发安全事故但会明显降低保教水平的是园舍的某些重要特征（布局方式、装饰风格等）不符合现代幼教理念。

（一）危房倒塌的危害及其根源

1. 什么是危房？

根据《城市危险房屋管理规定》，危房是指"结构已严重损坏或承重构件已属危险构件，随时有可能丧失结构稳定和承载能力，不能保证居住和使用安全的房屋"。危房可划分为如下四个等级：

A级：结构承载力能满足正常使用要求，未发现危险点，房屋结构安全。

B级：结构承载力基本满足正常使用要求，个别结构构件处于危险状态，但不影响主体结构安全，基本满足正常使用要求。

C级：部分承重结构承载力不能满足正常使用要求，局部出现险情，构成局部危房。

D级：承重结构承载力已不能满足正常使用要求，房屋整体出现险情，构成整幢危房。

根据该规定，凡被鉴定为危房尤其是D级危房的幼儿园园舍，在没有重新修缮、解除险情之前必须禁用。违反该规定将导致园舍建设危机，造成严重后果。

2. 危房倒塌所造成的危害

案例1-1　幼儿园危房现象堪忧

据某省2015年统计，该省幼儿园园舍建筑面积共13393530平方米。其中有危房48721平方米，这其中城市7301平方米，镇区22558平方米，乡村18862平方米，合计占总面积的0.36%。如果对这些危房不及时控制并及时消除险情，它们随时有可能导致伤亡事故。

（摘自：周丛笑. 教研那些事：一位特级教师的学前教育教研手记［M］. 长沙：湖南教育出版社，2017.）

【案例分析】

危房年年改造却年年有，危房倒塌造成的严重事故不断发生。幼儿园危房最严重、最直接的危害是导致幼儿的伤亡，同时还将导致幼儿园后续的生存危机。

3. 发生危房危机的根源

案例 1-2　幼儿园房顶倒塌事件

2014 年 3 月 4 日，河南省信阳市浉河区董家河镇驼店村百川亲子幼儿园房顶垮塌，13 名全托幼儿被掩埋。附近群众和幼儿园人员紧急施救，在瓦砾中扒出 13 名孩子，送往医院。1 名孩子在途中死亡，3 名孩子受伤，9 名孩子无恙。浉河区区委区政府安排全力抢救伤者，做好死者善后工作并抚慰家长；公安机关依法拘留该园管理者，送交检察院立案法办；全区进行排查，消除全区小学、幼儿园的安全隐患。

（摘自：佚名. 信阳浉河区董家河镇驼店村百川亲子幼儿园房顶倒塌原因［OL］. 2014–12–05. http://xinyang.yuduxx.com/shihe/95295.html.）

【案例分析】

经过调查，这所幼儿园是无证私自开设的驼店村分园，系租用民房改建。改建中，该园园长擅自拆除两间房子中间的山墙，致使房顶失去依托，结构不稳，最终垮塌。

除了房屋自然破损的外部原因，深入分析不难发现，危房还存在必须消除的内部因素：其一，幼儿园的开办者和管理人员严重缺乏建筑方面的基本知识，胡乱改建房屋；其二，幼儿园为压低办园成本，不雇请专业人员；其三，幼儿园负责人没有危机意识，抱有侥幸心理，对可能发生的事故毫无准备，导致事故发生。

（二）园舍建设未达标准的危害及其根源

1. 园舍标准的内容与性质

关于幼儿园园舍的设计与建设，国家曾多次发布标准，此处所说的标准包括前面提及的《托儿所、幼儿园建筑设计规范》和《幼儿园建设标准》，两个标准中都包含了具体规定（详见原文件）。

仔细阅读两个标准的具体内容，会发现许多项目及其要求是重复的，原因是："设计规范"是对幼儿园园舍设计者的规定，"建设标准"是对幼儿园园舍建设者（施工单位）的规定，二者适用的对象不同。作为幼儿园的承办者，虽然没有园舍的设计权和施工权，但必须主动参与设计和施工过程，并运用一定的方式对设计和施工进行监督。

上述两个标准都属于国家法规，各级政府、幼儿园园舍设计与建设相关部门及相关企业都必须执行，如未执行即属于违法行为，应予以法律制裁。幼儿园主办者应加强法律意识，学会自觉运用法律手段保护幼儿园在园舍设计与建设方面的合法权益。

2. 园舍未达标准的表现及其危害

从园舍建设的过程来看，其未达标准分别表现在设计与施工之中；从园舍建设的内容来看，其未达标准分别表现在园舍设计与园舍建设施工的各个项目之中。而所谓"未达标准"有两种表现：一是园舍某些项目的设计或成品未达国家规定的数量标准，如高度、宽度、管道直径、面积、容积、绿地率等；二是园舍某些项目的设计或成品未达国家规定的质量标准，如建材质量、装饰效果、设施设备功能、园舍布局、建筑风格、园外环境等。

园舍未达标准会带来多种危害，如导致安全事故、妨碍师幼的正常生活与保教活动开展、缺乏贯彻现代幼教理念的物质条件，等等。这些危害综合起来，就会降低办园水平和幼儿园的声誉，直至影响幼儿园的生存。现实中，园舍未达标准并造成危害的现象大量存在，令人担忧。

（1）许多城镇幼儿园的规模过大

规模过大的城镇幼儿园中既有办园历史较长的公办园，也有办园时间不长但投资很大的民办园。这些幼儿园一般都拥有15个班以上的规模（大大超过规定的12个班），班额则高达35~40人甚至更多，严重超员。这种情形造成人均占地面积、人均建筑面积、师幼比等多个指标超标，并进而造成教师负担过重、保教活动质量低下等，甚至造成严重的安全隐患。

（2）许多小型幼儿园的内外环境堪忧

国家规定，三个班及以下规模的幼儿园虽然可以设在多层公共建筑内的一至三层，但应有独立院落和出入口，且室外游戏场地应有防护设施；三个班以上规模的幼儿园则不应设在多层公共建筑内。但事实上，为数众多的中小型幼儿园（绝大多数系民办园）的校园不是独立建筑物，而是租用非教育用房的部分房间，没有独立的出入口，没有独立院落，有的将幼儿活动室设置在四楼以上，且一出门就是人群混杂甚至车水马龙的街道或市场。这造成了保教质量下降及幼儿的安全隐患。

（3）许多幼儿园的户外场地狭小

国家规定，室外地面游戏场地人均面积不应低于4平方米，其中共用游戏场地人均面积不应低于2平方米、分班游戏场地人均面积不应低于2平方米，且分班游戏场地宜邻近活动室布置，其数量至少应能容纳$n-2$个班（n为全园班级数）同时游戏活动。但事实上不少幼儿园没有户外场地，绿地率低于30%，没有沙池，没有30米直跑道，等等。这完全满足不了幼儿户外游戏、运动的需求，不利于幼儿的身心健康发展。

（4）许多幼儿园的幼儿用房配备达不到基本标准

国家规定，幼儿生活单元应设置活动室、寝室、卫生间、衣帽储藏间等基本空间，各班的幼儿生活单元应保持使用的相对独立性。但事实上仍有大部分幼儿园做不到，面积不达标，盥洗室共用且基本没有衣帽储藏室。有的幼儿园则在活动室搭建阁楼作为幼儿的寝室，甚至有的幼儿园没有与班级配套的卫生间、盥洗室。这造成了幼儿生活的极大不便，甚至构成了安全隐患。

（5）其他共存的重大隐患

有的幼儿园使用不安全的塑胶材料铺设幼儿园户外广场。在有的幼儿园尤其是街道、农村幼儿园，厨房的配备极不规范，操作空间狭小，没有主副食加工间、主食库、副食库、冷藏库房、配餐间、消毒间等，直接危及幼儿的饮食安全。

案例1-3 幼儿园的选址

某市某所幼儿园由原来一所已停办的城区中学改建而成。该中学停办的原因是其坐落在重度污染的工厂区，但区政府为了不闲置该校资产，且急于增加公办幼儿园的数量，便将其改建成区属公办园。

另有一所省级示范园，大门就设在城市主干道上，每天来往车辆的噪音、灰尘及川流不息的行人，严重干扰了幼儿的学习与生活，同时让人们为幼儿来园、离园的安全捏了一把汗。

（案例由刘亮辉提供）

【案例分析】

为保证安全、安静、卫生的育人环境，幼儿园应避免噪声、烟尘、异味的干扰和污水、废气、粉尘的污染。幼儿园的选址必须远离各种污染源，远离城市交通繁忙的主干道，远离人流稠密、人员混杂的公共区域。

案例1-4 幼儿园的洗手间

一所由农村小学改造的幼儿园，厕所为坑槽，旁边有一个成人用的台式洗脸盆，而施工人员还骄傲地说："这是我们乡下最高档的洗脸盆咧！"还有一所幼儿园，厕所里使用的都是坐式大便器，人们认为这就是高端。另外一所新建的幼儿园，据称投资达2千万元，而厕所却设置了2个踏步的台阶，违反了幼儿园的厕所不应设台阶的规定。

（案例由刘亮辉提供）

【案例分析】

幼儿园园舍建设既要防止因陋就简、降低标准，以致影响安全使用，又要防止盲目投资、华而不实。幼儿园的园舍应基于幼儿的身心特点和需要，卫生间内不应设台阶，有关设施的高度、间距及进深都应符合幼儿的使用需求。

案例 1-5　园舍未达标的诸多乱象

园舍不达标：某幼儿园设在一个商业中心的楼上，在楼梯口安了一道铁门作为幼儿园的进出口，且室内面积不足、在园幼儿过多，几乎无室外活动场地，孩子们入园后只能在楼上活动。

绿化不达标：某幼儿园院内除三棵大树外无其他植物。

卫生间不达标：某幼儿园8个班的200名幼儿齐聚一层楼，却只有一处楼梯，且只有两个厕所共6个蹲位。某些幼儿园多班共用一个卫生间，个别幼儿园的卫生间内安装的是成人的大型蹲坑。

寝室不达标：某幼儿园用隔层充作寝室。某些幼儿园的寝室使用高低床甚至4~5层的床，或者使用通铺。个别农村幼儿园根本没有午休场地和设备，幼儿直接趴在桌子上或坐在凳子上睡觉。

留观室不达标：很多幼儿园没有配备留观室；有的幼儿园即使配备了留观室，但系与医务室共用；有的留观室里没有床，也没有水源。

设施不达标：某些幼儿园户外没有安装监控设备，或即使安装了图像也模糊不清，不便于户外危机管理。

（案例由刘媚、刘奕君提供）

【案例分析】

"以幼儿为本"是幼儿园园址选择、规划布局、建筑施工以及后期配置的基本原则。尽管受经济发展水平的影响，幼儿园有比较明显的地域及城乡差异，但园舍建设必须满足幼儿基本的需求，保障幼儿和教师的人身安全，为幼儿的生活和学习提供最基本的物质条件。

3. 园舍未达标准的根源

幼儿园园舍建设达不到国家标准，根源多样。从根源的性质看，包括认识根源、制度根源和物质根源；从根源的责任主体看，包括政府责任、幼儿园承办者责任、园舍设计与建设施工方责任，其中任何一方之所以未履行应有责任是源于认识、制度与物质三个方面。

（1）政府由于多方面的原因未履行应有责任

公办园（即政府办园）始终是幼教事业的骨干力量、幼教事业的主体，园舍建设未达标首先源于政府（各级政府及其所属各部门、各机关单位）履行责任不力。

①认识错误。如法制意识不强，对其所属相关部门与单位、园舍建设的设计与施工单位以及幼儿园在园舍建设方面的违法违规行为没有及时、强力整治；忽视自身缺乏幼教专业知识的不足，因袭大包大揽的计划经济传统，把建设幼儿园视为"交钥匙工程"，设计与施工一手包办，幼儿园主办方不能参与设计与施工过程，导致新建、改建或扩建的园舍不够用、不好用甚至不能用；缺乏发展幼教事业的积极性，消极对待国家颁布的园舍建设标准，对园舍建设中存在的各种危险漠然置之，等等。

②制度缺失。如对辖区内的幼儿园建设没有长远规划，或虽有规划但不够科学、完整，规划执行不严格的情形更为多见，对违反规划的项目缺乏有效整治；幼儿园建设的全程缺乏科学、合法、严谨的管理机制和监督机制，等等。

③物质条件不足。地方财政普遍困难，国家标准的要求又很高，难以达到，出于无奈只好降低园舍建设标准，从而默认一些方面不达标。

（2）园舍建设的设计方与施工方未履行应有责任

①认识错误。规划方缺乏法制意识，看重"长官意志"而忽视国家法规，不按标准设计或动辄修改原定规划；施工方缺乏法制意识，"利润挂帅"，故意违反国家标准降低成本，导致所建园舍不合标准或质量低劣。

②制度缺失。规划方与施工方的内部管理制度不完整、不严格，职责不明且缺乏追责制度，"有事没人管""出事无人负责"的现象多发，经常延迟设计或建设工期，甚至造成所建园舍多处不达标、园方难以验收的困局。

③物质条件不足。规划方、施工方或缺乏专业人才，或资金周转困难，设计不出各方面符合国家标准的幼儿园园舍，或无力建造出合格的幼儿园园

舍，只得降低标准、滥竽充数。

（3）幼儿园主办方未履行应有责任

①认识错误。一方面是对园舍建设不内行，不细致了解甚至根本不知道园舍建设的国家标准；另一方面是没有参与园舍设计与施工全程的主动性与积极性，被动等待，结果等来了不达标的园舍，甚至抱着降低成本、提高利润率的错误想法，有意让园舍新建、改建或扩建中的某些项目不达标。

②制度缺失。合理使用、及时检查、有效维护幼儿园园舍的制度不完善，或新建、改建、扩建园舍的制度不完善，致使园舍使用中出现的各种危机得不到及时、有效的改善，或导致园舍建设不合格。

③物质条件不足。许多幼儿园特别是农村幼儿园办园经费短缺、懂园舍建设与管理的员工短缺，容易导致园舍建设中的不达标现象。

值得注意的是，造成园舍建设未达标的上述三方面根源，往往同时存在、交互影响，而这势必加重幼儿园园舍建设的危机。

（三）园舍建设理念落后的危害与根源

1. 与幼儿园园舍建设紧密相关的主要现代幼儿教育理念

从《幼儿园教育指导纲要（试行）》《国家中长期教育改革和发展规划纲要（2010—2020年）》《国务院关于当前发展学前教育的若干意见》《3—6岁儿童学习与发展指南》可知，与幼儿园园舍建设紧密相关的主要现代幼儿教育理念包括以下五点。

（1）生命安全理念

"生命教育"是当今我国最重要的教育理念之一，其内涵极为丰富，而首要的就是尊重与保护儿童青少年的生命安全。对幼儿来说，具体包括：入园和离园过程中的交通安全，在园期间的饮食安全和饮水安全，建筑物安全，用电安全，无水、气、声、光、化学物质等污染源，运动器械安全，教玩具安全，配有电子监控设备，等等。

（2）身心健康理念

现代的健康概念包括身体健康、心理健康和社会适应三个方面。幼儿园要保障幼儿的身心健康，必须拥有四个方面的园舍条件：一是前述能保障生命安全的园舍条件；二是足够的绿地、室外与室内运动场地、运动设施与器材、医务室、留观室、足够的常见病药物等，以保证幼儿的充分运动、维护幼儿的身体健康；三是园舍布局与建筑物的内部结构要方便幼儿进行各种生活活动与学习活动；四是幼儿园室内外环境的装饰样式要符合儿童的特点，能引发幼儿轻松、愉快的情绪，感染熏陶他们友好相处、积极向上，促进他们开阔眼界、积极探究。

（3）大胆实践与创新理念

我国长期以来倡导素质教育，其重点是鼓励与支持幼儿大胆实践、创新。幼儿园应珍视游戏的独特价值，重视"玩中学""做中学"，鼓励和支持幼儿动手制作、自主探究、大胆创新。幼儿园应拥有足够的活动空间、适合幼儿合作学习的桌椅、足够的各类活动设施与器材以及能让幼儿与之互动的室内外环境布置。

（4）个性化发展理念

在我国建设"创新型社会"的背景下，激励和支持幼儿从小个性化发展非常重要。幼儿园应为实现这一理念提供足够的园舍条件，如多样化的学习空间、多样化的教玩具、多样化的图书资料、能让幼儿与之多样化互动的室内外环境布置。

（5）面向未来理念

在当今时代，"面向现代化、面向世界、面向未来"已成为很重要的教育理念。幼儿园的园舍建设应为此提供足够、好用的条件，如及时更新相应的设施设备器材，装备良好的电视系统，建设校园网并实现班班通，积累足够的软件，开辟足够的信息平台供教师、幼儿及其家长进行教学、学习与交流。

2. 阻扰现代幼教理念实现的园舍建设危机表现及其危害

要实现上述现代幼教理念并不容易，存在着多种阻扰，潜藏着园舍建设的多种危机。但这一类危机不像前述危房和未达标园舍那样容易识别、被重视，对相当一部分园长和教师来说，由于教育观念的滞后，他们想不到或容易忽视园舍建设对实现教育理念的阻扰，从而造成对幼儿终身健康发展深远的危害。

这类危机的表现及其危害分述如下。

（1）出于"安全恐惧"，闲置甚至不配备室外活动设施设备

重视幼儿的人身安全固然重要，但怀有"安全恐惧"心理、生怕幼儿"一动就会出事"却走了极端。执着于这种观念的园长或教师喜欢约束幼儿，限制他们出外活动，将已有的各种室外活动设施设备闲置不用，任凭风吹日晒、磨损破旧，不购置、添置新设备。其后果是严重危害现代幼儿教育理念的实现，而且浪费了幼儿园的教育资源。

（2）不具备生态理念，将园舍局限于房屋

前面说过的"生命教育理念"，其内涵之一就是"生态理念"：要让孩子的生命充满活力，就要给他们提供充满生命力刺激的环境，这环境就是"生态圈"，里面有动植物等自然生命，有模拟社会百态的丰富信息等。但现在的很多幼儿园尤其是城区幼儿园，因为土地使用费高，幼儿园都像砖砌的大匣子，里面挤满了砖瓦、钢筋、水泥，却没有树、花、绿地、水、沙、小动物，甚至没有灿烂的阳光和新鲜的空气。其严重危害是，幼儿的健康受损、思维变窄、情绪压抑、性情呆板。

（3）囿于旧观念，园舍条件难以实现面向未来的教育

现在大多数幼儿园的园舍都以班级为单位成套设计：班级用房包含活动室、寝室、卫生间，有的幼儿园也有衣帽间、储藏室，班与班之间则基本相互隔离；除这些少不了的用房之外，有利于幼儿全面发展的其他功能室很少。其设计理念是：第一，便于以班级为单位进行班级管理，防止本班幼儿与别班幼儿混杂；第二，便于让幼儿接受在固定教室里的班级教学，防止幼儿随意出教室，脱离教师对他们的掌控。但这种设计理念极大地限制了幼儿的自主探究、多样化交往、"玩中学"和"做中学"，阻碍了幼儿教育面向现代化、面向未来理念的实现。

案例 1-6 幼儿园综合活动室调查

据某市 2017 年的一项抽样调查，在该市所抽取的 88 所幼儿园中，配有如下综合活动室的幼儿园占比明显较低：

活动室名称	已配幼儿园个数	占比/1%
科学室	10	11.36
建构室	21	23.86
角色游戏室	28	31.82
室内体育室	33	37.50
音乐室	36	40.91

（案例由邓艳提供）

【案例分析】

幼儿园的活动用房除了班级活动室还有综合活动室，6个班以上的幼儿园至少应设置1间综合活动室。很多幼儿园为了节约经费、扩大生源，没有规划或者建设综合活动室，以致孩子们只能处于有限的班级空间里，压抑了幼儿自主探究和人际交往的需要。这样的幼儿园的教育活动往往类型比较单调、形式守旧，较少开展跨班级的交往活动、大型集体活动和亲子活动。

案例 1-7 日本幼儿园的园舍

该园顶层为周长183米的椭圆形，小朋友们可以无拘无束地在上面奔跑、游戏，俨然成为小朋友的游乐场。一、二层用滑梯连了起来，教室之间则相互连通且内外通透，既方便孩子们与其他班级的小朋友交流从而结交更多的朋友，增强小朋友的社会交往能力，也便于园长和教师随时观察班里正在发生的事情，及时给予帮助。

（摘自：亿童. 中国园长在日本，亲身感受中日幼儿园的不同特色［OL］. 2017-08-07. http://www.yitong.com/news/detail/2620.）

【案例分析】

幼儿园的园舍设计就是其教育理念最直接的体现。在这里，孩子喜欢的环形跑道、滑梯等都是基于开办者对儿童的尊重和信任；通透的活动室渗透着开放的教育理念；而随时关注、适时介入的园长和老师正是我们所倡导的现代化的教师形象。

（4）园舍建设其他方面违背现代幼教理念

此类现象不一而足，既有达不到理念要求的情形，也有误解、夸大理念的情形。虽然这些现象难以界定为违反国家标准，因此难以强令整改，但为了幼儿的更好发展仍需要予以纠正。

案例1-8 幼儿园的色彩

现代理念提倡幼儿园的色彩雅致、协调和简洁，可很多幼儿园从里到外的颜色都极其鲜艳刺眼。某农村幼儿园的外墙颜色搭配着荧光的粉红、草绿和淡黄；某幼儿园的班级，地板是湖蓝色的地胶，楼梯踏步却用粉红与草绿搭配。

（案例由刘亮辉提供）

【案例分析】

现在大多数幼儿园在园舍设计时喜欢采用鲜艳的颜色，色彩搭配无序、花哨。"幼儿园颜色越艳越漂亮、图案越花孩子越喜欢！"这是一种误区。这样的设计给人一种眼花缭乱的感觉，孩子在这种环境中生活和游戏会感到很不舒服。特别是楼梯、走廊处的色彩过于鲜艳，还易导致幼儿过于兴奋而打闹、跳跃等，构成不安全的隐患。其实，幼儿园的园舍并不适宜太花、太鲜艳，应以中性色为主色调，少量使用鲜艳的颜色，这样才能给人以美感，营造舒适的心理氛围，并给予幼儿良好的审美启蒙。

3. 园舍建设违背现代幼教理念的根源

园舍建设违背现代幼教理念的根源可分为外部根源、内部根源两类。

（1）外部根源

外部根源主要是严重存在于中小学的应试教育倾向、众多幼儿家长对子女教育的错误要求和政府对幼儿园依法办园管理薄弱，这三个根源又相互发生影响。

于是，幼儿园一方面要承担中小学和家长们追求应试教育的沉重压力，另一方面又得不到政府的有效化解，不得不做出妥协：放松对现代幼教理念的追求，有意或违心地搞"小学化"教学，在园舍建设上降低标准甚至搞出违背标准的园舍配备。

（2）内部根源

幼儿园园舍建设阻挠实现现代幼教理念的根源主要还是在幼儿园内部，包括认识方面、制度方面和物质条件方面，且以认识方面为主。

多种错误认识综合起来导致园舍建设对实现现代幼教理念的阻挠，尤其是前述对应试教育外部压力的妥协。这种妥协是没有眼光、看不到幼教事业发展大局和远景的表现。尽管前面说到幼儿园面临源自外部的搞"小学化"的巨大压力，但应该看到，国家始终在批判和整治应试教育并大力推进素质教育，而且近年来中小学课程改革、中考与高考改革的力度越来越大，中小学办学、管理与评价机制的改革也将迎来高潮，同时，包括住房政策在内的一系列社会改革也正在积极推进，越来越多家长的教育观念在转变，他们越来越关注孩子的身心健康、和谐发展。认清大势，着眼于幼儿园的长远发展，就能消除园舍建设阻挠现代幼教理念的危机。

除了这种妥协意识，幼儿园主办者的另一些错误认识也会造成危害。其一，缺乏学习，不了解幼儿园教育发展的规律和远景，不具备现代幼教理念，导致园舍建设中的短浅眼光和短期行为。其二，出于"利润挂帅"的办园宗旨，消极地适应一部分家长的要求，放纵各种"小学化"的做法，并为这种做法提供违背国家标准的园舍条件，等等。

当然，幼儿园园舍建设背离现代幼教理念现象的存在还有制度和物质条件方面的根源：幼儿园园舍及其附属设施设备管理、维护、改造及添置的制度不完善及幼儿园办园经费短缺，导致设施设备破旧、损坏甚至缺失，等等。这两方面的根源也应及时消除，要不断改善、更新园舍及其附属设施设备，为实现现代幼教理念提供切实的保证。

第二节　幼儿园园舍建设危机预防

上一节指出了幼儿园园舍建设各种危机的严重危害，每所幼儿园都必须努力避免这类危机的发生，防患未然。

总的来说，园舍建设危机是可以避免的。首先，国家对园舍建设有一整套的标准，而这些标准的制定是经过科学论证的，园舍建设只要严格执行这些标准，一般来说就可以避免危机。其次，任何园舍建设危机的发生都有早期迹象，即使可能发生预想不到的园舍建设危机，如果保持警惕，及时发现并迅速采取维护、维修或改造等措施，也可以把危机消灭在萌芽状态。

一、幼儿园园舍建设危机的预防原则

园舍建设危机的预防并不简单，要做很多事，需要遵循一些基本原则，包括意识领先原则、全员参与原则、方案科学原则及措施可行原则等。

（一）意识领先原则

所谓意识领先原则，就是要把树立预防意识放在预防工作的首位。这些意识包括：

1. 危机意识

要让全体员工深刻认识到园舍建设危机对自己、对幼儿及其家长、对幼儿园生存与发展的严重危害，牢牢树立对园舍建设危机的预防意识。只有如此，才能激发他们对制定危机预防方案的主动性与积极性，及时发现并报告

各种园舍建设危机的早期迹象，让危机的预防落到实处。

2. **爱心意识**

要激励全体员工对全体幼儿和幼儿园由衷的爱，关爱每个孩子的安全、关爱每个孩子的健康发展、关爱幼儿园的声誉与发展，对园舍建设事事关心、处处留心。

3. **幼教理念**

要让全体员工牢牢树立上述危机意识和爱心意识，就必须让他们充分了解、真心相信各种现代幼教理念。不破除"小学化"之类的错误幼教理念，不真正理解并接受现代幼教理念，员工们就不会重视园舍建设危机的预防，不会自觉付诸行动，如此，再科学完善的危机预防方案也只会是一纸空文。

（二）全员参与原则

所谓全员参与原则，就是要让预防园舍建设危机成为幼儿园全体员工的义务与责任。这就要求：园舍建设危机预防方案的制定应让全体员工参加，让方案的制定过程成为教育全体员工的过程。确定危机预防方案的内容时应听取并尊重员工的意见与建议，不能让方案只体现园领导个人的意图。园舍建设危机的预防应由全体员工分工负责，不能只是少数员工的事。

（三）方案科学原则

所谓方案科学原则，指园舍建设危机预防方案的各项内容均应讲究科学性，具体表现为：园舍所包括的项目应符合国家规定的相应标准；预防园舍建设危机的各种技术措施，应符合相关类别的科学要求和技术标准，不能想当然地自作主张；对园舍建设危机预防各项工作的组织，符合管理科学的要求，精当、高效。

应该注意的是，达到上述各方面的科学性要求，光靠幼儿园自己绝对不行，必须主动求得相关部门或单位专业人员的指导与支持。

（四）措施可行原则

所谓措施可行原则，指园舍建设危机预防的各项措施均应切实可行，包括：事先储备充分，物资、工具、器材与资金合用；保证各种预防措施在技术上的可行性；考虑幼儿园的人力资源条件，合理配备人员，并适当聘请有关单位的专业人员提供技术指导，还要准备好发生园舍建设危机时动员外部人力的办法，等等。

二、幼儿园园舍建设危机的预防策略

在遵循以上各项原则的基础上，幼儿园园舍建设危机的预防应遵循以下各项策略，以保证工作有条不紊、扎实有效。

（一）持续宣传教育，加强防范

为贯彻前面所说的防范园舍建设危机的意识领先原则，幼儿园应针对危机意识、爱心意识和幼教理念组织持续的宣传和教育。

对全体员工的主要宣传教育内容是：现代幼儿教育的先进理念，特别是园舍环境与幼儿身心健康密切相关的观念、情感在教育活动中的重大意义等；本园园舍及其附属设施设备的基本情况，安全使用这些设施设备的基本要求，各种设施设备中容易导致园舍建设危机的隐患点；国家颁布的幼儿园园舍设计与建设的各项标准；真实发生的幼儿园园舍建设危机案例，及应从中吸取的经验教训；本园制定的园舍建设危机预防方案；园舍建设危机预防与应对的必备技能与技术，等等。

对全体在园幼儿的主要宣传教育内容是：他们将接触或使用的园舍及附属设施设备，安全使用这些设施设备的基本要求；真实发生的幼儿园园舍建设危机案例，及应从中吸取的经验教训；本园制定的园舍建设危机预防方案中与幼儿相关的内容；园舍建设危机发生时幼儿应该采取的应对方法，等等。

对家长的主要宣传教育内容是：科学育儿的基本观念与有关方法；真实发生的幼儿园园舍建设危机案例，及应从中吸取的经验教训；本园制定的园舍建设危机预防方案中与家长相关的部分，等等。

除组织专题学习、案例研讨等宣传教育活动外，还应运用直观简洁的形式提示主要的园舍建设危机隐患点，积极运用各种信息平台开展及时、多样、简捷、生动的宣传教育。

(二) 制定预防方案，有备无患

预防园舍建设危机，有预案和没有预案的效果截然不同。制定幼儿园园舍建设危机预防方案应达到如下三项基本要求。

其一，贯彻前述园舍建设危机预防的方案科学原则与措施可行原则，使预案的内容完整、科学、可行。

制定预案前，幼儿园应组织专门力量认真学习国家颁布的园舍设计与建设标准，对照这些标准细致调查本园园舍及其附属设施设备的方方面面，及早发现并消除各种隐患，然后才能开始制定预案。

制定预案时则要贯彻前述园舍建设危机预防的全员参与原则，充分动员全体员工参与讨论：一方面，查漏补缺，保证预案内容的完整性；另一方面，核查并加强各种预防措施的科学性和可行性。

此外，预案制定出来以后，要邀请有关方面的专家进行评审。

其二，定期组织全体员工、全体在园幼儿及全体家长再次学习已制定的预案，强化对预防园舍建设危机的宣传教育，不断增强防范意识。

其三，对已制定的预案要定期组织复查，根据情况的变化及时进行修改与完善。

(三) 定期组织演练，增强技能

园舍建设危机的有效预防，不但需要很强的危机防范意识，还需要很强的危机防范技能，而技能的掌握要靠动手实践，因此，幼儿园应每年针对园舍建设危机的预防方案组织演练，包括对预案中重点内容的单项专门操练、预案全部内容的整体演练。

演练时应邀请有关单位的专业人员现场观察，演练结束后应请这些专业人员做全面的评价和指导。

(四) 学会社会动员，形成合力

园舍建设危机发生后，由于其后果的严重性和扩散性，光靠幼儿园自身是难以应对的，园内园外多方面的力量必须紧密合作，形成合力，因此，幼儿园管理者在预防阶段就应该学会社会动员的基本方法，未雨绸缪。

需要学习的内容包括：明确需动员的具体对象。社会动员即动员幼儿园员工之外的多种社会力量，包括上级党委、政府、教育局、公安、消防、城建、医疗卫生等部门，报纸、广播、电视等媒体，幼儿园的家长委员会，等等。

在预防方案中，要明确单位的具体联系人及其联系方式，并随时更新。

幼儿园管理者要学会各种动员技术。如：用有线电话口头报告，送达文字报告，用智能手机以电话、信息、微信、图片、视频、语音等形式报告，用QQ以文字、语音、图片等形式报告，等等。

幼儿园管理者要事先学会这些动员技术，综合统筹、构建最快捷有效的报告方式，并不断更新。

幼儿园要构建快速、高效的社会动员系统。完整的园舍建设危机应对社会动员系统应包括危机现状报告、提出具体支援要求、组织各种支援力量三大要素。这就涉及很多具体要求，如报告谁、报告的先后次序、具体的支援要求、各种支援力量的组织办法与指挥办法，等等。应在园舍建设危机预防方案中明确这一系统的具体要素及迅速连接这些要素的办法与程序，并更新和及时改进。

三、幼儿园园舍建设危机的预防案例

不同幼儿园有不同的房舍及附属设施设备，可能发生的房舍危机也不同，故它们的房舍危机预防方案虽然都必须遵守前述各项基本原则，都要学会前述各种危机预防策略，但具体预防什么危机、怎样预防危机则是不同的。下面介绍两个预防内容与预防方法各有侧重的案例。

案例 1-9 某幼儿园预防高压线路破损灾害

某幼儿园现有园舍建于1986年，园舍老化带来了一系列安全隐患，其中最危险的是高压线路：园内放置了一个100A的变压器，运动场上空横拉着的一条高压线仅高于地面6米，进入幼儿园的人都要在高压线下经过。每天

早晚2000多名师生和家长从此处经过。每逢刮风下雨，幼儿园领导都要跑到现场检查；每次上级领导到幼儿园督导检查，都要提出这个问题——它就像悬在幼儿园上空的一把利剑！但由于改造高压线路涉及多个部门，项目庞大，协调困难，改造迟迟未能进行。

2016年，幼儿园新一届领导班子成立，下决心消灭这一重大安全隐患并制定如下工作方案。

一、成立高压线路改造领导小组

组长：园长。

部门协调员：后勤副园长。

现场指挥：后勤主任。

后勤保障人员：后勤干事。

安全员：后勤工作人员。

二、高压线路改造工作措施及程序

1. 园长通过情况汇报、法规宣传等形式向市委市政府、市教育局说明幼儿园高压线路隐患，强调房舍安全的重要性，争取上级的重视与支持。

2. 高压线路改造小组全体成员学习幼儿园园舍建设标准，强化安全意识与危机预防意识，分工负责、责任到人。

3. 邀请电力工程师现场指导，制定科学可行的整改方案与施工期间的安全预案。

4. 项目协调员主动联系电力局、财政局，多方协调，确保项目的审核、实施到位。

5. 高压线路改造小组全体成员积极陪同相关部门的领导与专业人员查看现场、制定施工方案，确保改造工作的顺利与安全。

6. 完善整改方案，与电力公司负责人对接，加强对高压线路的检查。

7. 了解本市城市建设发展规划、学前教育发展规划及相关政策，以此为依据，向市委市政府争取专项资金。

8. 完成项目报批、电力局报备、现场查看、施工方案设计、财政局评审、电力局审核等程序且专项资金到位后,先抓紧完成土建工程,待用电高峰期过后,由电力部门完成高压线路改造。

9. 将本方案告知幼儿园全体员工和全体幼儿家长。

10. 设立安全护栏和安全标志,派保安人员专职维持现场秩序,以确保安全。

(案例由冯梅提供)

【案例分析】

因为幼儿应对危险伤害的能力较弱,幼儿园应避开输油、输气管道和高压供电走廊等地段并保持一定的距离。此案例中的高压线路已经横穿幼儿园几十年,存在很严重的安全隐患,不能因为暂未出现事故而心存侥幸。幼儿园新任管理者的危机意识比较强,通过学习相关法律法规和请教专业人士,制定了科学合理的整改方案。高压线路的改造并非幼儿园的内部工程,园长较好地协调了社会关系,得到了家长、上级主管部门以及相关部门的支持,调动了各种有利资源,使改造工作得以顺利进行。

案例1-10 某幼儿园房舍危机发生时的紧急疏散演练方案

一、指导思想

坚持"安全第一、预防为主"原则,提高师幼紧急避险、自救自护的应变能力。园内发生建筑物倒塌、特大火灾、突发事件等安全事故时,能统一指挥,短时间内有条不紊地紧急疏散全园师幼,使损失降到最低。

二、紧急疏散指挥

总指挥:园长。

副总指挥:书记。

现场指挥:后勤园长。

三、紧急疏散职责分配

1. 总指挥负责迅速发出紧急疏散信号,指挥协调,及时掌握情况,并向上级主管部门汇报,贯彻传达上级主管部门的命令。

2. 副总指挥协助总指挥工作，并督促现场指挥依据演练预案行动。

3. 现场指挥依据预案措施与疏散路线组织全体师幼有秩序地疏散到安全地带；疏散过程中依据预案果断处理，避免拥挤踩踏，保证师幼快速、安全地撤离。

4. 全体幼儿园员工必须服从指挥、各司其职。各班班主任要预先向幼儿做好宣传，并让幼儿懂得一些自救的知识和方法。演练时班主任及当班教师负责指挥本班幼儿有序地疏散或用正确的方法躲藏、等待救援。

5. 楼梯口专职安全员：

一号楼楼梯口：×××。

二号楼楼梯口：×××。

三号楼楼梯口：×××。

四、紧急疏散演练预案

听到紧急疏散信号后，全体员工应第一时间到岗到位，立即组织幼儿疏散，并做到：

1. 保持镇定，稳定幼儿的紧张情绪，不惊慌失措。教学楼内的师幼应立即停止教学活动，教师快速组织幼儿集合结队撤离到操场上的空旷地带。两位教师一前一后组织幼儿有顺序、快速地就近下楼，下楼时靠右行进，不得在楼梯或走廊内拥挤。

（1）疏散过程中，行动要迅速，迅速转移到指定位置，但不要争先恐后、慌乱奔跑。

（2）疏散过程中，要求幼儿一手护头一手护鼻，以防被砸伤或吸入有毒气体等。

（3）班级撤离路线：（略）

（4）疏散到指定地点后，以班为单位集合结队，原地不动蹲下，双手护头，注意避开高大建筑物或危险物（如围墙、电线杆等），千万不能回到教室。各班立即清点人数并向总指挥报告，确保不遗漏一名幼儿。

（5）把稳定幼儿的情绪工作放在首位，对幼儿实施心理辅导，消除灾害给幼儿造成的心理障碍。

2. 教师应引导室内来不及逃离的幼儿立即就近躲避，卧倒或蹲下，使身体尽量缩小，躲到桌下或墙角，但不要靠近窗口，避免身体被砸到。

教师应事先教会幼儿躲避的姿势：在桌下躲避时，将一只胳膊弯起来保护眼睛以免被碎玻璃击中，另一只手用力抓紧桌腿；在墙角躲避时，把双手交叉放在脖子后面保护自己，可以拿书包或其他保护物品遮住头部和颈部；卧倒或蹲下时也可脸朝下、头近墙，两只胳膊在额前相交，右手正握左臂，左手反握右臂，前额枕在臂上，闭上眼睛和嘴，用鼻子呼吸。

五、演练结束

总指挥发出演练结束指令后，各班教师组织本班幼儿有秩序地返回教室。

（案例由张丽等提供）

【案例分析】

幼儿园的园舍建设危机预防不能靠"纸上谈兵"，应急演练是对危机预案、培训以及其他工作最好的检验和完善途径。应急演练活动不能流于形式，而要通过比较形象的模拟情境再现，让全体师幼在行动中提高自我保护能力和规则意识。

第三节 幼儿园园舍建设危机应对

危机尽管可以预防，但难以完全避免，因为导致危机的因素复杂多样，而人的认识能力、行为能力及物质条件有限，不可能预料到哪几个因素的突变会触发园舍建设危机。不过预防必不可少：一方面，可以通过消灭危机苗头从而避免多数园舍建设危机的发生；另一方面，即使园舍建设危机不可避免，充分的事前准备也可有效降低其危害。

但预防又不是万能的，新陈代谢是普遍规律，幼儿园的房舍危机总有一天会爆发。尽管预防可以减少房舍危机造成的损失，但一点都不损失是不可能的，这就需要幼儿园事先做好准备并沉着应对，以尽量减少这种损失。

危机应对和危机预防一样，要考虑的事情很多、很复杂，需要高度重视、精心准备、冷静对待、细致组织。从宏观上说，幼儿园应该了解应对园舍建设危机需遵循的基本原则，并选择应对危机的基本策略。

一、幼儿园园舍建设危机的应对原则

为了尽可能地降低园舍建设危机造成的损失，幼儿园应提早做好准备；一旦危机发生，就采取各项应对措施。应对园舍建设危机的工作应遵循以下四个基本原则。

（一）提前准备应对方式

前文关于园舍建设危机预防部分中已经说到，危机发生时的应对办法应该作为预案的重要内容之一。我们之所以不厌其烦地再次提出并把它作为应对危机的首要原则，是因为它太重要了。

（二）冷静对待危机发生

一旦房舍危机爆发，第一需要的是幼儿园领导和全体教师的冷静。惊慌失措、恐惧畏缩不但无济于事，还会让早已准备好的房舍危机应对预案失效。

应清醒、果敢、有条不紊地应对房舍危机：立即启动危机应对预案；命令全体员工紧急履行各自的危机应对职责；组织疏散；报告险情、召唤救援；组织有可能实行的抢险救援。

（三）生命安全高于一切

在应对突发的房舍危机时，幼儿园应把全体师生的生命安全放在第一位，特别要把幼儿的生命安全放在第一位。

所以，应对突发的房舍危机时，第一要救的是孩子。幼儿那么小，心灵弱小、体力单薄，要他们在突发灾难时自救几乎不可能，这就需要平时设计好救援预案并多次操练救援过程。一旦危机爆发立刻动员所有成人有组织、有秩序、有技巧地进行救援。第二要救的当然是成人。至于金钱、物资、文档，当然也要尽力救，但要放在救人之后。救人者也必须注意保护自己的生命安全。

（四）工作果断周全

应对突发的房舍危机时，最需要工作果断周全。

首先是果断。危机爆发，乱象纷呈，到处是必须紧急应对的危险。哪件事必须先做？哪件事最重要？谁来做？怎么做？领导者必须迅速决断，容不得片刻犹疑。固然可以在危机预防方案中事先做好妥善安排并通过多次演练让处理程序与方法烂熟于心，但既然是突发危机，肯定存在一些出乎意料的危险事件，这就需要幼儿园领导者发挥急智，迅速决断，火速行动。危机就是危险发生的那个时机，机不可失，犹豫不决必然坏事。

其次是周全。"城门失火，殃及池鱼"，幼儿园房舍危机一旦发生，其危害必然蔓延到方方面面：师幼人身伤害，幼儿园物资损失，幼儿园邻近建筑受损，伤亡幼儿的家人悲痛、愤怒，幼儿园声誉严重受损，政府及公检法、消防等部门追责……如果没有周全的考虑，不能周到地应对，连理顺救灾事宜、安顿好各方人员、平息各种纷争都做不到，就更别说做好危机善后了。

二、幼儿园园舍建设危机的应对策略

在遵循上述园舍建设危机应对原则的前提下，应对园舍建设危机的时候还要注意运用如下策略。

（一）迅速执行危机应对预案

危机一旦发生，除保持冷静之外，必须把立刻启动和迅速执行危机应对预案放在首位，而做到这一点的前提是每个幼儿园员工都清楚、熟悉自己的职责和任务。

启动与执行危机应对预案的要点是：迅速检查各种通讯系统，保证至少能用其中一种向全园师生发布命令；幼儿园领导迅速分工负责，组织全体员工救援幼儿，检查并向有关部门报告险情、请求救援，组织人力抢救重要物资与文档，与前来救援的相关人员合作扑灭可能发生的火灾、水灾或其他灾害。

（二）周密组织抢险工作

园舍建设危机尤其是房舍危机会波及方方面面，抢险工作项目多、难度大、时间紧、参与人员多而杂、抢险方法技术性强，这就需要把组织工作做得极为周密。具体组织工作包括以下几个方面：

- 对本园员工与幼儿的周密组织；
- 对本园员工与各方救援人员分工合作的周密组织；
- 对抢险物资、设备与器材的周密组织。

做到上述各方面，一靠事先在园舍建设危机预防方案中已做好详尽、周密的设计，二靠应对危机时的冷静思考、及时安排。

（三）灵活做好社会公关

这里所说的社会公关，是指在园舍建设危机发生之后，幼儿园对来自社会各方面的责难、质疑等采取的公关策略。

- 来自媒体的责难与质疑，包括来自公共媒体和自媒体的。在信息时代，一方面，报纸、广播、电视、政府办网络等公共媒体相当发达；另一方面，手机短信、微信、微博、博客、公众号等多种自媒体也很兴盛。危害甚重的园舍建设危机一旦发生，各种正规报道和小道消息会立刻满天飞，这些庞杂的消息很容易失真：正确的消息有利于人们了解真相、张扬正气、总结经验教训；不准确的甚至捏造的消息则会欺人耳目、混淆是非、鼓动邪气、制造风波，严重影响幼儿园的恢复及此后的发展。

- 来自众多家长的责难与质疑。幼儿园园舍建设危机最大的受害者是在园幼儿与其家庭，而家长们对幼儿园的实际情况、教育理念了解得不多不深，受难之后很容易情绪偏激，既可能提出幼儿园难以承受的补偿要求，又可能从此退园，使幼儿园面临生源危机。

- 来自政府及有关部门的责难与质疑：对于已发生的园舍建设危机，幼儿园及其员工有多大责任？是否应提起民事诉讼甚至做出刑法惩处？对受伤害幼儿家庭的赔偿谁来承担，如何确定赔偿比例？如何为幼儿园园舍及其附属设施设备的改建、新建或添置筹集资金？幼儿园如何进行整改？

应对好上面的诸多责难与质疑，保护好幼儿园及员工的合法权益，不但需要幼儿园领导具备较高的幼教理论素养和法规政策水平，还需要他们乃至全体员工具备足够的社会公关能力：会和各方人士沟通吗？具备说服能力吗？会写新闻报道宣传幼教理念和幼儿园，从而占领舆论阵地的制高点吗？善于和各方人士特别是幼儿家长交往从而达成共识吗？

必须指出的是，多数幼儿园对社会公关从未重视，对宣传工作也不够重视，并缺乏得力的宣传与公关干部。这种情形如不改变，一旦园舍建设危机发生，社会公关便会困难重重，难以保护幼儿园的合法权益。

（四）努力实现化危为机

危机当然是坏事，但只要应对得法，也可以转化成好事，"塞翁失马，焉知非福"。

首先应该看到，危机所造成的破坏从某个方面来说也有好处：危房本来就是要拆掉的，陈旧的房舍或设施设备总归是要淘汰的，它们的消失正好为新建、改建或添置腾出了空间；未能制止危机或直接引发了危机的旧观念、旧体制、旧机制本来就应该改造和创新，一场危机暴露了它们的弊端，正好坚定了我们改造、创新的决心；应对危机的历练增强了幼儿园的凝聚力，提高了员工的思想觉悟，锻炼了员工各方面的能力，为改造和创新幼儿园打造了一支更有力的队伍。

其次应该认识到，园舍建设危机破坏的"祸"转化成幼儿园改造与创新的"福"是需要条件的：需要我们在危机善后中高度冷静并思考；需要真正抛弃旧观念、旧体制、旧机制的弊端；需要我们具备改造、创新幼儿园所必需的理念、决心和科学规划；需要具备为改造、创新幼儿园而取得员工支持、上级支持、家长支持的公关能力，如此才能获得改造、创新幼儿园不可或缺的物质条件。

总之，既然危机已经来了、破坏已经造成了，一味地捶胸顿足、灰心丧气又有何用？不如直面惨痛、运筹帷幄，启动再造一个新幼儿园！

三、幼儿园园舍建设危机的应对案例

应对幼儿园园舍建设危机的案例，有成功有失败，有经验有教训，它们都是宝贵的办园经历和精神财富，值得珍惜。

让我们来看一个幼儿园成功应对房舍危机的案例。

案例1-11 某市一幼儿园成功应对突发的强暴雨灾害

2016年6月15日夜，某市突遭强暴雨袭击。次日早晨，该市某幼儿园发现：洪水已造成内涝，园区积水深达一米，塑胶运动场、美工创意馆、食堂均已被淹没，一楼十个班级的空调、电脑、玩教具等都被洪水泡坏，经统计财产损失达30余万元。但由于该幼儿园应对及时、得当，且抓住受灾时机改进房舍建设，不但顺利克服了危机，还使幼儿园房舍条件上了一个新台阶。

早晨一发现内涝灾害，该幼儿园的领导第一时间即报告有关各部门，并动员全体员工投入抢险、告知来园家长带幼儿回家，并通知相关家长将其子女的床上用品带回家清洗、消毒、暴晒。上午，幼儿园所在辖区区政府、区市政、区疾控中心、社区、物业等部门的领导便齐聚幼儿园，召开现场会议，协调、指导抗灾抢险工作。随后，市政部门派来水车为幼儿园的地面冲洗污泥，物业则派出车辆和人员清运幼儿园灾后的垃圾。下午，区疾控中心派出专业人员对幼儿园进行了首次消毒，并对灾后的消毒防疫进行了具体指导。幼儿园全体员工每天按疾控中心要求清理各类物品并消毒、检测空气质量。8天内，各项卫生防疫指标达到合格，幼儿园恢复正常工作。

在这之后，幼儿园又抓住时机投入54万元，更新房舍与用具，拆旧换新。

拆除一楼四间教室的原有地板，重铺水泥、重装地板、粉刷墙面；更换美工创意馆里被水泡坏的五扇房门；原塑胶运动场已被污水泡坏，且无法消除散发出的污水恶臭，因此将其拆除，改造为悬浮地板；重新添置幼儿床上

用品，重新添置一批幼儿玩具柜、幼儿玩教具、电脑、电视机等。

同时幼儿园还创新房舍功能，将重新装修的前述四间教室里的两间分别改作国学馆和绘本馆，为构建有本园特色的园本课程提供了物质条件。

园领导还对照房舍图纸，仔细查勘现场，找出被淹原因，总结了经验教训。

以上各项工作全部在灾后两个多月里顺利完成，幼儿园面貌焕然一新。

（案例由李娟提供）

【案例分析】

在这一危机应对事件中，管理者沉着应对，并且主动寻求上级主管部门以及市政、医疗、社区等部门的帮助和专业支持，在第一时间迅速消除了险情和其他隐患，同时对于灾后的恢复工作投入了大量的人力物力，使幼儿园的各项工作迅速恢复正常。

危机既是"危"，也是"机"。幼儿园园舍建设危机一旦发生，教职工不必怨天尤人，而应因势利导，在困境中寻找新的发展契机。直接引发了危机的隐患本来就应该改造，一场危机的爆发正好坚定了管理者改革的决心。同时，应对危机也是对幼儿园团队凝聚力的最好历练，使团队的每一个人在困境中团结奋进并强化各项技能。

第二章 幼儿园教育装备危机管理与实例

随着社会高速发展，各种现代教育装备走进了学前教育领域，走进了幼儿园，走进了班级，走近了教师，走向了孩子……它为教学活动、家长工作、幼儿园教育管理等创建了高质平台，作为一种全新的手段，教育装备已经深入幼儿园管理的每个角落。但在幼儿园教育装备不断提升的同时，也产生了一系列令人担忧的问题。各媒体、平台每年持续曝光的幼儿园教育装备事故给幼教行业敲响了警钟。

本章将从幼儿园教育装备危机概述、教育装备危机预防和教育装备危机应对三个方面着手，阐述教育装备危机的内涵，并通过对典型危机案例的剖析，提出幼儿园教育装备危机预防和应对的基本方法与策略。

第一节 幼儿园教育装备危机管理概述

一、幼儿园教育装备危机与管理的概念

（一）教育装备与幼儿园教育装备的定义

1. 教育装备

教育装备是实施和保障教育活动所需的教具、学具、文具、器材、设施、

仪器、软件、用品、场所及其配置过程等的统称。传统的教育装备包括建（建设）、管（管理）、配（配备）、用（使用）、维（维护修理）；现在的教育装备新增了论证、开发、生产、采购、安装、处废（退役）等内容。

2. 幼儿园教育装备

幼儿园教育装备一般是指与幼儿生活、运动、游戏、学习活动直接相关的设施与设备，包括生活设施设备与教育教学设施设备（如玩具和教具等），包含采购的和因活动需要而自制的产品和材料。幼儿园教育装备包括管理装备、环境装备、教学装备、保育装备、信息技术装备、师资培训装备等。

幼儿园教育装备应基于幼儿个体的能力、差异、兴趣，充分体现幼儿主动探索、自主构建的主体地位，使幼儿园教育装备满足幼儿主动活动的使用需要和保教工作需要。幼儿园教育装备除了要执行教育规范外，还必须符合国家的有关规定和强制性标准。

幼儿园教育装备是幼儿园建设的物质基础，是实施教学活动的基本手段，是实现教育现代化的基础保障。教育装备的现代化已成为衡量学校现代化水平的重要标志。幼儿园教育装备的提升更好地服务于教育，满足了教学需求，提升了教育水平。

（二）幼儿园教育装备危机管理的定义

1. 幼儿园教育装备危机

幼儿园教育装备危机是指由幼儿园教育装备引起的，发生在幼儿园园内或与幼儿园有关，干扰幼儿园正常运行的意外事故。幼儿园的教育装备存在的安全危机主要包括产品质量问题、规格问题、数量品种问题、摆放安装问题、使用问题、维修问题等。幼儿园教育装备危机管理的目的在于消除或降低教育装备危机所造成的威胁和损失。

2. 幼儿园教育装备危机管理

幼儿园教育装备危机管理是幼儿园应对由教育装备引发的各种危机情境所进行的规划决策、动态调整、化解处理及员工培训等系列活动过程，它是为了应对突发的危机事件，抗拒突发的灾难事变，尽量将损害降低到最低点

第二章 幼儿园教育装备危机管理与实例

随着社会高速发展,各种现代教育装备走进了学前教育领域,走进了幼儿园,走进了班级,走近了教师,走向了孩子……它为教学活动、家长工作、幼儿园教育管理等创建了高质平台,作为一种全新的手段,教育装备已经深入幼儿园管理的每个角落。但在幼儿园教育装备不断提升的同时,也产生了一系列令人担忧的问题。各媒体、平台每年持续曝光的幼儿园教育装备事故给幼教行业敲响了警钟。

本章将从幼儿园教育装备危机概述、教育装备危机预防和教育装备危机应对三个方面着手,阐述教育装备危机的内涵,并通过对典型危机案例的剖析,提出幼儿园教育装备危机预防和应对的基本方法与策略。

第一节 幼儿园教育装备危机管理概述

一、幼儿园教育装备危机与管理的概念

(一)教育装备与幼儿园教育装备的定义

1. 教育装备

教育装备是实施和保障教育活动所需的教具、学具、文具、器材、设施、

仪器、软件、用品、场所及其配置过程等的统称。传统的教育装备包括建（建设）、管（管理）、配（配备）、用（使用）、维（维护修理）；现在的教育装备新增了论证、开发、生产、采购、安装、处废（退役）等内容。

2. 幼儿园教育装备

幼儿园教育装备一般是指与幼儿生活、运动、游戏、学习活动直接相关的设施与设备，包括生活设施设备与教育教学设施设备（如玩具和教具等），包含采购的和因活动需要而自制的产品和材料。幼儿园教育装备包括管理装备、环境装备、教学装备、保育装备、信息技术装备、师资培训装备等。

幼儿园教育装备应基于幼儿个体的能力、差异、兴趣，充分体现幼儿主动探索、自主构建的主体地位，使幼儿园教育装备满足幼儿主动活动的使用需要和保教工作需要。幼儿园教育装备除了要执行教育规范外，还必须符合国家的有关规定和强制性标准。

幼儿园教育装备是幼儿园建设的物质基础，是实施教学活动的基本手段，是实现教育现代化的基础保障。教育装备的现代化已成为衡量学校现代化水平的重要标志。幼儿园教育装备的提升更好地服务于教育，满足了教学需求，提升了教育水平。

（二）幼儿园教育装备危机管理的定义

1. 幼儿园教育装备危机

幼儿园教育装备危机是指由幼儿园教育装备引起的，发生在幼儿园园内或与幼儿园有关，干扰幼儿园正常运行的意外事故。幼儿园的教育装备存在的安全危机主要包括产品质量问题、规格问题、数量品种问题、摆放安装问题、使用问题、维修问题等。幼儿园教育装备危机管理的目的在于消除或降低教育装备危机所造成的威胁和损失。

2. 幼儿园教育装备危机管理

幼儿园教育装备危机管理是幼儿园应对由教育装备引发的各种危机情境所进行的规划决策、动态调整、化解处理及员工培训等系列活动过程，它是为了应对突发的危机事件，抗拒突发的灾难事变，尽量将损害降低到最低点而事先建立的防范处理体系和应对措施。其目的在于消除或降低危机所造成的威胁、伤害和损失，并能够缓解矛盾，变害为利。幼儿园教育装备危机处理不当会严重损害幼儿园的组织功能及成员利益；如果幼儿园能重视危机管理，妥善处理危机，便可为幼儿园的发展赢得转机。

二、幼儿园教育装备危机的特点与危害

（一）幼儿园教育装备危机的特点

1. 重视度低

相当多的幼儿园对教育装备危机的重视度偏低、危机意识不强，甚至抱有侥幸心理。如，当幼儿园的大型玩具出现些许损坏时，管理者没有意识到其对幼儿将会造成怎样的伤害，未能及时找人维修，这就是对教育装备故障没有引起重视的表现。

2. 突发性高

突发性是指幼儿园教育装备危机事件往往突如其来，无法预料，甚至来势凶猛。教育装备危机的发生往往出乎幼儿园管理者的意料，比如幼儿园大型玩具突然崩塌引发安全事件、幼儿不小心磕到坚硬的墙角等，这些事件的发生往往让人始料未及。

3. 危害性强

幼儿园教育装备危机往往会造成一定的危害，危害和损失因危机的类型而异。一般幼儿园教育装备危机所造成的危害有以下几大类：对人的身体健康造成一定的危害，尤其对幼儿的健康和安全造成的危害比较常见；给幼儿园的财产造成一定的损害；对幼儿园的形象造成一定的影响；直接影响幼儿园的保教质量。

4. 潜伏性长

幼儿园教育装备危机从表面来看是由突发事件引起的，但危机的发生往往要经历一段潜伏期，是量变到质变的过程。教育装备危机的潜伏性给幼儿园危机管理的预警提供了可能。处于潜伏期的教育装备危机表现并不明显，

比较隐蔽，但也有一定的征兆。幼儿园应建立每日安全巡查制度，及时消除危机爆发的潜在因素。

5. 连锁性强

教育装备危机处理得当，则可转危为安；处理失当，则易产生连锁反应，另一个危机在前一个危机发生后接踵而至，造成了更大的损失。一些教育装备危机所造成的影响远远超出危机本身，会波及幼儿园的其他方面。危机本身可能会造成一定的经济损失，与此同时也可能会给幼儿园造成信誉危机——危机产生的负面舆论让幼儿园的形象受损，短时间内难以弥补，导致幼儿园陷入更加被动的局面。

6. 传播性广

幼儿园教育装备危机发生突然，传播迅速，可谓"好事不出门，坏事传千里"。很多幼儿园教育装备危机事件会很快在幼儿园教职工和家长群体以及当地居民中传播开来。随着现代网络的发展，信息传播更加迅速。教育装备危机事件往往是媒体特别关注的"新闻素材"，近几年不少幼儿园发生的危机事件经媒体报道后都成了全国关注的热点话题。

（二）幼儿园教育装备危机的危害

1. 直接危害幼儿的生命健康

教育装备不达标的情况将威胁甚至危害幼儿的生命安全，造成不可估量的后果，幼儿园教育装备危机可能对幼儿造成的伤害有：

①机械伤害。最常见的伤害有：跌伤、割伤、勒伤、夹伤、刺伤、咽下和吸入异物、窒息、噪声伤害。

②火焰烧伤。涉及的相关设施设备有：服装（包括扮演使用的胡须、假发、面具等）、毛绒玩具、驱蚊用品（如蚊香）、照明用品；使用蜡烛的游戏、生活空间，如活动房、游戏城堡、寝室等。

③毒性伤害。因设施设备的材料本身存在毒性而造成孩子中毒，是一种不易察觉的、潜在的伤害，其严重性不可低估。锑、砷、钡、镉、铬、铅、汞、硒等8种特定有害元素可在接触的过程中被孩子吸入体内，造成中毒。

④其他伤害。如插座安装太低、消毒柜摆放在地上、玩具有棱角、玩具损坏、环境中有尖角，等等，都有可能给孩子造成伤害。

2. 直接影响幼儿园的公众形象

教育装备危机屡屡发生在学前教育领域，使得学前教育的质量受到质疑。如，幼儿园的外墙砖脱落致孩子死亡、孩子从高低床上跌下严重摔伤、大型玩具损坏导致孩子受伤，等等。一旦教育装备出现了危机，孩子就有可能受到伤害，继而导致幼儿园的声誉受到极大的影响，也会导致社会公众对幼教行业产生负面感受。

3. 直接影响幼儿园的持续发展

幼儿园的持续发展离不开教育资金的不断投入，一旦教育装备引发危机事件或事故，就会给幼儿园造成经济损失，阻碍幼儿园的发展。如，某民办幼儿园楼梯的栏杆太低且未做安全防护，导致一名孩子摔成重伤，由于幼儿园规模很小，承担不了高额的经济赔偿，不得不倒闭。

4. 直接影响幼儿园的社会诚信

主要表现在：虚假宣传教育装备，采用各种颜色的有毒油漆装扮幼儿园，吸引眼球；采购价格低廉却不达标的装备，影响幼儿的身体健康；采购的教育装备偷工减料，粗制滥造，敷衍幼儿和家长；教育装备陈旧，设计不合理；各功能室的内容东拼西凑，同质化情况严重。教育装备的质量难以保证，教学效果难以让人认可，这些都大大影响了幼儿园的诚信度。

三、幼儿园教育装备危机的根源与类型

（一）幼儿园教育装备危机的根源

1. 政策法规落实不到位

教育部出台的《幼儿园工作规程》《关于进一步加强中小学教育技术装备工作的意见》《幼儿园建设标准》《幼儿园桌椅尺寸标准》等政策文件，对幼儿园教育装备均有具体要求，但有部分幼儿园不清楚这些要求，没有依法依规配备装备，而是凭自己的想法去行动，导致政策法规得不到落实。

2. 监管体制不健全

主管部门监管：主管部门在幼儿园教育装备方面督查不严格或者没有相关的督查制度，从产品生产、采购到使用缺乏有效的监管机制，教育装备购进后缺乏严格的验收环节，产品的质量和规格无法确保、退换环节不畅等。

企业行业部门监管：教育装备制作企业质量意识淡薄，质量如何与销售业绩没有太大关系，有些到检测中心做检测的企业，只急于拿报告，并不关心产品的实际质量。教育装备制作企业质量工作基础薄弱，计量检测手段落后，有的甚至没有进行检测，质检人员的水平普遍不高。尽管一些企业已建立质量管理体系，但缺乏有效的运行监督机制。假冒伪劣的教育装备出现在市场上，存在易破碎、不结实、有毒有害、有棱有角等安全隐患，直接危害幼儿的健康。因此，教育装备行业监管、行业自律显得尤为重要。

幼儿园监管：幼儿园没有设立相关的自查部门，自我监管有缺失。未对设备进行常态管理、及时维护和维修，未提高设备的使用率，未开发和拓展设备的功能，未使教育经费投入效益最大化，缺乏有效的外部监督机制。

3. 管理机制不规范

幼儿园没有成立教育装备组、设立专门的负责人，导致缺失有效的教育装备管理，也未建立教育装备危机管理的各种预案。幼儿园没有制定对各类教玩具的定期检查制度和维护制度以及电器管理制度，导致教玩具和电器等在使用过程中的安全隐患未被及时发现和消除，从而给幼儿造成了伤害。

4. 建筑设施设备不达标

在基建选址时，4个班以上的幼儿园应有独立的建筑基地，并根据城镇及工矿区的建设规划，合理安排部署。但是因土地紧张、民办幼儿园不断扩充，基建的选址就会出现一系列漏洞，如：有的因规划问题导致场地不足；有的幼儿园选址在交通路口，在干扰交通的同时也存在安全隐患；有的幼儿园甚至设在有噪声污染、空气污染的地方，等等。

同时，在建筑设计上，缺少学前教育机构相关人员的参与，致使设计不合理，如：幼儿的空间和成人的空间混杂在一起；幼儿的盥洗室入口很小，幼儿使用盥洗室的时候险象环生……诸如此类的问题使得幼儿园危机重重。

5. 教育装备制造不合理

设施设备本身包括了设计、选材、制造等一系列环节。这些年来，学前教育得到了飞速的发展，随着教育经费的投入增加，吸引了一大批生产厂家和经销商进入幼教供应市场，每年"六一"儿童节前后由质监局报告的劣质玩具不在少数，设施设备本身成为教育装备危机的因素之一。幼儿园制作、购买的教玩具不符合安全、卫生标准，此类教育装备犹如潜伏的不定时炸弹，在幼儿使用、玩耍的过程中随时可能"引爆"。

6. 教育装备数量不达标

政府对公办幼儿园、民办普惠性幼儿园的教育装备投入了大量的资金，但仍旧无法满足二胎政策背景下幼儿园对教育装备的需求，民办幼儿园则完全靠幼儿保教费作为经费支撑运转，没有足够的资金采购相应的装备，导致教育装备不齐全，还有些县（区）尚未建立稳定的教育装备经费投入保障机制。

7. 教育装备使用不科学

部分教育装备需要培训后才能投入使用。如：为提高教育技术水平，越来越多的幼儿园增设了多媒体教室，运用多媒体教学也成为大多数教师常用的教学手段，它能满足幼儿的多种感官需求，使教学活动更加生动形象。但幼儿园多媒体设备科技含量高、零部件种类多、结构复杂、管理维护要求高，而专业人手又有限，有的教师未经培训就随意摆弄，一旦设备出现故障，就会影响正常的教学，还会引发安全事故。

8. 教育装备管理不及时

在幼儿与各种装备互动时，如管理人员、保育员、教师对幼儿的活动疏于管理，未事先对幼儿进行必要的安全教育，未及时制止幼儿做出的危险性动作，就可能导致幼儿行为失控进而发生安全事故。幼儿园所有的设备和组织幼儿进行的一切活动都要从保护幼儿的身心健康和生命安全出发，若无检查制度，就难以发现环境、设备、场地、教玩具、房舍以及水电暖设备的不安全因素，不能及早采取预防措施。

9. 教育装备危机意识弱

幼儿园极少组织教职工参加危机意识的培训，让教职工明确日常安全管理要求、教育内容、事故处理办法、避险自救逃生技能等；较少针对典型安全事故案例进行分析，事情发生后，不能在第一时间查明原因，没有事后探讨预防措施的意识。

（二）幼儿园教育装备危机的类型

1. 教育装备投入失衡的危机

（1）区域投入差异大

经济发展的差距造成教育装备投入的差距，区域、城乡、园际之间有明显差异：从区域看，中西部地区的教育装备发展相对滞后；从城乡看，农村教育装备的投入仍是短板，存在教育装备缺乏的问题；从园际看，新建和改扩建幼儿园存在投入比例不平衡的问题。教育装备经费投入的失衡造成了办园条件的失衡，继而导致教育观念、教师素质、科研能力等软资源的失衡。

（2）园内投入比例偏低

幼儿园教育装备投入经费比例偏低主要反映在如下几个方面：园舍的建设质量和水平低、器材设备配备不足，图书配备"伪"达标，玩教具品种单一，设施设备亟待改善（如功能室配备不齐全），绘本配备重数量、轻质量，缺少日常添置的计划等。

2. 标准与实际配置不符的危机

部分省市根据教育部1999年8月12日颁布的《关于进一步加强中小学教育技术装备工作的意见》制定了适合当地的教育装备标准。以《江苏省幼儿园教育技术装备标准（试行）》为例，它按功能区域划分为七大标准：户外活动装备标准、活动室装备标准（见表2-1）、保健用房装备标准、厨房装备标准、信息技术装备标准、多功能活动室装备标准、专用活动室装备标准等。

表 2-1 江苏省幼儿园活动室装备标准（节选）

序号	名称	参考规格（厘米）		单位	配备数量			备注
					Ⅰ类	Ⅱ类	Ⅲ类	
1	椅子	小班	高 24~26	把	幼儿数×120%	幼儿数×110%	幼儿数×100%	
		中班	高 27~28	把				
		大班	高 30	把				
2	桌子	小班	高 49　方桌或圆桌	张	4	4	4	桌子为4人桌或6人桌，具体数量视班级人数定
			高 49　长桌	张	6	6	6	
		中班	高 51　方桌或圆桌	张	5	4	4	
			高 51　长桌	张	6	6	6	
		大班	高 53　方桌或圆桌	张	6	4	4	
			高 53　长桌	张	6	6	6	

但有的幼儿园实际配置不达标，与装备标准存在较大的差距。如：所有班级孩子的椅子、桌子都是一种型号，没有按年龄班配置，还有的盥洗室空间小、洗手台过高；甚至有的教育装备有小学化倾向，幼儿桌椅的式样与小学的桌椅一样；各年龄段配备的玩具与年龄范围、生理特点、认知特点不相符；教育装备数量不够、种类不齐全；自制的玩教具在设计、制作和材料等方面有安全隐患……诸多现象显示现有教育装备还不能较好地满足幼儿园现代教育的要求；幼儿的生理发展有其特别明显的时间性，年龄越小差异越大。一般而言，幼儿年龄越小，提供给其操作的材料个体越不能过小且要结构简单。

3. 教育装备产品质量的危机

教育装备在制作中存在质量不过关、原料不环保、制作过程不规范、计量检测手段落后、质检人员水平低甚至没有检测环节等情况。有的企业不关注产品的质量，制造出不达标的假冒伪劣教育装备并投放市场。

由于没有合理的教学活动场地规划，导致现代教育技术设施建设不规范、不合理。如：电源插座安放较低，没有考虑到教学使用的要求；玩具柜、口杯柜的规格没有根据教室的具体条件采购或设计制作；教玩具存在零件太小或太大、绳子太长、形状太怪异、孔隙太窄、警示太少等情况，幼儿容易误食、被勒伤、被卡咽喉、被夹手指。

4. 教育装备采购的危机

目前公办幼儿园的教育装备配置采取了政府招标、统一配置的方式，民办幼儿园则重点考虑价格因素来配备教育装备，导致产品质量把关不严、重建设配备轻管理应用、教育装备不适应教育教学的需要等一系列问题。

5. 教育装备安装的危机

大型玩具的安装有严格的要求，有的幼儿园只是简单地选择一块空地安置大型玩具，导致幼儿在游戏中存在安全死角；有的幼儿园不按要求安装安保设施，导致幼儿自己出走，幼儿园却一无所知；有的幼儿园甚至没有按要求配备消防设施设备、没有设置易于幼儿识别的标识和意外事故紧急出口等。

6. 教育装备管理的危机

在无专人管理的情况下，就无法定期检查教育装备的使用情况，各类台账的记录情况、各专用教室的使用情况等也就无据可查，当需要查看了解各种装备的使用、运行、维修保养、报损等时无账可查，无据可依，导致教育装备管理的随意性大，安全隐患不能及时排查。

7. 教育装备使用的危机

教育装备在使用中存在许多问题，如：幼儿园虽建有校园网，但利用率不高，家长和教师的关注度低，没有起到应该有的作用；有的幼儿园配置了多媒体教室、广播室等，但平时使用频率不高，功能室闲置的情况严重；购置了多媒体设备，但没有专人负责，无具体的操作规定和要求，教师没有经过专业培训，对设备的使用不合理、不安全，容易引发故障；设备使用人数超过限定；消毒方法不合理等；使用方法不正确导致教育设备的使用寿命缩短。

8. 教育装备维修的危机

教育装备一旦出现问题，需要维护维修，需要必要的耗材，如不能及时维修补充，就不能正常使用。由于各种原因，现在的教育装备一旦损坏，少则十天半月多则一两个月甚至半年得不到修复，根本无法保证正常使用的需要。

第二节　幼儿园教育装备危机预防

作为幼儿园来说，教育装备危机出现之前的工作重点在于防范与控制，危机防范能培养和树立幼儿园教职工的危机意识，减少危机发生的可能，降低受损害程度。幼儿园危机预防必须要建立危机意识和危机防范机制。首先，在教育装备危机发生前，应认真准备应对措施，制定应急预案，防微杜渐；一旦危机发生，工作重点应迅速转向危机处理。其次，为了防患未然，确保人、事、物的安全，事先的安全检查是最基本、最必要的措施，应对幼儿园各项设施、活动场所、器材设备等实施定期或不定期的检查。

一、幼儿园教育装备危机的预防原则

（一）意识先行原则

幼儿园的教育装备危机有不可预测性，要做好教育装备危机预防的第一项工作就是高度重视，防微杜渐，加强园务工作管理，规范保教后勤工作细节，将一切有可能发展成危机事件的情况消灭在潜伏期，降低危机事件发生的可能性。预防教育装备危机是每一个幼儿园教职工的责任，上至园长、中层干部，下至教师、门卫甚至幼儿，每一个人都必须有危机意识，不能抱有侥幸心理。

（二）制度保障原则

危机发生的具体时间、规模、具体形式和影响深度难以预计，幼儿园预防教育装备危机要有制度保障，用制度化、系统化的管理制度、管理机制、措施及流程，预防教育装备危机的发生，提高危机管理能力。

（三）定期检查原则

对危机的防微杜渐不仅体现在意识上，更多地体现在行动上。各岗位加强危机防范措施，构建幼儿园教育装备安全平台，定时或不定时地对全园各类教育装备进行安全隐患排查，坚持每天小检查、每月大检查，各类隐患排查定人、定点、包干，做到及时记录、及时反馈上报、及时落实整改。此外，对全园教育装备建立隐患台账，将各类隐患分门别类登记、造册、统计、汇总，明确已整改及待整改之处，明确整改责任人。台账的建立能够使管理者对教育装备的安全隐患了如指掌，做到心中有数。

二、幼儿园教育装备危机的预防策略

（一）建立内外结合的监督机制

1. 内部监督

幼儿园要制定相应的教育装备管理制度，并严格执行。实行班组长负责制，如环境问题——幼儿园的装饰设计，由教育装备责任人监督，确保不因片面追求设计效果而使用大量的人造板材和颜色漆，以防室内环境污染。

在装修之前就应考虑到环保问题，从源头治理污染源，并最终按照国家发布的《民用建筑室内环境污染控制规范》要求，请室内环境检测部门对新装修的教室进行空气质量检测，合格后才能入住。

加强幼儿园教室的通风换气，增加户外活动时间，特别是在室外空气质量较好的时候，要多带幼儿到室外活动，以减少室内有害气体对幼儿身体的危害，增强幼儿的免疫力。如果发现幼儿身体不适，应尽快请室内环境检测人员进行检测和专项身体状况检查。

2. 外部监督

严格按照相关规范进行定期、不定期检查，并根据检查情况做出相应的改进，将内部监督与外部监督相结合。

（二）重视教育装备的均衡配置

教育装备水平是教育均衡发展的重要指标，教育装备均衡配置是促进教育公平、推进教育均衡发展的重要手段。各地在推进教育装备建设的过程中，要注重均衡配置。在整体推进的过程中要特别关注农村等薄弱地区的投入；加强现代教育装备建设、配备、管理和应用的协调发展。

（三）实施由上而下的管理方法

1. 统筹安排，提高效率

落实专人负责，全面做好教育装备督导工作。幼儿园可根据教学需要联系教育部门为教学提供更为精良配套的教育装备和技术，按照省市的要求建立各功能室，并对各功能室进行相应的分配。幼儿园分管领导各司其职、各尽所能，掌握教育技术装备数量及使用情况，并定期对幼儿园教育装备进行维护，对管理及使用情况进行检查督导，对出现的问题及时归纳整改。同时，按照幼儿园的教育教学需要，引进或更新必要的装备，确保教育技术装备满足幼儿园发展的需求。

幼儿园应不断加强队伍建设，提高其业务素质和管理水平。可以有计划、有步骤、多层次地组织教师进行校本业务培训学习，不断提高他们的综合业务素质；通过绩效考评给予装备管理人员（见表2-2）充分有效的激励和人文关怀，调动他们工作的积极性、主动性和创造性。

表2-2 教育装备组成员及其职责与分工

成员	职责与分工
总负责人（园长）	全面负责幼儿园教育装备统筹建设、管理工作。
协助负责（副园长）	协助园长管理幼儿园教育装备，负责管理人员的配备和管理制度的执行。
专职人员（主任）	检查幼儿园各功能室的管理及使用情况、教学活动和研究活动的开展情况；负责教育装备登记、教育装备的档案管理、定期检查维修与补充。
其他协助人员	负责设施设备、多媒体教室、教学教室、各功能室、网络信息技术中心等的装备及使用，并搜集资料。

2. 队伍建设，完善管理

幼儿园要加强业务培训，逐步形成一支数量充足、结构合理、业务熟练、爱岗敬业的教育装备管理和应用队伍。要开展教育技术能力全员培训，提升队伍的服务能力和水平，指导教师在教育教学中充分发挥教育技术装备的作用，以服务于教育教学改革。

3. 专人管理，明确职责

设立教育装备专职管理员，负责所有教育装备的统筹工作，根据教学实际定期修改、完善各功能室使用制度、安全管理制度、借还制度、各类仪器的使用注意事项等，对各项制度的执行情况进行详细的检查记录，以确保教育技术装备的使用有序、合理。

同时，专职管理人员还应对全部装备登记造册，建立健全明细账、流水账与借还记录，账账相符、物卡相符，方便对教育装备的定期核对。专职管理员要以高度的责任心和良好的工作态度定期检查与维护各功能室的卫生、安全等，每次活动结束后对各类设备的使用情况及时汇总，如有损毁及时统计并联系维修或更换，保证各类设备的完备性与完好率。此外，对易损易耗物品，要定期检查消耗情况，及时上报幼儿园分管领导，保证"储备"充足，保证各项教学活动的顺利开展。分管人员还要对通用机械设备等定期进行保养，避免或减少不必要的损耗。

幼儿园应健全信息技术管理制度及多媒体系统，专（兼）职信息人员应具有一定的计算机和网络管理水平。使用设备时，要严格按仪器设备的操作规范操作，有使用运行情况记录、保养维修记录、资料保存记录、购置记录、报废记录，信息技术装备运行费用正常投入并每年有所增长。

4. 筹集资金，专款专用

现代化教育装备技术含量高，设施设备更新速度快，需要投入的经费多，需要在确保教育装备资金稳定的情况下争取支持，加大对现代化教育装备的投入，逐年增加教育装备资金。

（四）把握教育装备的选购要求

《幼儿园工作规程》第三十六条规定，玩教具应当具有教育意义并符合安全、卫生要求。《幼儿园管理条例》第十九条规定，幼儿园应当建立安全防护制度，严禁使用有毒、有害物质制作教具、玩具。而根据《学生伤害事故处理办法》第九条规定，学校提供给学生使用的学具、教育教学和生活设施、设备不符合国家规定的标准或者有明显不安全因素，因此造成了学生伤害事故，学校应当依法承担相应的责任。

因此，幼儿园在采购教玩具的时候要严格遵照相关法规，如《托儿所幼儿园卫生保健管理办法》、《学校食堂与学生集体用餐卫生管理规定》、《建筑设计防火规范》（GB50016—2014）、《学校课桌椅功能尺寸标准》（GB/T3976—2002）、《国家玩具安全技术规范》（GB6675—2003）、《毛绒、布制玩具安全与质量》（GB9832—1993）、《儿童三轮车安全要求》（GB14747—2006）《儿童推车安全要求》（GB14748—2006）、《室内装饰装修材料有害物质限量》等。

另外，教师在制作教玩具时，不要使用有毒、有害、不卫生的原材料。要保证所制作的教玩具是卫生、安全的，不会损害幼儿的身心健康。

幼儿园在制作、购买玩具时，应从以下几个方面对玩具的安全性把关。

1. 小零件的问题

玩具上的小零件容易被儿童误食而造成窒息。3岁以下儿童使用的玩具不应含有小零件，3岁以上儿童使用的玩具允许含有小零件，但在玩具的外包装上或显著部位应有明显的警示标志。

2. 尖角和锐边的问题

玩具上的尖角和锐边容易划破、割伤幼儿的皮肤，因此幼儿园提供的玩具不能有尖角和锐边。

3. 绳索的问题

玩具的绳索不能过长，否则有可能缠绕住儿童的脖子从而造成伤害。

4. 塑料薄膜的问题

玩具上的塑料薄膜有可能被儿童吸附从而造成窒息。按照《国家玩具安全技术规范》（GB6675—2003）的规定，8岁以下儿童的玩具中塑料薄膜的厚度不能低于0.036毫米，塑料袋口的周长应小于584毫米。

5. 化学原料的问题

玩具上的油漆、涂料、油墨、纸、布多含有铅等有毒重金属，它们一旦进入儿童体内，容易造成摄入性金属中毒。幼儿园在购买玩具时，要注意查看相关金属的含量是否超标，是否符合国家安全标准。此外，对于此类玩具，教师应注意检查其结构是否牢固，重心是否稳定，以防在使用过程中突发故障而伤及幼儿。

总之，在购买教育装备时，幼儿园要从正规的生产商、经销商那里进货，并索取购买凭证，不得从非正规渠道进货。还要注意查看玩具上是否标注了生产厂家的名称、厂址、电话，玩具的主要材质或成分、使用年龄段、安全警示语等信息，玩具是否有产品合格证。幼儿园不要购买"三无"产品及假冒伪劣产品。

对于大型玩具（如滑梯、攀登架、小城堡、转椅、蹦蹦床等），幼儿园在购买时还要索取保修凭证。此类玩具要由专门的技术人员安装、调试，并定期进行检查和维护。

教育装备采购的注意事项还有：

①看：年龄范围；警示标志或警示说明；使用说明书；有效日期。

②摸：是否有毛刺及尖状物；是否有锋利的边缘。

③听：是否有噪声；声响类噪声应控制在115分贝以下。

④拉：缝合处是否牢固结实；装饰品是否固定良好，不能被拉下或咬下；不可拆卸的小零件是否紧固。

⑤闻：玩具是否有异味。

⑥量：传动机构是否遮蔽；连线玩具的线长是否超过30厘米；响铃、橡皮玩具的体积是否大到压扁后不能塞入口中。

三、幼儿园教育装备危机的预防案例

（一）幼儿园教育装备危机的预防流程

应急预案的主要功能是为掌控危机事件进行充分的备战，人为缓冲不可避免的危机事件爆发的时间和降低其破坏的程度。幼儿园应制定科学、完善的危机应急预案，在危机发生时，快速有效地做出应急响应。教育装备危机应急预案可由幼儿园教育装备小组共同制定。

应急预案可最大限度地提出各种可能发生的危机和采取的行动，多进行"假如"思考："假如发生某种情况，我们该怎么办？"最后应形成一本教育装备危机手册，作为管理者的脱困图。

幼儿园教育装备危机预防的基本流程如下：

第一步：当教育装备危机事件发生时，事件现场工作人员应根据事件大小及轻重缓急迅速按照程序逐级上报。

第二步：相关责任人应第一时间赶到工作岗位或现场，组织协调处理危件事件。

第三步：出现教育装备危机事件后，各具体负责人和技术人员应立即采取必要措施，及时阻止危机事件的扩散，将损失和影响降到最低。

第四步：出现重（特）大装备危机事件，幼儿园不能自行处理时，应立即报请教育局，由教育局请求有关部门予以协助。

第五步：教育装备领导小组应积极协助有关单位进行事件的调查及取证工作。

第六步：营造宽松的调解环境，与家长交流要态度诚恳、不急不躁，把握语言的技巧，以理服人，积极解决问题，渗透情感教育，坚守原则，把握尺度。

（二）幼儿园教育装备危机预防案例

案例 2-1　幼儿园教育装备危机应急预案

为确保幼儿的生命安全和正常的教学活动，幼儿园应及时采取切实有效的措施，减少教育装备给孩子造成的刮伤、擦伤等事故。我园本着"安全第一，预防为主"的方针，制定本园教育装备危机应急预案。

一、积极宣传

1. 利用各种教育手段、途径（家长会、教工大会、游戏活动），向教师、家长、幼儿宣传关于教育装备的安全知识。

2. 为提高幼儿的自我保护能力，提高安全意识，每周开展有关教育装备的安全专题教育，把幼儿安全教育纳入各班的周工作中，并将其作为周工作重点，落实到位。

二、成立外伤应急小组

组长：园长。

副组长：后勤副园长。

成员：保健医生、教学班长、保育班长等。

三、预防措施

1. 本着每周一小查、每月一大查的原则，及时清除关于园内房屋、场地、玩教具的不安全因素。拐角、器械边缘要圆滑，墙面要软处理。大型玩具的造型要适合幼儿的年龄特点，并且每周检查一次，发现隐患立即停止使用，及时排查、修复、整改。

2. 教师组织户外活动时要随时观察每个幼儿。活动范围不要太分散，要在教师的视线内，避免教师因保护不到而造成幼儿的意外事故。

3. 幼儿使用的设备要稳固，桌椅板凳要没有毛刺，饮水桶、毛巾架等要固定好。

4. 剪子、刀子、针等锐利的物品要放在成人专用材料柜内（幼儿摸不到的地方）。

5. 通过游戏形式在一日活动的各个环节经常对幼儿进行安全教育，增强他们的安全意识，逐渐使他们过渡到自我保护阶段。

四、应急响应

1. 若出现意外，班内教师负责管理、照顾、组织本班的幼儿。

2. 对于轻伤的幼儿，教师应及时通知值班园长，带幼儿去医务室处理或就诊。若造成幼儿重伤，必须通知值班园长、园医进行紧急处置，然后带幼儿去医院治疗。

3. 值班园长第一时间到位指挥、处理。如果情况严重，园长要及时上报教育局。后勤园长通知家长，业务园长处理现场同时做好善后工作。

4. 安全工作无小事。从领导到教工，时刻把幼儿的生命安全作为工作的重中之重，严格落实各项责任制，杜绝一切事故发生，做到令行禁止，让家长放心，让幼儿在园健康、快乐地成长。

【案例分析】

教育装备造成的刮伤、擦伤等事故总是发生在不经意之间。幼儿园里任何存在安全隐患的教育装备都可能给孩子带来或大或小的伤害，所以我们应把扫除教育装备的安全隐患放在首位，其次是做好应对措施，积极妥善处理，保护幼儿的生命安全。

案例 2-2　幼儿园特种设备突发事件应急预案

一、制定目的

为了正确、迅速和有效地处置幼儿园特种设备可能造成的安全事故，有条不紊地开展应急救援工作，最大限度地减少人员伤亡和财产损失，真正贯彻落实"安全第一，预防为主"的安全生产方针，特制定本预案。

二、特种设备介绍

我园的特种设备为 1 台锅炉。

三、应急机构

成立幼儿园应急领导小组，负责组织、协调和指挥突发事件应急处置等各项工作的落实，组织、协调、指挥本园突发公共事件的预警、响应、结束、善后处置等各项工作的落实，组建应急队伍，并进行培训和演练等。

组长：×××。

副组长：×××。

组员：×××。

四、预警机制

1. 幼儿园对在用特种设备要进行日常维护保养并定期检查。

2. 幼儿园应当对在用特种设备的安全附件、安全保护装置、测量调控装置及有关附属仪器仪表进行定期校验、检修。

3. 幼儿园应当按照安全技术规范的要求，在安全检验合格有效期满前一年向特种设备检验检测机构提出定期检验要求。检验检测机构接到定期检验要求后，应当按照安全技术规范的要求及时检验。未经定期检验或者经检验不合格的特种设备不得继续使用。

4. 特种设备出现故障或者发生异常情况，幼儿园应当对其进行全面检查，消除事故隐患后方可重新投入使用。

5. 幼儿园对在用特种设备进行自检和日常维护保养时若发现异常情况，应当及时处理。

6. 特种设备作业人员应当按照国家有关规定，经特种设备安全监督管理机构考核合格，取得国家统一的特种作业人员证书，方可从事相应的作业或者管理工作。

7. 应当对特种设备作业人员进行特种设备安全教育和培训，保证特种设备作业人员具备必要的安全作业知识。特种设备作业人员在作业中应当严格执行特种设备的操作规程和有关的安全规章制度。

8. 特种设备作业人员在作业过程中发现事故隐患或者其他不安全因素，应当立即向管理人员和幼儿园有关负责人报告。

9. 特种设备的管理人员应当对特种设备的使用状况进行经常性检查，发现问题后应当立即处理；情况紧急时可以决定停止使用特种设备并及时报告有关负责人。

10. 幼儿园要定期或不定期地对园内的特种设备和安全、消防设施进行全面检查，确保设备安全、可靠、稳定地运行，设施功能齐全有效，及时了解职工的思想状况，发现园内存在的安全隐患，组织幼儿园力量采取各种措施，把不稳定因素和安全隐患消灭在萌芽状态。

五、应急措施

1. 锅炉爆炸事故。

一旦发生锅炉爆炸事故，必须设法躲避爆炸物和高温水、汽，在可能的情况下尽快将人撤离现场，有条件时拨打"119""120""110"等电话请求救援，并将情况逐级上报。爆炸停止后立即查看是否有伤亡人员并进行救助。

2. 锅炉爆管事故。

（1）炉管破裂泄漏不严重且能保持水位，事故不致扩大时，可短时间降低负荷维持运行，待备用锅炉启动后再停炉。

（2）严重爆管且水位无法维持时必须紧急停炉，但引风机不应停止，还应继续给锅炉上水，降低管壁温度，使事故不致再扩大。

（3）如因锅炉缺水、管壁过热而爆管，应紧急停炉，严禁向锅炉送水，这时应尽快撤出炉内余火，降低炉膛温度，降低锅炉温度。

六、应急响应

1. 幼儿园引导职工全员参与到安全管理工作中，职工发现安全隐患和事故时，能够采取措施的应立即采取相应措施，并立即逐级上报。

2. 幼儿园应急领导小组接到安全隐患和事故信息报告后，其成员必须立即到达现场，组织和指挥应急行动。

3. 在本园不能处理安全隐患和事故的条件下，幼儿园必须立即把安全隐患和事故信息上报幼儿园突发公共事件应急指挥中心，进入幼儿园应急响应程序。

4. 幼儿园向幼儿园突发公共事件应急指挥中心报告时要做到迅速、准确，报告内容要客观真实，不得主观臆断。

5. 幼儿园应急领导小组必须主动配合有关部门对事故进行的调查、检测与后果评估工作。在特大事故抢险救灾过程中，幼儿园应急领导小组要及时介入，认真做好死、伤者家属的安抚、赔偿及其他善后工作，确保社会稳定。

6. 应急处理工作结束后，幼儿园应急领导小组要组织相关人员进行分析总结，认真吸取教训，及时进行整改。

7. 对在处置安全事故中有突出贡献的人员，幼儿园应急领导小组要按照有关规定给予表彰和奖励。对引发安全事故或负有重要责任的人员，在处置过程中玩忽职守、贻误时机的人员，要按照有关规定给予处分；构成犯罪的，由司法机关依法追究刑事责任。

七、应急保障

1. 幼儿园应急领导小组对幼儿园按照规定配备的应急消防、安全防范等设备、器材要加强管理和维护，确保器材的配置合理有效。

2. 幼儿园应急领导小组要加强幼儿园内部应急队伍的建设，组织培训和演练，提高幼儿园内部应急队伍的素质。

八、后期处理

1. 总务处要配合单位积极做好事故的善后处置工作，努力协调资金、物资，做好事故后的人员安置以及重建工作。

2. 对事故中的伤亡人员，总务处要配合幼儿园主动与当地政府等有关单位协商，严格按国家有关规定做出补偿。

3. 发生安全问题后，幼儿园要积极配合企业和有关部门，对事故进行调查，根据要求限期将情况向上级汇报。

（根据灵山卫中学提供的特种设备突发事件应急预案，在符合幼儿园实际的情况下进行改编，http://www.jnlswzx.com/ksgz/zwc/201403/617.html）

【案例分析】

特种设备是指涉及生命安全、危险性较大的锅炉、压力容器、压力管道、电梯、起重机械、客运索道、大型游乐设施和场内机动车等。本案例提到的幼儿园特种设备就是锅炉。锅炉一旦发生事故，轻则造成设备本体损坏，给幼儿园造成直接损失，重则危及生命、财产安全甚至会波及幼儿园周边的人、财、物的安全，造成不良的社会影响和巨大的经济损失。该案例从制定目的、特种设备介绍、应急机构、预警机制、应急措施、应急响应、应急保障、后期处理八个方面较为全面地制定了教育装备中特种设备的应急预案。

第三节 幼儿园教育装备危机应对

教育装备危机，有危险、有机遇，幼儿园应该在危险中看到发展的机遇，妥善应对危机，在教育装备危机事件处理中转危为安，将损失和伤害降低到最小，处理得当可以转危为机，谋求幼儿园的进一步发展。

教育装备危机的应对有两个阶段，第一个阶段是应急预防准备阶段，第二个阶段是应急响应阶段。在应急准备阶段要注意日常管理，减轻突发事件的不良后果，为应对突发事件做好充分准备。经常对幼儿园环境、设施设备、玩教具进行安全隐患、实用性等方面的排查，对不适宜的教育装备进行持续的、动态的监测，对于即将演变为突发事件的风险、隐患及时预警。在应急响应阶段要快速、准确地收集事故信息，尽可能详细地掌握情况，迅速启动应急预案，协调各方紧急处理，采取有效的救援措施，防止事件进一步扩大。在启动应急预案时既要遵照预案又要根据实际情况调整，让预案发挥最大价值。

教育装备危机突发事件处置完成后，应急管理者必须清理现场，调查原因，安抚受危机事件影响的相关人员，及时总结经验，剖析危机事件中存在的问题，提出整改措施，从而提高预防突发事件和应急处置的能力。

一、幼儿园教育装备危机的应对原则

（一）生命第一原则

当幼儿园教育装备出现危机伤及人身安全时，幼儿园在第一时间应全力以赴救治伤者，把生命安全放在首位。

（二）承担责任原则

严查事实真相，采取果断措施，控制事态发展，追究相关人员的责任。面对突发教育装备事件，幼儿园管理者首先应该想到如何及时处置问题，承担该承担的责任，而不是推卸责任。

（三）真诚沟通原则

借助媒体与公众真诚沟通，还原事实真相，最终获得广大网友与媒体的支持。事件发生时，情况不明朗、信息不完整，极易导致人们主观猜测并以讹传讹。面对网络危机，我们要恰当地选择传播渠道公布信息，尽量及时、准确、全面、客观地发布有关信息。即使在危机发生初期不能确切、全面地掌握情况，也应及时、客观地发布幼儿园危机处理的方法。这样做，一是保障家长的知情权，二是减少流言和谣言的传播及其负面影响，避免出现不利的舆论导向。如果幼儿园管理者面对媒体选择回避，那么幼儿园的"失音"必将导致有害信息的滋生。

（四）速度第一原则

社会化媒体时代，危机传播是"秒速度"。所以在危机爆发时，千万"别让他人替你说话"，一旦出现信息真空，流言蜚语便会迅速堵塞信息渠道。第一发言便是真理，即时反馈才是网络危机公关之道。

（五）权威证实原则

教育装备危机事件性质不明是谣言产生和传播的一个重要原因，幼儿园必须请权威机构给危机一个及时准确的定论。这既是做出正确决策，找到有效解决办法的根据，也有利于人们接受，有效地抵制谣言的产生和传播。通过教育局领导和幼教专家等第三方权威机构和人士在台前发声，更容易获得家长和大众的信任。

总之，创造性地借助网络手段，坚持权威证实原则，调动各方面的力量，有勇气站出来正面回应事件，承担自己的责任，还原事实真相，向广大家长和网民做出恰当的声明以消除其不信任感，借助网络增加信息资源，增强幼儿园和社会之间的联系，如此方可经受住网络时代里家长和公众的舆论考验。

二、幼儿园教育装备危机的应对策略

教育装备危机是幼儿园管理者必须努力预防和避免的,然而危机一旦发生常常让人措手不及。管理者要保持冷静,既要按照危机预防时的计划和训练及时地做出反应,又要根据当时的情形快速、灵活地应对特殊情况或未考虑到的突发情况。

(一)临危不乱,迅速应对危机

当事人或发现人第一时间报告;教育装备危机管理小组第一时间到达现场,迅速进行各方面的人员安排,调动幼儿园内部已有的师生员工,各司其职,以便迅速开展救援工作,共同应对危机;危机管理小组迅速处理危机,幼儿园管理者应本着幼儿的生命、利益第一的原则,立即启动相关危机管理应急方案,采取一切可以采取的积极措施有条不紊地做出反应,迅速安置好师生,让他们脱离危机环境,尽量减少危机事件的伤害;医护人员及时救护受伤人员,幼儿园保健医生迅速对受伤人员的伤势做出判断和处理,及时通知医院或急救中心。在医护人员尚未到达之前,幼儿园应进行必要的现场自救和急救,争取将危机所造成的危害降到最低。现场救治要及时将伤员转送出危险区,并按照先救命后治伤、先治重伤后治轻伤的原则紧急抢救,需要医院治疗的应该立即安排就近转送。

(二)尊重事实,做好舆论管理

危机刚刚发生的几小时内,幼儿园新闻发言人要及时向社会媒体及家长通报相关情况,稳定各方的情绪,防止不实消息的传播;在处理教育装备危机的过程中,幼儿园对外信息要保持一致;发言人一定不能刻意隐瞒、误导或说谎,既然站出来说话,就要说明真相,表明园方的态度,真诚面对,灵活沟通。沟通的目的是帮助公众了解事实,理解危机,避免恐慌并做出理智的决定。

(三)善后安抚,开展心理救助

教育装备危机直接使师幼的身体受到伤害,而容易被忽视的是心理创伤,包括应激创伤和应激后的心理创伤。对于受伤的师幼，幼儿园领导及相关人员要主动慰问，向伤者和家属表达真诚的关心。

（四）全园合力，快速恢复运转

危机发生后，幼儿园的各个工作环节都会受到影响，工作受阻会给幼儿园的管理和发展造成巨大的阻碍。幼儿园需要痛定思痛，认真总结经验教训，制定并实施整改方案，全力做好恢复工作，尽力避免重蹈覆辙以及其他危机事件的发生。管理者要居安思危，防微杜渐，提高危机意识，消除各类危机发生的可能。只有坚持做好危机预防工作，加强检查，消除安全隐患，才能降低幼儿园危机发生的可能性；只有不断提升危机管理水平，勇敢面对，诚恳接受批评，才能使幼儿园转危为安，赢得家长、社会的信任和理解。

三、幼儿园教育装备危机的应对案例

（一）教育装备采购问题危机应对案例

案例 2-3　玩具采购事件

某民办幼儿园 9 月开园，为了节省资金，从批发市场购买了一些结构游戏材料。开学后，孩子们顺利入园，家长们也对幼儿园的新设备感到满意。谁知两天过后，一些孩子的身上起了很多红疙瘩，又痒又痛。一开始有些家长将情况反馈到幼儿园，老师看只是个别现象，没有在意。一位家长是医生，判断出这是过敏。于是他到幼儿园观察，发现活动室里新买的积木有很浓的油漆味，由此得出结论：劣质积木是导致孩子们过敏的罪魁祸首。幼儿园省了小钱，却坏了大事。

（摘编自 2005 年 5 月 27 日《每日商报》）

【案例分析】

1. 幼儿园在采购玩具时，除了要考虑玩具的适宜性、教育性，更重要的是要考虑玩具的安全性。

2. 要采购正规厂家生产的玩具，为节约资金而随意购买的玩具通常存在各种安全问题。

【危机应对】

1. 立即撤回所有投放的结构游戏材料,对幼儿所能接触的场所进行消毒,注意开窗通风,并在教室里摆放绿萝等绿色植物,尽快消除有毒物质。

2. 幼儿园应积极组织幼儿进行体检,了解这批玩具对每个幼儿的具体影响,并诚恳地向家长道歉,再跟进了解幼儿的身体情况。

3. 严格按照装备规范在正规的玩具厂重新采购符合要求的玩具。

4. 园内组织相关人员开会讨论学习并明确态度:尽管幼儿园的经费有限,但在采购教育装备时必须充分考虑到安全、符合卫生标准等因素,除此之外还应该注意教育装备的教育性。

5. 组织相关的采购人员参加培训,了解教育装备采购的基本知识,学会辨别并抵制伪劣玩具产品。

(二)教育装备摆放安装问题危机应对案例

案例 2-4 旗杆砸伤幼儿事故

江苏省某幼儿园中班小朋友在户外自由活动。盼盼在旗杆下玩耍时,旗杆上端固定的铁栓脱落,致使旗杆倒下,将盼盼的右手砸伤。经医院诊断,盼盼的右手食指近指节中段缺失,中指近指节骨折,法医鉴定为七级伤残。法院判令该幼儿园赔偿盼盼医疗费、营养费、护理费、残疾补助费等共计16095元。

(摘编自 1998 年 8 月 15 日《法制日报》)

【案例分析】

1. 幼儿园要及时检查园内的设备及设施,发现危险和陈旧老化的要及时更换和维修。

2. 组织幼儿在户外活动时教师应事先观察活动场地,确定活动场地安全后再让幼儿自由活动,同时要时刻注意幼儿的安全。

3. 幼儿园应加强安全监管工作和危险排查工作，定期检查园内的设备及设施，避免、减少类似事件的发生。

【危机应对】

1. 旗杆事故发生以后，教师应及时通知园领导和保健医生，并安抚受伤幼儿的情绪，有序组织其他幼儿撤离事故现场，避免其他安全事故的发生。

2. 园领导接到报告后，第一时间统一指挥，根据实际情况启动应急预案，全力以赴投入抢救、抢修，并及时向上级有关部门汇报。当发生人员伤亡时，应立即通知当地的社会医疗机构，并组织项目部的人员进行必要的自救。

3. 在事故发生区域设置警戒线，除抢救人员可以进出外，禁止任何无关人员进入事故发生区域，防止事故进一步扩大。

4. 当上级主管部门的领导到达事故现场后，应将事故发生的情况以及现场自救情况详细汇报，以便制定更加快速有效的抢险方案，减少因事故带来的损失。

5. 第一时间通知家长，并简单而清晰地向家长说明情况，由班级教师、保健医生、家长三方陪同孩子去医院。

6. 事故处理完毕后，安全领导小组应将事故发生的原因、经过以及事故的处理过程、结果形成详细的书面材料报上级主管部门。

7. 后勤部门应认真分析事故发生的原因，及时排查、整改其他的教育装备情况，加强预防，以便更有效地控制、杜绝因安装摆放而造成的事故。

（三）教育装备质量问题危机应对案例

案例 2-5 毒跑道事件

2016年10月《青年报》报道，一周之内，上海竟发生两起"毒跑道"事件。10月20日深夜，上海市教委就近日松江区华亭第二幼儿园（新理想部）、闵行区浦江第一幼儿园翡翠分园部分孩子出现流鼻血、皮疹、嗓子疼等症状，家长怀疑是幼儿园新铺的塑胶跑道所致事件发布官方微博，表示成立应急工作组进行调查。华亭第二幼儿园的塑胶场地已全部铲除；翡翠分园则将跑道样本送交第三方检测，全园200多名幼儿都已转入总园学习。全市将全面排查各校的新建塑胶场地。

（摘编自东方网《沪惊现两起"毒跑道"事件 问题跑道已送检或铲除》）

【案例分析】

1. 幼儿园教育装备质量问题是现在教育行业中较为重视的一个话题。幼儿园的各项设备在投入使用前需要经过严格的检验，要对孩子的健康负责。发现毒跑道的幼儿园应该在第一时间采取相应的措施，解决问题，维护孩子的生命安全。

2. 需要加强塑胶跑道施工质量市场监管，安全问题需要抓到位，杜绝不环保的塑胶跑道流入市场。

3. 教育部门缺乏专业管理技术人员，导致采购验收时没有严格按照标准，损害幼儿利益的同时影响了幼儿园的形象。

4. 园方的责任意识较强，能积极、及时、有效地采取铲除塑胶跑道、转移幼儿、样本送测等方式解决问题。

【危机应对】

1. 园方第一时间落实具体情况，收集跑道验收的数据，了解幼儿的身体情况和家长的意见等。

2. 在查实具体情况后妥善处理，第一时间向家长解释；跑道经幼儿园检验合格后才投入使用，针对后续的处理事项召开紧急会议进行研究，给家长一个最终的答复。

3. 及时上报到教育局备案，并对家长反映的情况进行登记；教育局紧急召开会议，研究应对塑胶跑道事件的措施。

4. 幼儿园重新寻找权威检测机构，联合教育局相关部门和家长三方对校园室内外的空气进行新一轮检测。

5. 转移幼儿，将总园作为临时场地，将幼儿转移到安全的环境中。

6. 组织全园幼儿、教师分批体检，确保全体师幼身体健康。

7. 各班教师跟进了解孩子的具体情况，做好电话、信息回访工作，对于个别家庭需要上门家访。

（四）教育装备维修管理问题危机应对案例

案例2-6 大型玩具事件

长沙某幼儿园的大型玩具转椅使用多年，中轴下沉，园方已维修一次，并逐班强调"小朋友活动时要小心，手不要伸进中轴"。2008年6月4日，某家长接孩子并带孩子在转椅上玩耍，孩子无意中将手伸进转椅的中轴处，家长好不容易把孩子的手解救出来，可孩子的手指已经骨折。原来，转椅的中轴再次下沉并发生故障。家长的意见很大，要求园方承担责任，而园方认为是家长将孩子接走后发生的事故，与幼儿园无关，双方相持不下。

（摘编自湖南省直属机关第一幼儿院罗红辉讲座《幼儿园安全管理与幼儿伤害事故的预防与处理》，http://jz.docin.com/p-289498068.html）

【案例分析】

1. 从案例中可以看出，存在安全隐患的地方是引起事故最重要的因素，园方发现大型玩具出现故障以后，虽然进行了维修，但是玩具还存在安全隐患，幼儿园没有及时更换。

2. 家长让幼儿在存在安全隐患的地方活动，是一种不负责任的行为。成人的看护很重要，家长需要对安全工作时刻提高警惕，不能掉以轻心。

3. 在事故发生后，家园应该合力在最快的时间里将幼儿送进医院。根据实际情况，幼儿园应采取相应的措施在维护幼儿园权益的同时承担起相应的责任。

【危机应对】

1. 发现事故的教职工应立即与园领导联系，及时拨打"120"急救电话并联系幼儿园保健医生。

2. 最先发现事故的教职工在现场安抚受伤的幼儿，并进行现场疏导，避免因围观而引发其他安全事故。

3. 园领导应在第一时间赶到抢救场所或医院，组织处理有关工作。

4. 幼儿园保健医生进行现场的急救，有骨折现象的，要对伤处进行制动，即让患肢保持原有的姿势，不可随意乱动，也不可再做任何活动。应让幼儿平躺，尽量减少移动。

如果骨折发生在肘部或腕部，因为这些部位较为稳定，重量较轻，所以只需先做制动处理，同时尽快送往医院。如果是下肢骨折，先把一块硬纸板或木板放在骨折肢体的下面，其长度要超过伤处上、下各一个关节，再用较宽的绷带或长毛巾把双腿固定绑扎，避免患肢活动加重骨折，然后速送医院。

如果骨折处出血，要先用较宽的绷带在伤处上方包扎止血。但包扎不可过紧或过松，每隔3~5分钟要放松一次，以防影响伤处下方组织的血液循环，造成缺血、坏死。

如果保健医生不会做初步处理，应立即拨打"120"急救电话，请求专业医生援助。

5. 园领导、班级教师、保健医生及时陪同家长赶往医院，以便告知医生幼儿的详情及用药情况，配合医院进行抢救及治疗。

6. 做好事故善后处理工作，包括及时与保险公司联系索赔、做好家长或亲属的安慰工作等。

7. 将事发经过、原因分析、处理结果及应吸取的教训、今后改进工作的措施等形成书面报告。根据事件的不同性质和程度及时向上级有关部门汇报，并积极争取上级的指导，严格按上级指示开展后续工作。

（五）教育装备规格问题危机应对案例

案例2-7 走廊踩踏事件

上午9:30，某民办幼儿园进行课间操集合时，因走廊楼道过窄，幼儿挤成一团。大一班一名幼儿的鞋子过大掉了下来，于是他蹲下穿鞋子，后面的幼儿被人推倒直接扑到穿鞋子的幼儿身上，造成多名幼儿踩踏伤亡的严重事件。

【案例分析】

1. 幼儿需要充足的活动空间，幼儿园的走廊楼道设计不合理，教育装备规格不符合标准。

2. 教师在平时的安全教育中对幼儿的安全意识和安全行为教育、指导不到位，同时在活动中教师没有关注个别孩子的突发状况。

3. 幼儿的安全意识薄弱，没有养成下楼梯排队的好习惯，以致在走廊楼道里挤成一团。

【危机应对】

1. 启动应急预案。踩踏事故发生后，幼儿园要立即启动"幼儿园拥挤踩踏事故应急预案"。迅速拨打"120""110"电话呼救，抢救受伤人员。在规定时间内向上级有关部门报告，同时做好伤亡者家长的安抚工作。

2. 快速疏导现场人员。幼儿园要利用一切有效手段快速疏导现场人员，让幼儿尽快疏散到安全地点，禁止无关人员滞留现场，防止有人故意制造恐慌气氛，避免再次发生事故。

3. 紧急救护伤者：

（1）拥挤踩踏事故发生后，一方面赶快报警，等待救援；另一方面抓紧时间用科学的方法开展自救和互救。

（2）在救治中，要先救重伤者、年龄小的幼儿。判断伤势的依据是：神志不清、呼之不应者伤势较重；脉搏急促而乏力者伤势较重；血压下降、瞳孔放大者伤势较重；有明显外伤、血流不止者伤势较重。

（3）当发现伤者的呼吸、心跳停止时，要立即做人工呼吸，辅之以胸外按压。

4. 事故的善后处理。踩踏事故发生后幼儿园要做好各项善后处理工作。

（1）及时向上级行政管理部门报告事故的最新情况，特别是幼儿伤亡的情况。

（2）组织人员到医院看望受伤的幼儿，协助有关部门处理好治疗、康复和医疗费等敏感问题。

（3）认真接待家长并稳定家长的情绪。

（4）配合相关部门做好事故调查和善后处理工作，整改不合规格的走廊。

（5）对幼儿进行心理辅导，消除事件对他们心理的影响，并进行安全教育。

5. 未依法履行安全职责，有违反安全规定的行为的，经行政会议及有关部门的认定，由幼儿园依照有关规定对责任人员给予行政纪律处分或者其他处罚。因渎职、失职或者管理失控而导致事故发生，造成恶劣影响的，由有关管理部门和公安机关依照有关法律法规予以处罚，构成犯罪的依法追究刑事责任。

（六）教育装备维修问题的危机应对案例

案例2-8 围墙倒塌事件

2016年5月31日，湖北省武汉市新洲区徐古街一家幼儿园的小朋友们正在举办欢度"六一"儿童节的庆典活动，天气骤变，突发墙体垮塌事故，造成一名4岁女童不幸身亡，另有至少两名幼儿不同程度地受伤。

（摘编自教备网《武汉一幼儿园围墙垮塌已致一女童遇难》，
http://www.ceiea.com/html/201605/201605311541402593.shtml）

【案例分析】

1. 墙体突然倒塌，可见平时幼儿园缺乏对园内建筑的检修及隐患排查。

2. 幼儿园教师在"六一"儿童节之前未查询天气，做好充足的准备工作，属考虑不周。

3. 庆典活动临时从户外转至室内，幼儿园对大规模的人员移动未做分流，未考虑室内的实际承载能力，同时应急预案的准备不充分。

【危机应对】

1. 拨打救援电话，在等待救援教人员赶到现场实施救援的同时，由园内的专业医务人员抓紧时间用科学的方法对受伤幼儿进行紧急处理。

2. 安排人员及时引导疏散教职工、幼儿、家长前往安全地带；组织有关人员救护，把伤害降到最小；维护救援秩序，禁止无关人员进入救援现场。

3. 园领导第一时间根据事故具体情况启动安全预案，并及时传达决策；及时与上级主管部门取得联系，争取上级领导部门的指导和支援；向上级部门报告突发事故及应急处理的信息。园领导及时组织、指挥各方面的力量开展重大安全事故的现场应急处理工作。

4. 迅速成立事故调查小组，对伤亡幼儿的家人进行安抚，接待与协调家长，保障受伤幼儿后续就医及各项检查。安全小组成员认真调查事故原因，写出事故报告。分清事故原因，根据事故的性质来确定下一步措施：如果事故责任人是幼儿园教职工，则依据学校安全事故追究的规定追责；如果事故是由建筑质量问题引起的，则向有关部门申请鉴定，必要时通过法律手段来解决。

5. 排查和预防。幼儿园组织专门人员和园舍使用者定期对幼儿园里的建筑物进行隐患排查，对发现问题的建筑物立即停止使用，待有关部门鉴定后再做处理；同时对幼儿园救援行动组的成员进行重点培训，以保证发生险情时在第一时间抢险救护。

对超过使用年限的房屋要设专人重点观察；对只设有一个通道、无消防栓的旧教学楼要及时整改；对已经竣工的校舍建筑，必须在使用前向建筑质检部门提出书面申请，经安全检查验收合格后方能使用；房屋被鉴定为D级危房后，要立即撤出师生，封停使用；房屋的梁、柱、楼板出现横向裂缝、大面积脱落、倾斜等险情后，要立即向上级报告，并将师生撤离，同时封停现场，及时处理。

6. 修定落实预案。依照本次围墙倒塌事件以及幼儿园的条件和特点，修订行之有效的安全疏散预案，每学期组织师生进行1~2次演习。

7. 幼儿园要将安全指示牌、紧急疏散图等悬挂在幼儿园里醒目的地方；楼梯、主要疏散通道在建筑物使用期间要保持畅通。

8. 救援工作、排查预防工作结束后，各班教师应对在场的每一个家庭进行家访和安抚,并对幼儿园里采取的措施进行说明,让家长能对幼儿园放心、安心。

发展中的大教育亟需现代化的教育装备和相应的管理服务,飞速发展的教育事业,对教育装备提出了更高的要求;同时,由于教育改革的不断深化和市场经济环境的变化,教育装备工作也面临着许多新情况、新问题,面临着新挑战。

时代在前进,国家在强盛,教育在发展。现代化的教育需要一流的教育装备、一流的管理与服务。我们一定要坚定不移地将正确的教育观带到幼教事业中,使教育装备的运用更安全、更合理、更有价值,造福每一个幼儿。

第三章　幼儿园队伍建设危机管理与实例

一座好房子并不代表一所好的幼儿园,而一位好教师能造福一群孩子和若干个班级,一支优秀的教师队伍才能打造出好的教育。

教育是育人的事业,是人与人的互动,是心灵与心灵的对话,是情感的交流,没有优良的保教队伍,言传身教从何谈起?

教育不是制造产品,没有模具,更不是流水线,没有优良的保教队伍,因材施教只能是空中楼阁。

教育不只是简单的教书、教知识,更要教孩子学会学习、学会应对变化的世界,保教队伍自身的学习与成长刻不容缓,保教队伍的建设与发展势在必行。

目前,学前教育正处于改革与发展的过程中,还有诸多的矛盾关系需要理顺,特别是在队伍建设方面,还存在结构不合理、人员欠专业、缺乏有效研训机制、待遇不高、流失率高等问题。幼儿园队伍建设危机在初期往往比较隐匿,不会急剧爆发,也不会立时危及生命,所以常常被人忽视,但其影响将直接作用于幼儿及保教人员自身,影响深远。

建立幼儿园队伍建设的危机意识,对危机趋向进行排查,对危机原因进行分析,对危机事件进行有效预防和积极应对是幼儿园队伍建设的重要命题和有效策略。

第一节　幼儿园队伍建设危机概述

幼儿园队伍建设危机是常常被管理者忽略的一类危机，也是制约幼儿园可持续发展的巨大阻碍。本节主要介绍幼儿园队伍建设危机与管理的概念，幼儿园队伍建设危机的特点与危害、根源与类型。

一、幼儿园队伍建设危机与管理的概念

（一）幼儿园队伍建设危机的概念

幼儿园队伍一般包括园长、副园长、教师、保育员、卫生保健人员、炊事员和其他工作人员等，其中教师和保育员是幼儿园队伍的重要组成部分。本书讨论的幼儿园队伍建设侧重于幼儿园保教队伍。

幼儿园队伍建设危机指与幼儿园保教人员有关，由幼儿园外部环境或人员内部因素引起的，干扰幼儿园保教队伍良性发展的，严重损害或者可能严重损害幼儿园保教队伍群体或个体利益的突发事件、意外事故或演变趋向。

常见的幼儿园队伍建设危机包括：职业道德危机、人员流失危机、专业化发展危机、职业倦怠危机、评价管理危机等。

（二）幼儿园队伍建设危机管理的概念

幼儿园队伍建设危机管理即幼儿园管理者根据幼儿园危机管理制度和计划对幼儿园队伍建设危机进行预防、预警、应对、恢复的过程。它涉及对幼儿园队伍建设危机事件和危机状态的管理，是幼儿园危机管理的重要组成部分。

二、幼儿园队伍建设危机的特点与危害

（一）幼儿园队伍建设危机的特点

1. 内隐性

内隐性是幼儿园队伍建设危机区别于其他危机的突出特点。幼儿园队伍建设危机多表现为干扰幼儿园保教队伍良性发展和可能损害幼儿园保教队伍利益的演变趋向。这些征兆和趋势在初期往往具有隐蔽性，一般不会有明显的行为表现和突发事件。例如：教师职业倦怠危机多表现在心理情感层面，管理者如不留心，很难识别和判断。有时管理者即使察觉到了，也没有意识到其严重性，而采取放任的处理方式，缺乏积极的应对策略。

2. 渐发性

幼儿园队伍建设危机是持续发展而成的，通常会经历一个由量变到质变的过程。例如：幼儿园人员流失危机事件常常是由幼儿园内部管理的多重矛盾不断积蓄而造成的。冰冻三尺非一日之寒，如果管理者在人员管理方面缺乏敏感性和预见力，没有积极预防和有效应对，危机的趋向就有进一步深化和发展的可能，直至蔓延到难以控制、不可挽回的局面。

3. 持续性

幼儿园队伍建设危机的持续性一方面表现在危机趋向演变为危机事件的过程中，另一方面则表现在危机所造成的危害和影响中。幼儿园队伍建设危机的危害和影响并不像安全事故那样直接造成人员伤亡或财产损失，但其对人精神和身体的危害往往在危机事件后还不能消除，影响较为持久。例如：因幼儿园教师职业道德危机引发的"虐童"事件，在对幼儿园和教师的不当行为进行处罚以及对幼儿的身体伤害进行治疗之后，对该幼儿乃至其他幼儿的心理伤害仍不会马上治愈，对该教师和幼儿园的社会声誉造成的不良影响仍会持续很长一段时间，甚至会引发更广泛的家园及亲师信任危机。

4. 主客体性

幼儿园教师、保育员等是幼儿园队伍的组成部分，其既可能是引发危机

趋向和事件的主体，也可能成为受到危机伤害的客体。例如：在幼儿园教师专业化发展危机中，教师自身的性格特点、知识结构、能力水平、学习习惯、职业态度等都有可能是阻碍其专业化的内因，专业化发展危机也将造成其获得较低的社会认同感和价值感、职业生涯发展受限、能力水平倒退等。

5. 危害性

幼儿园队伍建设危机所造成的危害是无形的，容易被管理者忽视。例如：幼儿园研训机制出现危机时，并不会马上导致幼儿园不能运转，而且从表面的生源数、收入额来看并无显著差异，师资水平和幼儿发展状况或许也不会急剧滑坡。但是长此以往，教师的专业化发展将停滞不前，幼儿的学习与发展将得不到有效支持，其差异将日趋明显，幼儿园的可持续发展必将受阻。

6. 扩散性

幼儿园是当今社会关注的焦点。当幼儿园出现危机事件时，就会引发媒体的跟踪报道和社会的密切关注。当危机事件发生在一位幼儿园教师身上时，其影响将波及全体幼儿园教师甚至中小学教师；当危机事件发生在一所幼儿园里时，所有的幼儿园都会面临质疑和信任危机。

7. 可转化性

从消极的角度来看，危机会带来伤害和损失；然而从积极的角度来看，危机带来了挑战和契机。如果积极应对危机趋向，或许会给幼儿园的发展带来新的机遇。例如：当幼儿园出现评价管理危机时，如果管理者能够与教职工有效对话，邀请教职工从不同的角度对评价管理机制提出建设性的意见，可能会创造性地消除矛盾和危机，开启新的发展契机。

（二）幼儿园队伍建设危机的危害

1. 个人专业化发展停滞

社会改革与发展的节奏势如破竹、日新月异，如果教师不与时俱进，缺乏专业化发展危机意识，不进则退。教师作为传道授业解惑者，必须首先树立终身学习的观念，通过多种途径不断提高自己的专业化水平。现在社会对幼儿园教师的专业知识和能力的要求越来越高，而幼儿园教师普遍学历水平偏低，专业不对口现象特别突出，有力的幼儿园队伍建设机制（特别是研训机制）是幼儿园教师及保育员专业化发展的必要保障，队伍建设机制的缺失将直接导致幼儿园保教人员专业化发展的停滞甚至倒退。

2. 个人职业幸福感降低

教育是一项幸福的事业。没有幸福的教师哪来快乐的教育？没有快乐的教育哪来幸福的儿童？幸福感即人对某件事物的满意程度，是衡量一个人职业生活质量的重要标志。幼儿园的保教人员多为女性，对待事物的态度比较感性，而目前其社会地位偏低、待遇水平不高、工作量较大，如管理者缺乏人性化的管理和情感认同，将导致保教人员的精神压力增大，进而丧失工作热情。

3. 团队凝聚力下降

幼儿园工作纷繁冗杂，需要团队的每一位成员各司其责、精诚合作才能完成。一所先进的幼儿园不但需要一个个优秀的个体，更需要具有共同信仰和追求的群体。因此，幼儿园队伍建设既承载着保教人员个体专业化发展的使命，也要打造共同的团队精神和文化。如果管理者忽视此项工作，将造成团队的涣散，事倍而功半。

4. 保教质量下滑

保教质量的来源是师幼之间的有效互动，而互动的效果往往与教师的状态是否积极有着直接的关系，幼儿园队伍建设的危机有可能导致教师产生消极情绪。当教师处于消极状态时，常常会以应付的心态来对待工作，有可能用机械重复的方式进行教育教学，无心关注幼儿的需求，师幼互动的效果将降低，保教质量将滑坡。

5. 人际关系紧张

当幼儿园教师的工作压力增加到自己无法调适的状态时，情绪一触即发且无法控制。当教师对工作失去兴趣和热情，精疲力竭时，有可能出现对人际交往的逃避倾向。而因为缺乏情绪的自控力，他们易生愤怒、易起冲突。因此，幼儿园队伍建设危机将导致幼儿园领导与员工之间、员工与员工之间、员工与家人之间、教师和幼儿之间、教师与家长之间的人际关系紧张。

三、幼儿园队伍建设危机的根源与类型

（一）环境因素引发的幼儿园队伍建设危机

1. 社会期许

过高的的社会期许是幼儿园队伍建设危机发生的潜在原因。人们习惯把教师比作"园丁""春蚕""蜡烛"等，认识趋于理想化。这既是对教师职业的尊重和敬意，却又给予了教师过高的期待。对于幼儿园教师，大家希望他们是圣洁的天使，能像妈妈一样对待每一个幼儿，忽略了他们也是平常人，而出现关于他们的不良个案时，部分人又把幼儿园教师群体"妖魔化"。

2. 劳动报酬

2015年湖南师范大学的邱诗琦以长沙市为例进行了"幼儿园教师权益保障现状调查研究"，发现：幼儿园教师工资收入普遍偏低，20%左右的农村幼儿园教师月工资为1000~1500元，80%左右的农村幼儿园教师月工资为1000~2500元；85%左右的城市幼儿园教师月工资为1500~3000元，仅有10%左右的城市幼儿园教师月工资达到3000元以上。约55%左右的幼儿园教师需要经常加班，如制作教具、做家长工作等。一系列数据表明，幼儿园教师的劳动付出和劳动报酬不成比例，这是幼儿园教师队伍建设危机的显著外因。

3. 管理体制

随着学前教育改革与发展的号角吹响，幼儿园加快了改革和创新的步伐，但是多聚焦在教育教学层面，较少涉及教师管理与评价机制，部分幼儿园还沿用"一言堂""一刀切"的陈旧管理模式。新时期呼唤教师的自主个性化发展，管理和评价的指标应多元化，强调教师的民主管理和过程评价。幼儿园传统管理体制的弊端也是队伍建设危机的原因之一。

4. 工作的特殊性

幼儿园的教育对象是3—6岁的儿童。这个阶段的儿童天真无邪，心智尚未成熟，缺乏独立生活和自我保护的能力，所以人们常说幼儿园教师干的是"良心活儿"。《幼儿园工作规程》要求幼儿园保教人员尊重、爱护幼儿，严禁

虐待、歧视、体罚和变相体罚、侮辱幼儿的人格等损害幼儿身心健康的做法。

（二）保教人员自身因素引发的幼儿园队伍建设危机

1. 群体特征

幼儿园教职工基本上是女性群体，本身就存在性别结构单一的问题。相对于男性而言，女性比较关注细节，社会接触面较为狭窄，生活环境较为简单，思维方式比较单一，喜欢聚在一起聊天、拉家常，还存在情绪化、易波动等特点，这种情况易引发保教人员的管理矛盾和人际冲突。

2. 知识能力

幼儿园教师普遍学历水平偏低，对口率偏低，导致其自身能力与专业要求之间存在很大的差距。很多毕业生走上工作岗位时充满雄心壮志，但是面对复杂的教育情境时手足无措，缺乏处理问题的实践能力。而工龄较长的教师缺乏继续学习的主动性和习惯，其知识和能力也将"坐吃山空"，无法应对时代的变迁。职前教育和职后学习缺乏造成的知识能力短板将导致幼儿园保教队伍专业化发展的危机。

3. 职业态度

在幼儿园保教队伍中，存在着两种职业态度的误区。一种是将幼儿园工作作为一种门槛较低的谋生手段，这部分保教人员没有对职业精神的追求，会在有更多选择时离职或者采用不正当的手段谋求个人利益。另一种是认为幼儿园是理想的花园，缺乏持久的信念和长远的规划，起初对未来充满憧憬和热情，而当理想与现实有落差时，又会迷失自我。职业态度是幼儿园队伍建设危机产生和转化的重要内因。

第二节 幼儿园队伍建设危机预防

在幼儿园队伍建设工作中，危机预防是一项至关重要的工作，主要包括制订危机管理计划，控制、减少或消除可能对幼儿园群体和每个个体的生命或财产造成威胁的因素。本节主要介绍幼儿园队伍建设危机的预防原则和策略，并通过具体案例来分析队伍建设危机的预防措施。

一、幼儿园队伍建设危机的预防原则

（一）常态性原则

幼儿园队伍建设危机的预防应建立常态化的保障机制。通常，幼儿园队伍建设的危机状态多为日积月累的人为因素造成，切忌到了危机隐患达到一定程度甚至爆发的阶段才引起重视。在实际工作中，队伍建设危机管理必须作为一项常规工作，有专门的机构或人员负责，制订专门的计划，养成定期排查的习惯，如定期开展教职工满意度调查等。

（二）敏感性原则

幼儿园队伍建设危机的苗头往往具有隐蔽性，易被忽略。作为管理者，应具有一双敏锐的眼睛和一颗细腻的心，还可采用科学的测评工具进行测评（如进行教职工心理健康状况评估等），及时控制危机隐患或演变的趋势。

（三）计划性原则

"凡事预则立，不预则废。"幼儿园队伍建设危机管理必须有计划、有措施，并且具体可行。我们发现：很多幼儿园会制定一些队伍建设危机预案，但通常是为了应付检查，考虑欠周全，比较形式化，最终"计划赶不上变化"。我们认为，计划应在多方参与、多番论证的基础上形成，这样才能实现其价值。

（四）整体性原则

在幼儿园队伍建设危机预防的过程中，必须强调整体协调的原则，切忌"头痛医头，脚痛医脚"。幼儿园队伍建设危机往往有复杂的原因，其间有千丝万缕的联系，管理者必须具有全局意识和前瞻意识，切忌被片面的现象或问题蒙蔽。

二、幼儿园队伍建设危机的预防策略

（一）明确危机管理责任

幼儿园队伍建设危机是一项常常被管理者忽视的工作。有些幼儿园的管理者重视保教队伍建设工作，设有专人负责，但是仅仅停留在员工培训层面，管理者并没有危机管理意识。还有一些幼儿园的管理者具备危机管理意识，设置了专门的危机管理小组，但是更关注安全工作和应急事件，并没有把队伍建设纳入工作的范畴。其实，并非一定要为此项工作成立一个专门的部门或设专职工作人员，而是要明确队伍建设危机管理的责任人，切忌让队伍建设危机预防处于"真空"状态。

（二）关注日常工作中的细节

幼儿园队伍建设危机具有内隐性和渐发性，因此在日常工作中"防微杜渐"尤为重要。管理者在保教队伍建设工作中要建立"问题"意识，关注薄弱环节，及时发现问题、分析问题、解决问题。在危机管理中，要借鉴"木桶原理"，关注"短板"，排查问题，不放过任何一个细节。

（三）识别和分析危机的诱因

在幼儿园队伍建设过程中，并不是每一个问题都会变成危机，管理者要学会判断和甄别。当幼儿园保教队伍中出现危机苗头时，管理者要及时对其诱因进行分析和反思，了解其成因，这样才能有的放矢地加以解决。

（四）改善潜在的危机状态

幼儿园队伍建设危机不像其他危机那样紧迫，管理者通常不会及时做出反应，甚至视而不见，"见怪不怪"。因为此类危机具有较强的渐发性和扩散性，发现危机苗头后，如果管理者积极而迅速地处理，付出的成本和代价就较小，而拖延处理的话，其不良后果将迅速增大，工作也会事倍功半。

（五）设置和监测危机预警指标

为了更好地预防危机，幼儿园必须建立危机预警指标，它主要包括危机预警内容和危机预警临界点。幼儿园队伍建设危机具有内隐性，因此其指标必须明显可视，如设置教师流失危机预警指标、教师身心健康危机预警指标。明确的预警指标能降低危机管理成本，便于监测其变化。

（六）制定危机事件预案

具体可行的危机事件预案必须包括危机的类别、其可能影响的范围、相关的人员及其职责、应采取的措施、警示事件等。幼儿园队伍建设危机的类型比较多，可能造成的影响范围也比较广，因此在制定预案时要做到全面而细致、精准而实用。此类危机一般不会采用演练的方式预防，但可以对预案进行多方多次论证，以求以最小的成本取得最大的效果。

三、幼儿园队伍建设危机的预防案例

案例 3-1 憧憬与现实的落差

小杰老师：我是一名刚刚从正规大学学前教育专业毕业的新老师，来到一所幼儿园工作后，被分配到了一个三教轮换的班级，也就是说我们班的三位老师都是保教人员，需要轮流担任保育员。毕业这半年来，我一直扮演着保育员的角色，每天都围着孩子们日常生活中的琐碎小事忙碌，有那么多的床铺需要整理，有那么多的毛巾要清洗，有那么多的玻璃要擦拭……想想当初上学时对未来的美好憧憬和雄心壮志，再看看如今的现状——差距如此之大，我感觉好失落啊，心里一阵阵难受。我甚至开始后悔我最初的选择了，我该怎么办？

【摘自：安平. 重视另一种财富[J]. 学前教育，2008（2）. 有删改】

【案例分析】

小杰老师正式走上幼儿园工作岗位后，发现实际工作的琐碎远远超出了她的预料，而雄心壮志都没有施展的空间。经过半年时间，她陷入了纠结和迷茫。由于小杰老师的职初经验缺乏，如果不加以重视，将导致她的专业成长危机，有可能导致她敷衍工作或者辞职转行等。

这种苗头的产生一方面源于幼儿园的管理工作。幼儿园管理者没有及时和持续地关注新入职教师的心理状态，缺乏对她的指导和主动沟通，直至小杰情绪不良时仍没有察觉；对于新教师的岗位安排也欠缺考虑，不论是幼儿园还是班级，如此分工都不太合理。

另一方面源于小杰老师自身。小杰老师在入职前没有对幼儿园教师职业有一个客观理性的认识；在入职后，遇到问题和困惑时没有主动向领导和同事寻求帮助，而自身也缺乏积极乐观的心态，不善于调适自己的不良情绪。

幼儿园教师上岗后的前三年，我们一般视为职初期，它是教师专业成长的第一个关键期。对于职初教师的成长危机应该这样预防：

1. 设专人或工作组负责新教师的指导工作，提前组织新教师上岗培训，让新教师建立对新工作的大致认识。同时根据每位新教师的特点指定1~2位带教的师傅跟踪指导。

2. 对于职初教师的工作安排要有长远的考量，难度不宜太高，量也不宜太大。保育员的工作难度并不高，但是对于刚毕业的大学生是有挑战的。幼儿园强调保教结合，保教轮流换岗可让新教师学会换位思考，但长期的重复工作容易打击新教师的积极性。幼儿园对新教师岗位的安排应该制度化和公开化，让小杰清楚幼儿园对新教师岗位安排的计划及其原因，这样可以减轻其焦虑情绪。

3. 成立新教师成长小组，组织新教师心灵成长沙龙，让新教师有一个倾吐心声、寻求认同的渠道和途径。管理人员还需要定期与新教师进行"一对一"的沟通和交流，让新教师感受到自己被重视。

4. 帮助新教师制订自己的职业发展规划，包括短期的和长期的。长期的职业规划能帮助新教师树立远大的目标和坚定的信念，而短期的职业规划更有利于新教师的实践和自信心的培养。两者结合能帮助新教师获得源源不断的动力和成就感。

5. 通过问卷、访谈等途径定期收集新教师职业适应情况的反馈信息，密切关注新教师在职初期的适应情况和心理状态。如果新教师超过一学期仍无法胜任和适应工作，幼儿园队伍建设危机管理小组可以对其进行一对一的了解、评估、分析和干预。

案例 3-2　稀缺的男教师

洛桑益西从四川幼儿师范高等专科学校学前教育二系毕业。这所学校共有各种层次的学前教育专业学生5264人，其中男生85人，占比不足2%。这位来自甘孜州丹巴县的藏族小伙儿目前在德阳一家幼教培训机构当实习老师。他告诉记者："当初报考这个专业时，亲戚朋友大都不看好，说一个大小伙子干这个，以后怎么找女朋友、怎么养家啊？！"

社会认可度低、收入低、择偶难、心理压力大，是很多男生不愿意选择做幼师的重要原因。"幼儿园老师收入不高但工作相对稳定。但是，社会并不看好男幼师。"洛桑益西说，他的学长中，有一半已经离开了幼教行业。

（摘自：江芸涵，等. 男幼师为啥这么稀缺[N]. 四川日报，2016-05-10. 有删改）

【案例分析】

男幼师深受幼儿、家长、同事的喜爱，他们能带来一股阳光、勇敢、拼搏、幽默的阳刚之气。洛桑益西从学前教育专业毕业之后选择从事本专业的工作，但是他的家人和身边的同学乃至社会都给他传递了一些负面的信息，导致他并不太看好自己的前途。如果男幼师的成长环境没有改善，幼儿园里的男性只会成为越来越稀缺的资源。

其原因一方面是传统观念的偏见让男幼师没有得到应有的尊重和理解；另一方面是幼儿园管理者对男幼师的专业发展没有给予应有的支持和激励，比如工资待遇不高而工作要求高，规矩约束多而专业指导少。

为了挽留幼儿园里为数不多的男幼师，吸引更多新的男幼师，我们有以下建议：

1. 重视幼儿园男教师的引进工作及其专业成长，针对男教师量身定制适宜的发展规划和支持计划，包括工作待遇、工作任务、工作方式、工作考评等，帮助男教师实现自身的理想和价值，并得到社会的认可和尊重。

2. 关注日常管理中的细节，不能过于刻板和保守。应根据男教师的特点给予其一定的自由空间和表现机会,让其性别优势有发挥的余地。

3. 可适当提高男教师的工作待遇,更重要的是给予男教师情感关怀,多与男教师交流谈心,多肯定其所思所做,同时从工作到学习、生活,让其体会到幼儿园对其个人及家庭的关心和尊重。

4. 防止男教师因为人数少而被"边缘化",建立"男教师联盟",这样他们有更多的话题可以交流、沟通,可以合作,相互鼓励和倾诉,从而形成积极、向上的成长氛围。

5. 招募男性家长、大学生志愿者做幼儿园的兼职助教,这样既能暂时弥补幼儿园男教师不足的缺憾,也可以通过他们的体验来宣传教育的正能量,逐渐消除人们对男幼师的误解和偏见。

案例 3-3 对"教学反思"的反思

又到了业务学习时间,本周的活动内容是备课笔记互阅互评。我看了中班张老师的笔记,笔记格式规范、书写整洁、条理清晰。其他几本也是这样,但我发现了一个共性问题,那就是教学反思空泛,如:本次活动中幼儿能达到教学目标;本次活动中我运用了游戏法,幼儿玩得很开心。于是我在业务学习的最后要求教师注意写好每次活动的教学反思,及时总结教学活动中的不足或经验,没想到我的这一要求使教师们议论纷纷。

中班张老师:"反思到底写什么呢?我不清楚。"

小班李老师:"反思对老师的专业成长帮助很大,这是大家都知道的,可每次写反思我们也有困惑,如:我们究竟反思得对不对?什么东西值得我们反思?反思就是为了应付检查吗?"

大班毛老师:"当我提笔写反思的时候,觉得每天反思的东西都一样——幼儿对活动是否感兴趣、注意力是否集中、师幼互动怎样等,好像已成了一种模式。"

大班胡老师:"我写反思常常是自己觉得这次活动哪儿进行得不顺利就把它写下来,主要就是解决自身教育活动中存在的问题,我觉得没有什么模式可循。"

【摘自：陈秀华．我们这样研"反思"[J]．早期教育，2010（4）．有删改】

【案例分析】

在幼儿园里教学反思是一项常规的文案工作。在案例中我们发现该园教师的反思看似认真，实则存在应付和敷衍了事的情况。园长发现了问题——教师们对教学反思的理解肤浅、对教学反思的写法不清楚。幼儿园需要对文案工作的有效性和专业性引起重视，否则将转化为教师专业化成长的危机。

这个问题的存在有两个方面的原因。一方面，幼儿园的教学管理和园本教研工作不够扎实，表面工作做得不少，但是流于形式。比如，幼儿园进行常规资料检查时只看大概不看细节，或幼儿园业务学习只管培训不问效果。另一方面，教师对自身的专业要求不高，得过且过。

对于"教学反思"问题暴露的教师专业化成长危机应该这样预防：

1. 发现常规文案的共性问题，园长一定要引起重视，有针对性地指导和改进。管理者应该从教师常规文案中的典型问题入手，组织相关培训和教研活动，提高教师的专业认知水平和能力。分析其多方面的原因，才能"有的放矢"。教学反思写得不好，既有"不愿写"的态度问题，也有"不会写"的方法问题。最好能双管齐下，让教师明白为什么要写教学反思、教学反思写什么、教学反思怎么写。

2. 要关注常规文案考核的全面性和细致性，特别是当对于某项工作还没有形成很好的习惯时，管理人员更应该重视，不能够只关注"有没有做"，更要看"做得好不好"。要关注教师文案工作出现的共性问题，了解和分析其原因，从管理的源头杜绝危机的发展。

3. 管理者应关注教师文案工作的有效性，精简无效和低效的形式化文字工作，减轻教师的工作负担和消极情绪。在工作中，要帮助教师建立一种观念：文案服务于实践工作，将提高教育教学的有效性，促进自身的专业成长。

4. 关注教师的差异，树立一些教师们身边的榜样，鼓励教师相互学习，相互督促。

5. 在检查常规文案的过程中，不但要考核，还要让教师直接体验到自己工作的效果。同时要注重常规文案的提炼，在平凡的工作中发现不平凡，将有价值的经验成果化，让教师的专业成长看得见。

6. 建立以问题为导向的园本教研和业务培训机制，在日常工作中多发现问题、勤解决问题，筑起教师专业发展的基石。

案例 3-4　被遗忘的"绿叶"

园长意外地收到了一封教师来信。信中写道："我是园内一名普通教师，四十有余，职称不高，始终在自己的岗位上默默无闻地担当着'绿叶'的角色……我在工作中也是认真、勤恳的，但现在幼儿园的考核较多地以承担各类'任务'为得分点，像我这样的'绿叶'教师很难得到这些机会，要获得'成功'似乎比较困难……考核要面向全体，奖励优秀教师的成绩固然重要，但不知幼儿园该如何体现对其他教师工作的激励……"

【摘自：曹湘瑜，等. 一封"意外"的教师来信［J］. 早期教育，2009（10）. 有删改】

【案例分析】

考核评价是幼儿园里的一项常规工作，其中也有科学性和艺术性。案例中的"绿叶"老师看似普通，其实很善于思考和沟通。这封信提醒园长要注重考核评价的客观性、全面性，否则将导致幼儿园评价管理的危机。

"绿叶"老师的感受是很有代表性的。在幼儿园队伍建设的过程中，大家很关注"打眼"的、"冒尖"的教师，常常忽略了勤勤恳恳的普通教师。然而幼儿园的工作主要体现在日常生活中，在考核评价中它必须占有一定的比重。这所幼儿园的考核评价内容和方法设置欠缺周全。

对于幼儿园考核评价的危机应该这样预防：

1. 幼儿园考核评价方案的形成不能草率，必须邀请不同层面的人员民主参与，听听不同群体的心声，这样才能提高管理评价方案的公平性和公信力。这所幼儿园的考核评价方案引起了教师的质疑，需要按照民主的流程重新修订。对于修订的新考核标准，还需召开专门的说明会，向全体教职工解读和说明，争取达成基本共识。

2. "绿叶"老师采用了理性的方式向园长提出对评价工作的意见，是值得肯定的。园长应对其提出建议表示感谢。今后，还需建立常态化的考核反馈机制和双向沟通平台，如采用教职工问卷、访谈等方式，广开言路，让教职工参与管理、监督管理。管理人员应定期对考核评价方案进行反思并加以改进。

3. 考核评价的方案以幼儿园日常工作为主，确立多元化的评价指标，让每一位教师的闪光点都能得到肯定。比如，将幼儿园的考核分设置基础指标和加分指标。基础指标即日常工作，要占一定的权重；加分指标则包含与工作相关的特色和创新项目，让更多的教师能展现自己的风采。

4. 形成考核评价方案的修订办法，包括修改和完善考核评价方式的条件、时间、参与人员、讨论方式、通过方式等，建立公平、公正、全面而细致的考核评价体系。

案例3-5　保育与教育的鸿沟

郭老师是一名年轻的班主任老师，刘老师是与她搭班的保育老师，稍年长一些。郭老师很能干，凡事都有自己的想法，在班级工作中常常指挥命令保育老师做这做那，包括创设班级环境和组织各种活动。刘老师是一位很有经验的保育老师，常常因郭老师命令式的语气而感到窝心、不舒服。有一天，郭老师准备组织孩子们玩游戏需要刘老师配合，刘老师正在盥洗室里忙着，说："我正在洗杯子，没时间！"郭老师就说："园长说过，保育老师也要配教！""我是保育老师，搞好卫生才是我的本职工作，等我做完了自己的事再说！"

那天午餐准备时间，刘老师正在忙上忙下，郭老师为孩子们讲餐前故事。突然，有个孩子因为着凉呕吐了，弄脏了衣服和地板。郭老师喊刘老师过来换衣服和拖地，然后继续讲故事。刘老师只得放下手中的事情，洗了手过来帮孩子换衣服，再清洁地板，导致全班孩子吃午餐时饭菜都凉了。

（案例由邓艳提供）

【案例分析】

保教结合是幼儿园工作的重要特点，也是班级工作配合的基本要求，否则会导致保教人员的人际矛盾危机。案例中的郭老师和刘老师把两者划分出比较明显的界限，导致了工作中的不愉快。

这个事件的发生一方面是由于两位教师对"保教结合"特点的认识，另一方面是由于她们缺乏换位思考的能力。女性常常比较关注细节，容易感情用事。两位老师站在自己的角度想问题，没有全局意识，没有考虑他人的感受。

对于因保教分工而引发的人际矛盾危机应该这样预防：

1. 当幼儿园班级的保教人员出现人际矛盾时，为了避免因此而影响正常工作和对幼儿造成伤害，管理者应及时介入调解矛盾。当矛盾不能在短时间内化解时，管理者应进行人员调整，避免矛盾升级。

2. 要以"保教结合"为基本原则，细化岗位责任，从制度层面让所有保教人员明确自己的工作任务，知道每个岗位都是不可或缺的。

3. 幼儿园的一个班级就是一个整体，教师们配合默契将事半功倍，而斤斤计较就会影响工作，幼儿园应当通过师德培训和树立典型的方式形成宽容、友善的团队文化，让教师们学会包容和担当。幼儿园管理者应让两位老师就这件事情进行反思，确立以班级幼儿为核心的全局意识，同时兼顾同事的感受。针对能干的郭老师，管理者应引导她：作为班级管理者，更要学会沟通和安排工作的正确方式，在班级中多一些商量、多一些尊重。

4. 管理者要多走近教师，并通过交谈、问卷调查等方式了解班级教师的配合情况，发现保教人员的人际矛盾时，应及时了解情况，有必要时介入。

5. 进行幼儿园管理工作改革，如建立教职工互评机制，包括班主任对班组成员的考核评价、同事之间的相互评价等，让员工之间相互监督、鼓励和认同。还可根据幼儿园实际情况采用灵活多样的班级人员组合方式，如根据每个人的性格特点和能力水平分配班级保教人员，尝试保教人员自由组合的搭配方式等。

案例 3-6 园长该站在哪一方？

陈丽是刚刚上任不到一年的教学副园长，唐老师是幼儿园里资深的骨干教师。在一次教研活动中，教师们正为"如何设计区域活动观察记录表"热火朝天地讨论，唐老师的思考引起了大家的关注，得到了很多老师的附和和支持。在这之后，陈园长对她的想法提出了几点质疑和建议，令唐老师很不高兴。教研活动之后，唐老师找到园长诉苦，说自己的想法大家都说好，而副园长对她有成见，故意刁难她。园长听了以后，觉得唐老师参与教研的积极性需要保护，而且其思路和想法也不错，当即对她进行了肯定。然而，副园长知道后觉得十分委屈：园长为什么站到了唐老师那一方？

（案例由邓艳提供）

【案例分析】

园长未与副园长沟通就站在唐老师一方的行为欠妥。这样做会影响副园长的领导力和威信；同时，园长对唐老师的沟通方式没有提出意见，唐老师会理解为园长完全认同其行为，以后遇到问题就不会与副园长积极地沟通交流，而是直接到园长那儿告状，这样将导致教学教研管理危机。

对于教学教研管理危机应该这样预防：

1. 园长与副园长的管理尽量不越级，他们是同一个团队，应该加强沟通和合作。陈丽副园长是教学教研工作的直接负责人，为了表示尊重和信任，园长必须与副园长沟通之后再下定论，而不能只听信唐老师单方面的陈述，应从多方面了解信息，以免造成误会。

2. 面对两位工作认真的下属，园长首先要对他们的工作态度和专业能力表示认同，安抚两人的情绪。园长可以先单独与两位下属沟通，引导他们换位思考，拉近彼此的距离。到了适当的时机，园长可以创造两位下属一起交谈的机会，前期三人交谈，寻找大家共同的话题，如共同的职业追求以及共同的儿童观、教育观和价值观。然后，从双方的共同点出发，抛出之前出现的问题，大家一起商量具体该采用怎样的方法。"解铃还须系铃人"，最后可以让两人自己去沟通和商量。

3. 领导的权威不是靠地位和距离获得的，而是有赖于园长和教师之间的相互信任与沟通，乃至相互欣赏。在教研活动中，更要形成开放接纳的教研文化，管理者要放下架子，把自己置于与教师平等的角色地位，仔细倾听教师的声音，拉近与教师的距离，重视教师的意见和建议，采纳有价值的建议。特别是对骨干教师的想法应该多加肯定，认同教师的创意，并注意观察教师的情绪变化，逐步引导教师分析和发现自己的不足，使教师产生一种被信任感，对工作有责任感和紧迫感，这样他们今后的教学行为就会处于一种积极状态。原本教无定法，贵在得法，教师们积极思考、积极进取的态度尤为珍贵，更应该呵护。管理者要学会赏识教师，善于发现教师的优点，并且努力帮助教师将其优点发扬光大，形成自己独特的教育教学风格。

4. 建立管理建议反馈机制，邀请教职工对管理工作提出建议和做出反馈，让广大教职工遇到问题有一个正常的反馈渠道。

第三节 幼儿园队伍建设危机应对

幼儿园队伍建设危机应对不单需要强烈的危机意识，更需要积极、迅速的行动力。幼儿园队伍建设危机的人为因素较多，在应对的过程中要秉承"以人为本"的原则，依据危机预案灵活处理，主要包括危机的预警、处置以及善后工作。本节主要介绍幼儿园队伍建设危机应对的原则和策略，并通过具体案例来分析队伍建设危机应对的步骤和措施。

一、幼儿园队伍建设危机的应对原则

（一）师幼为本原则

在应对幼儿园队伍建设危机的过程中，要以保障师幼利益为先，使师幼群体和个体的人身安全、身心健康、权益、名誉、财产等不受侵害。这是处

理危机事件的第一原则。由于幼儿园队伍建设危机具有主客体性，例如教师既可能是引发危机趋向和事件的主体，也可能成为受到危机伤害的客体，因此保护和保障其基本利益是处理过程中必须要考虑的问题。

（二）快速响应原则

幼儿园队伍建设危机突发事件发生的几率并不高，但一旦发生则传播迅速而且影响极不好，需要建立快速响应机制，积极处理和应对，切忌听之任之，视而不见。迅速成立危机应对小组并根据预案积极处理，才能将危机影响的范围缩到最小，强度降到最低。

（三）信息通畅原则

幼儿园队伍建设危机事件以人为因素占主导，而人处理问题时常常带有主观的感情色彩。事件相关人员坦诚沟通能在一定程度上缓和事件造成的紧张情绪，甚至成为转化危机的契机。而信息传递封闭或阻塞将导致双方的猜忌和误解，导致事件发酵升级。

（四）多方联动原则

幼儿园队伍建设危机的发生往往源于多种外因和内因，因此在应对危机事件时也需多方联动，协同解决。有些队伍建设危机事件的应对不单单是幼儿园管理者的责任，更要争取教育行政部门、媒体、社区、家长等多方面的理解和支持，以便顺利地解决问题、消除影响。

（五）标本兼治原则

幼儿园队伍建设危机事件既有显性的外在表现和危害，也有隐性的内在因素和影响。前者往往是管理者比较关注的问题，而后者常常被忽视。在危机事件应对的过程中，管理者要秉持"标本兼治"的原则，在消除负面影响的同时不忘分析和控制危机诱因。

（六）因势利导原则

俗话说："吃一堑，长一智。"在应对幼儿园队伍建设危机的过程中，管理者不要光盯着其造成的伤害和负面影响，更应发现其中的机遇和挑战，要具备长远的战略眼光，不要为眼前的利益而患得患失，要化被动为主动，因势利导，谋求更长远的发展。

二、幼儿园队伍建设危机的应对策略

（一）启动危机预警系统

在幼儿园队伍建设危机的警示内容达到临界值或紧急事件爆发后的第一时间，幼儿园应该迅速反应，根据危机管理流程和预案启动预警系统，向有关部门和人员发出警报，获得援助和支持。

（二）成立危机事件处理小组

幼儿园队伍建设危机处理小组应根据危机预案明确责任，各司其职，形成具体可行的处理步骤，灵活处理危机事件。在应对幼儿园队伍建设危机事件当中，除了幼儿园管理者，还可邀请家长代表、社会人士加入，在需要的情况下争取医疗、心理、法律等专业人士的援助。

（三）控制危机事件的发展

幼儿园队伍建设危机发生时，管理者要迅速反应，对于已经发生的伤害要妥善处理，对于处于危险环境中的师幼要尽快转移，防止危机事件的恶性发展和蔓延，将其影响控制在最小范围。

（四）与相关人员坦诚沟通

幼儿园队伍建设危机事件的人为原因占主导地位，情感上的理解和换位思考是管理者处理问题时的重要方法。危机事件处理小组要尽早与事件相关人员取得联系并进行沟通，获得更全面的信息，建立相互之间的信任。同时在处理的过程中，管理者要统一信息发布口径，让事件相关人员以及社会媒体有一个获得信息的有效途径，在一定程度上稳定情绪，降低人心理上的不安全感。

（五）分析责任，化解诱因

幼儿园队伍建设危机发生时，危机事件处理小组应当收集信息，客观全面地分析事件责任和原因，并尽快对问题进行改进和化解，从事件的表象和内因两方面双管齐下，减小直至消除影响。

（六）关注受害群体及个体的恢复情况

因为幼儿园队伍建设危机的伤害具有较强的可持续性，所以当幼儿园队伍建设危机进入恢复阶段时，管理者应从舆论影响、师幼的身心健康是否完全恢复、工作是否正常运转等方面持续地处理善后工作，防止危机事件和矛盾被再次激发。

（七）改善危机管理机制和相关预案

当幼儿园队伍建设危机已经化解时，管理者还需要对危机管理机制和相关预案进行进一步的反思和改进。这是危机恢复阶段的重要环节，也是强化危机意识，实现有效危机预防和应对的重要措施。

三、幼儿园队伍建设危机的应对案例

案例3-7　温岭虐童案

2012年10月24日，一张女幼师拎着小男孩的耳朵将他提起来的照片被曝光，男孩一脸痛苦的表情深深地刺痛了网友。在对身穿豹纹衫的女幼师进行"人肉搜索"后，温岭市城西街道蓝孔雀幼儿园女教师颜艳红被证实是事件当事人。

随后，有人从她的QQ空间里发现了700多张照片，其中有的孩子被丢进垃圾桶，有的孩子嘴巴被胶带封住……这些照片都显示了体罚孩子的行为。

《法治周末》记者了解到，有5名被虐待孩子的家长将幼儿园业主和颜艳红告上法庭，以幼儿园的不当教育行为导致孩子的身心受到严重危害为由，要求赔偿精神抚慰金、学费、保险费等，同时，要求公开赔礼道歉，登报消除影响，定期给孩子进行心理辅导。

林女士是照片中被颜艳红体罚的小男孩的母亲。她告诉《法治周末》记者，目前孩子还小，颜艳红的虐待行为对孩子究竟会造成什么样的心理伤害，目前还不得而知。她最希望的是，幼儿园方面能为孩子提供心理辅导，不要让孩子留下心理阴影。

（摘自：祝优优. 家长不满"温岭虐童案"判决［N］. 法治周末，2013-08-28.有删改）

【案例分析】

虐童的女教师颜艳红因为其言行付出了严重的代价，而无法抚平的是幼儿心灵的创伤。在该案例中，幼儿园教师队伍存在严重问题，教师师德沦丧、常规管理缺失。

对于"虐童事件"暴露的教师职业道德危机应该这样应对：

1. 启动危机事件预警系统，按照危机事件处理流程成立处理小组，对事件性质和级别进行初步评估，根据其严重程度及时上报医疗、行政、公安等相关部门干预处理。

2. 紧急制止事件的继续发展，收集与事件相关的信息，对受害的幼儿进行安抚，并检查其身体受到的伤害，确定是否需要就医。

3. 主动联络家长并真诚地告知情况，表达园方的处理态度，尽量稳定家长的情绪，请其配合安抚幼儿。

4. 通过其他幼儿、教师和信息技术手段等全面收集关于事件的材料，分析事件的原因和性质，提出初步的事件处理意见。

5. 关注受害幼儿的恢复情况，同时与受害幼儿的家长进行沟通，协商事件的处理。

6. 强化幼儿园教师队伍建设，严把"用人关"和"道德品质关"。加强幼儿园教师的师德培训和考核，从法律、伦理道德、儿童观、教育观和价值观的角度"敲响"教师行为的"警钟"。对于虐待儿童的行为，管理者在日常工作中要坚持"零容忍"的态度。

7. 强化幼儿园队伍建设，还要以情感人、以情化人，营造和谐的幼儿园文化。幼儿园对于教师的管理要基于以人为本的原则，让教师的工作充满幸福感和价值感，用专业的力量武装自己，以科学的方法培养幼儿的习惯，学会合理地控制自己的情绪。

案例3-8 幼儿园出现"用人荒"

"你先别问那么多，赶紧到我们幼儿园来面试就好了。"记者登录我市幼儿园教师招聘网站发现，大量民办幼儿园都在急聘教师。记者以应聘者的身份拨通了一家幼儿园园长的电话，园长说幼儿园一直都缺人。暑假前更是走了一拨教师，现在她急需用人，招聘的标准也只能大大降低，只要会讲课并有些才艺就行。

事实上，出现"用人荒"幼儿园的不只此一家，近年幼师流失问题日益严重。深圳大学学前教育系副主任、副教授陆克俭说，过去幼儿园教师每年的流失率大概为20%~30%，现在幼师的流失率高达60%~70%，平均流失率为30%~40%。

盈盈（化名）从事幼教工作已经四年有余，想当初中专选择幼教专业仅仅是出于对孩子的喜欢，盈盈觉得现在做的事情不仅责任大、压力大，而且待遇特别差，一个月的工资大概2000多元，扣除房租、吃饭的钱，每个月的工资所剩无几。"我真的不知道自己还能撑多久。"盈盈说，看着身边的同事走了一拨又一拨，她的心里很不是滋味。

（摘自：郑思. 民办幼儿园老师工资低辞职率高［N］. 深圳商报，2013-09-10. 有删改）

【案例分析】

目前幼儿园教师的地位和待遇不高，而承受的压力和责任不小，因此幼儿园教师转行和跳槽的很多，有的甚至说走就走，导致幼儿园无法正常运转，这是幼儿园（特别是民办幼儿园）园长十分头疼的问题。

面对幼儿园教师人员流失的危机，管理者应该这样应对：

1. 了解幼儿园教师流失的走向和真实原因。当幼儿园接二连三有教师辞职或跳槽到同一所幼儿园时，管理者应引起高度重视，详细了解其原因。

2. 当幼儿园教师提出辞职时，管理者应当针对不同教师的特点、能力和辞职原因进行处理。如果教师本人热爱且非常适合幼儿园工作，但迫于其他客观原因离职，管理者不妨与其共同面对问题，寻找更好的解决办法，对教师进行挽留。

3. 如教师执意辞职，管理者应督促其妥善安排班级工作，安排接替的教师提前熟悉情况，交接工作，尽快取得幼儿和家长的信任。当班级教师突然辞职时，幼儿园应启动应急处理机制，安排比较熟悉该班级的管理人员先进班接替工作，安抚家长的情绪，保证幼儿园的正常运转，然后讨论确定合适的人员接手工作。

4. 幼儿园有一名教师流失时，很容易引起其他教师的情绪波动，甚至带来辞职的连锁反应。管理者应当及时安抚，帮助教师冷静地思考个人的理想和职业的价值，并积极解决存在的问题，让他们重新投入到工作当中。

5. 从长远的眼光来看，幼儿园管理者应该提升幼儿园教师工作的吸引力，从福利待遇、社会保障、情感关怀、团队文化、成长锻炼的机会、价值感体现等方面来吸引教师。园长以身作则，有责任、有担当、有底线，员工才会有始有终地对待工作。

6. 从应急处理的角度来看，幼儿园需要建立人才信息库，储备能调配的机动人员，并且与师范院校建立合作关系，以免人才流失导致幼儿园无法运转。

案例 3-9　把幼儿园告上法庭

"90后"女孩郑梅来自辽宁省凤城市红旗镇。幼师毕业后，郑梅应聘到皇姑区淮河街一家私人幼儿园工作。2011年6月1日，郑梅正式上岗，一直在幼儿园任苗二班副班主任。

"应聘时说好的，一经录用，幼儿园会签订劳动合同，缴纳五险一金。但我工作了一年后，单位只字不提签合同的事，五险一金也一直没有缴纳。"郑梅说，这期间她曾向园长提过几次签合同的事，但答复都是"再等几天"。干满13个月，郑梅正式找园长摊牌："您必须给我缴纳保险，签订书面劳动合同，不能再拖了。""你看看有几家幼儿园跟老师签合同，不签合同是行规。"园长说。协商无果，郑梅离职了。这样的结果，在她的预料之中。

"根据《劳动合同法》及相关法律规定，用人单位应与劳动者签订劳动合同，并为劳动者缴纳各类法律规定的保险。幼儿园的行为违反了法律规定。"郑梅说。作为"90后"，这点常识她还是有的。根据《劳动合同法》的规定，未签订劳动合同，用人单位应向劳动者支付两倍的工资。

于是，郑梅带着幼儿园的法人资格证书复印件等相关证据，到皇姑区法院提起诉讼，要求幼儿园支付其从2011年6月至2012年7月的两倍工资14039.5元；补缴社会保险3038.9元、医疗保险1519.45元、工伤保险151.9元、生育保险151.9元、住房公积金2735元。

（摘自：王彩丽. 幼儿园拒签劳动合同，也没缴纳五险一金［N］. 沈阳晚报，2012-08-21. 有删改）

【案例分析】

目前，有很多民办幼儿园为了降低成本拒绝为教师购买基本的社会保险，拖延甚至拒绝与教师签订劳动合同。最终，幼儿园因不按章办事、贪图小利而被维权意识强的教师告上了法院。

面对因劳动合同引发的人力资源管理危机，管理者应该这样应对：

1. 管理者应当积极配合司法部门的取证工作。同时学习和咨询相关的法律法规和规章条例，了解相关的权利和义务。

2. 与当事人真诚沟通，尝试协商解决问题。

3. 严格遵循依法办园、按章办事的原则，认识到法律法规不但是对自己办园行为的约束，更是一种保护，绝不能在管理工作中存有侥幸心理。

4. 幼儿园除了赔偿郑梅老师之外，还应对园内其他教职工的劳动合同以及保险购买情况进行清理，对存在的问题及时弥补。

5. 幼儿园的质量靠教师，而只有当自己的利益得到了保障时教师才能够全身心地投入到工作中，才能对幼儿园产生归属感。合法保障教师的各项权益也是教师队伍发展的基础。

案例3-10 职业的幸福哪儿去了？

紫陌（化名）是哈尔滨市某幼儿园的教学主任，17年工龄，月薪2500元（津贴加绩效），小学高级教师职称。她告诉记者："我现在工作压力很大，记忆力明显下降。不怕你笑话，我今年36岁，就开始丢三落四了。说起10年前的工资，我记得不太清楚，大概1100~1200元吧。印象最深的就是，刚到手的工资转眼就全给儿子买奶粉了。现在基本工资、岗位津贴等全算上，我每月才有2500元。说实话，拿100块钱出去买菜，没看见买啥钱就没了。现在保姆一个月的工资就有3000元，比我的工资都高。我们幼儿园老师挣得太少了。我还是小学高级教师职称呢。"

"和我一个幼师班的同学，做售楼经理，月薪过万；另外一个同学在哈西开了一家小超市，春节前夕，一天就能赚4000多元，比我一个月的收入还多。人家现在都过得很殷实、滋润。什么送孩子去贵族学校啦，自己每天去健身房健身啦，感觉她们那种日子离我太远了。"

（摘自：刘梦新. 幼儿园教师教龄17年工资2500元　钱不够儿子补课［N］.黑龙江晨报，2013-02-25. 有删改）

【案例分析】

在外人看来，幼儿园教师是快乐的工作，成天跟孩子开心地玩，而记者采访的这位老师表露了很多幼儿园教师的心声。从她的语言、情绪、状态（记忆力不好）和生活压力不难看出她已经陷入了职业倦怠，而且职业倦怠已经明显影响到了她的工作和生活。

面对教师的职业倦怠危机，管理者应该这样应对：

1. 对教师的身心健康状况进行定期测评，关注教师的身心健康出现问题的危险信号。对于因倦怠情绪影响正常工作和生活的教师要更加关爱和理解，邀请专业人士给予帮助和指导，切忌因此批评和排挤他，必要的时候可以为其调整工作岗位或者让其暂时休息。

2. 管理人员要树立"家长"和"服务者"的意识，关注教师的职业幸福感，工会组织或社团等可开展文娱活动，关心教师的心理健康，通过多种多样的活动舒缓教师的工作压力，通过团队建设形成积极健康的文化氛围。

3. 通过学习和培训帮助教师对自己的角色设定合理的期望，同时学会疏通和调控自己的不良情绪。

4. 建立灵活多样的教师评价体系，满足教师的合理需求，包括其物质需求和精神需求，为教师的工作和生活营造更好的环境。

5. 帮助教师在专业成长中实现自我价值，而不只是盯着工资、福利等物质层面，要让每一位教师在工作中找到自己的尊严和成就感。

案例 3-11　冷场的竞聘

幼儿园为了提升教科研水平，培养业务骨干，准备进行年级组长竞聘。经过幼儿园领导反复讨论，竞聘方案终于出台了，对于年级组长的要求是：热爱工作，团结协作，敢于创新，专业基础较好，担任班主任工作3年以上，45岁以下，曾获得区级以上业务奖励。

为了这次竞聘活动取得预期的效果，教学副园长特地在例会上对全体教师进行了动员，还悄悄地算了一下，发现符合条件的老师有12人，竞争应该比较激烈。

然而，结果令人大跌眼镜：仅有三名老师报名，临到竞聘演讲时还有两人弃权。原本一场精心策划的竞聘，竟以冷场而告终。

（案例由邓艳提供）

【案例分析】

幼儿园进行竞聘的初衷是为了激活幼儿园的管理体制，培养后备人才，但是事与愿违，无人愿意参加。

面对因"竞聘事件"而暴露的幼儿园管理改革危机，管理者应该这样应对：

1. 管理者对此现象引起重视，及时召开应急会议，商讨如何调整竞聘方案和对相关事宜进行说明，给予全体教职工一个合理的解释，这样才能保住管理决策者的威信。

2. 与申报的教师和其他教职工交流谈心，全面而细致地了解大家不愿意报名参加竞聘的具体原因。

如果大家担心年级组长的压力太大、回报较小，园长应在竞聘启示中说明年级组长的岗位职责以及津贴待遇，让大家对这个岗位有基本的认识。

如果幼儿园的教职工安于现状，不愿意折腾和改革，那就说明幼儿园的管理长久以来存在问题。每个人都有着自我实现的需要，如果教师群体得过且过，要么对涣散的管理会失去信心，要么会因过于严苛的管理而磨灭斗志。管理者必须改革自身的管理方式，营造宽严相济、民主平等的管理氛围，同时幼儿园还应与全体职工建立共同的幼儿园发展愿景，并将其与教师的个人理想相融合。

3. 年级组长既是上传下达的中层管理者，也是普通教师的引领者、服务者。如果大家认为竞聘条件不合适，园长不妨征求意见，了解大家心目中优秀的年级组长应该是什么样子的，并以此为依据调整年级组长的竞聘条件。

4. 在大家都不积极的氛围中，自主申报坚持参加竞聘的唯一一位教师，其勇气和上进心可嘉，管理者应给予肯定和鼓励。

5. 如果教职工对幼儿园的管理改革没有回音，管理者必须引起重视和反思，不要采取批评和打压的方式，而应积极地与教职工沟通，用理性、平和的方式了解问题、解决问题。

案例3-12　谁来上公开课？

某幼儿园接到市教育局的通知需要承办一个全市的学术活动，将接待全市上百名幼教同行前来参观学习，要求准备一堂高水准的公开课。为了圆满地完成任务，园长发动全体教师申报公开课，准备精心挑选和打磨。但是一周过去了，没有一位教师主动报名。园长没有办法，只得把这项任务硬性交给了年轻且很有潜质的袁老师。袁老师接到任务后很认真地准备，但是受自身经验的影响她第一次试教的效果很不好。园长着急了，帮袁老师大改活动设计，几乎把袁老师自己的思路全盘推翻，重头再来。袁老师很受打击，但还是硬着头皮按园长的意见做。超负荷的磨课让袁老师精疲力竭，然而还是没有获得园长的认可。在袁老师多次试教后，园长决定换人来上公开课。这时袁老师的积极性降到了零点，周围的老师纷纷劝她：下次再也不要上了，太折磨人了。

（案例由邓艳提供）

【案例分析】

幼儿园的公开课对于教师来说是一个展示的舞台，更是成长的平台。然而，从开始没有人报名，到后来没有打磨出理想的观摩活动，足以说明幼儿园在教育教学及教师培养中的问题。

面对因"公开课"而暴露的骨干教师培养危机，管理者应该这样应对：

1. 幼儿园的园长、业务园长、教研主任都要重视参与幼儿园教育教学指导和园本教研工作，把教育教学质量的提升看成幼儿园的生命线。公开课的展示不能仅依赖临时抱佛脚，而应依赖平常的积累。如果幼儿园能经常组织听课评课研讨的活动，相信此时能承担任务的教师和能展示的活动就会很多，完全不需园长担心。

2. 虽说公开课是教师成长的平台，但是上公开课也需要极大的勇气和毅力，所以管理者要制定激励政策，对接受任务的教师以表扬和奖励为主，让其他教师羡慕和佩服，形成良好的竞争氛围。在专业成长磨砺中，过程比结果更重要。如果像案例中的园长这样做，必将导致以后更没有人愿意上公开课。

3. 教育教学活动的组织永远没有绝对正确的方法，也没有绝对完美的设计。园长大可不必因为袁老师的经验不足而自己包办代替。教育教学活动的设计并不是简单的模仿和表演，需要执教者自身的体验、感悟和思考，因此在打磨活动时，管理者一定要关注教师的认识和感受，切忌"好心"办了"坏事"。

4. 定期对幼儿园教师的专业水平进行评估和分析，防止出现幼儿园骨干教师的"断层"。幼儿园要建立教师的分层培养机制，通过有经验教师的"传、帮、带"指导和培养新生力量。同时，要多搭建园内锻炼与磨砺的平台和机会，让年轻教师在亲身实践中获得实实在在的成长。

第四章　幼儿园教育活动危机管理与实例

《幼儿园教育指导纲要（试行）》明确指出，"幼儿园教育是基础教育的重要组成部分，是我国学校教育和终身教育的奠基阶段"，它要为"幼儿一生的发展打好基础"。幼儿园在促进幼儿全面、健康、和谐、整体发展方面，在影响国民素质方面将发挥重要的作用。然而，如果教育活动组织不当，则会造成教育的危机。本章重点研究幼儿园教育活动危机的预防与应对策略。虽然危机由多种因素造成，具有不可预测、难以预防和控制等特点，但是它仍有其特殊的普遍规律，只要能抓住这些规律，采取有效的措施、方法和手段，对危机是可以预防、控制并实现有效管理的。

第一节　幼儿园教育活动危机概述

《幼儿园教育指导纲要（试行）》"组织与实施"部分的第二条指出："幼儿园的教育活动，是教师以多种形式有目的、有计划地引导幼儿生动、活泼、主动活动的教育过程。"从广义来说，幼儿园教育活动是指促进幼儿各方面发展的具有教育因素的活动，一般包括生活活动、教学活动、游戏活动、户外活动、亲子活动、区域活动等。教育活动的组织是否恰当，关键在于教师。面对不同年龄、不同个性、不同家庭背景的幼儿，在不同的教育情境中出现的冲突或问题，如何有效地应对和引导，如何对当前教育活动存在的危机进行深入的分析与研究，找到相应的危机管理对策，更好地适应当前幼教改革的需要，帮助幼儿教师将理论与实践协调统一，形成系统的、科学的教学观，最终化危机为契机，促进幼儿身心的全面和谐发展，是本节要阐述的内容。

一、幼儿园教育活动危机与管理的概念

（一）幼儿园教育活动危机的概念

幼儿园教育活动危机主要指在幼儿园开展教育活动的过程中，由幼儿园教育理念、幼儿教师专业素养、幼儿个体成长、社会和家庭环境等因素所引发的对幼儿或幼儿园造成伤害或不良影响的危机或事件。

（二）幼儿园教育活动危机管理的概念

任何防止教育活动危机引发风险的措施和努力都可以是危机管理，我们认为危机管理就是指应对危机情境的机制、策略。罗伯特·希斯认为，危机管理包括对危机事前、事中和事后所有方面的管理。根据希斯的过程论管理思想，我们可以将教育活动危机管理理解为幼儿园为避免或者减轻教育活动危机所造成的严重损害和不良影响，有组织、有计划地学习、制定和实施一系列管理措施和应对策略，包括危机的预防、危机的应对与解决、危机善后的动态过程。

在教育活动危机管理中，最关键的因素是教师，幼儿园教育活动是一种由教师的"教"和儿童的"学"所构成的师幼双边活动，是教师和幼儿一起参与、配合协调、共同承担的活动，是师幼互动交往的过程，在这个过程中，幼儿"学"得怎么样在于教师"教"得是否适宜。找到有利因素，把握规律，化危为机、变害为利、化险为夷，机智地处理好当下的危机，将有效降低伤害或消除危机。

二、幼儿园教育活动危机的特点与危害

（一）幼儿园教育活动危机的特点

1. 突发性

幼儿园教育活动危机发生、发展的速度往往很快，出乎意料，让人措手不及。

2. 伤害性

幼儿园发生教育活动危机后必然会伤害幼儿的身体或心理。一个幼儿被伤害，意味着一个家庭被伤害，其后果不是金钱所能弥补的。而由此给幼儿园的形象、信誉造成的不良影响也是很难挽回的。

3. 不确定性

事态发展的不确定、不良影响的不确定、社会反应的不确定等，这三种特性正是对管理者的反应能力、危机管理能力、应变等综合能力的考验。然而长期以来，管理者和教师在实践中也大多凭经验开展工作，对危机发生的时间与结果无法预测，如果缺乏有效的防范策略，后果将不堪设想。建立相应的危机管理机制才是根本的解决之道。

4. 隐藏性

危机的产生是从量变到质变的过程，当引发危机的各种诱因逐渐积累时，危机可能并不会产生，但会呈现一些症状，如果症状不明显或对其关注不够的话，管理者或教育者可能不会发现，危机的隐藏性虽给危机管理带来了一定的难度，但同时也留下了预警的空间和可能。

（二）幼儿园教育活动危机的危害

教育活动内容、方法或组织形式不当都有可能会导致危机，首先会严重影响幼儿的身体健康。比如，学前阶段的幼儿神经系统比较弱，大脑发育还不完全，如果违背了幼儿教育规律，强制幼儿过长时间地集中注意力，幼儿的大脑容易疲劳，会造成神经系统的伤害；过早过多地让幼儿进行规范性学习，比如过早地写字、过早地做高强度体育训练，不利于幼儿肌肉、骨骼的

发育，还会导致幼儿近视、驼背、消瘦等身体上的不良症状，身体的不适还容易让幼儿产生消极的情绪体验而形成压力，一旦幼儿心中形成了对学习的痛苦体验，就会在孩子的心里留下厌学的种子。

幼儿教师应从幼儿当前的身心发展特点出发，寓教于乐，依照儿童的天性给予适当的指导与鼓励。但如果方法不得当，不仅会影响幼儿的身体健康，还会导致幼儿出现心理或行为问题，一般来说，儿童出现心理问题会在情绪、行为及生理方面出现异常变化，这些外在表现可以看作心理求助信号。儿童出现心理问题主要表现在三个方面。一是情绪表现：恐惧，焦虑，不愿上学，容易生气，想轻生（认为活着没有意思，有度日如年的感觉，兴趣减少或多变，情绪低落）等。二是行为表现：离群独处，不与同年龄的小朋友一起玩，沉默少语，少动，精神不集中，有暴力倾向，逃学，偷东西等。三是生理表现：头部腹部疼痛、恶心、呕吐、厌食或贪食、早醒、入睡困难、耳鸣、尿频甚至全身不适，而进行躯体检查及实验室检查又没有发现躯体疾病。

三、幼儿园教育活动危机的根源与类型

引发教育活动危机的因素很多，这里仅从幼儿园教育理念问题、幼儿教师专业素养问题、幼儿个体成长问题、社会和家庭环境四方面来寻找危机根源。

（一）幼儿园教育活动危机的根源

1. 幼儿园教育理念问题引发的教育活动危机

中投顾问发布的《2016—2020年中国民办教育行业投资分析及前景预测报告》指出，2014年，公办幼儿园数只占总幼儿园数的25%，民办幼儿园占68%，其他7%为集体和其他部门所办幼儿园。可见，民办园已经成了幼儿教育的主体力量。但有的民办园为了在激烈的市场竞争中生存、吸引生源，有意无意地违背幼教工作规律，片面地迎合家长希望幼儿学习知识的要求，造成了严重的"小学化"倾向。有的为了节约成本，每个班只有一教一保，达不到国家规定的人员配备标准，无法满足每个幼儿的学习、生活及心理需要，更谈不上根据幼儿的兴趣、需要和爱好组织教育教学活动。许多幼儿园

开办者或管理者并非学前教育或幼儿教育专业出身。据厦门市调查，82.95%的（厦门市）民办幼儿园内部管理模式属于"家庭式管理"或"园长集权制"，在这些幼儿园里"近亲化"用人问题普遍存在。幼儿园管理和教育理念陈旧，保教工作不够规范，这些问题必然会埋下危机。

2. 幼儿教师专业素养问题引发的教育活动危机

根据《幼儿园教师专业标准》要求，幼儿教师要具备幼儿为本、师德为先、能力为重、终身学习的基本理念和专业素养。随着《幼儿园教育指导纲要（试行）》和《3—6岁儿童学习与发展指南》的贯彻实施，幼儿园教师在教育观念上已经有了一些根本性的改变，这种改变主要表现为教师对教育活动过程的直接控制减少了，对幼儿活动主体的认识提高了。然而，尽管教师的教育观念正朝着正确的方向改变，但是在面对一个个鲜活的教育活动场景和教学现场时，教师往往会在传统教育模式与现代教育模式之间挣扎，很难运用自如或者说有效引导。

3. 幼儿个体成长问题引发的教育活动危机

幼儿的个体发展是从不成熟到成熟的。从共性的角度来看，首先，其机体各部分的机能发育尚不成熟，对外界环境的适应能力以及对疾病的抵抗能力都较差。其次，幼儿控制和调节自己的心理活动和行为的能力还很差，心理活动、行为、个性特征表现出很大的不稳定性，很容易受其他事物的影响而改变，心理发展还不够成熟。从个性的角度来看，幼儿的发展存在个体差异。美国心理学教授加纳德认为，人有八大智能——语言、逻辑—数学、空间、身体—运动、音乐、人际关系、自我认识、自然观察。除此以外，幼儿的气质个性、兴趣爱好、行为习惯各方面也不同，如果教育不考虑幼儿个体成长的共性和个性特点，也会引发危机。

4. 社会和家庭环境问题引发的教育活动危机

在当今的亚洲，家长不同程度地对孩子的学习和发展有一种"重成就、重学业、重知识"的倾向，中国人传统的望子成龙、望女成凤的思想让家长希望孩子尽快成长、尽早成才，因此，从孩子还在幼儿阶段开始，家长就不断地督促孩子学习，怕孩子落后于他人，而且错误地认为读写算就是学知识，忽略了孩子自身的成长和发育规律，忽视了对孩子的兴趣、情感等因素的培养。家长如果过于强调对幼儿智力的培养，就会影响幼儿德、智、体、美等的全面发展，影响其健全人格的形成。

（二）幼儿园教育活动危机的类型

综上所述，由以上四种因素引发的幼儿园教育活动危机，一般而言可导致以下三种危机。

1. 安全危机

这是指对幼儿的身体、心理有伤害的事件或状态。如由幼儿教师专业素养问题引发的安全危机中，教师的教育活动组织不当引发的幼儿之间的互相伤害等。

2. 信誉危机

这是对幼儿园师生或幼儿园声誉及形象有负面影响的事件或状态。如在教育活动中由教师师德问题，教育内容、方法、组织形式不当，或家长工作失当引发的幼儿园信誉危机。

3. 发展危机

这是指不利于幼儿个体发展需要的事件或状态，包括幼儿个体成长问题、社会和家庭环境问题、幼儿教师专业素养问题导致的幼儿发展受阻的危机。

第二节　幼儿园教育活动危机预防

"只要存在发生事故的原因，事故就一定会发生""不管其可能性多么小，但总会发生，并造成最大可能的损失"，这就是著名的"墨菲定理"。墨菲定理告诉我们，不能抱有侥幸心理，一旦发现危机，一定要想尽一切办法，把危机消灭在萌芽状态。

一、幼儿园教育活动危机的预防原则

（一）教育性原则

预防是指预先做好应对事物发展过程中可能出现的偏离主观预期或客观普遍规律的措施。

为了避免危机发生，幼儿园管理者在日常工作中或师资培训中就要让教师了解不同年龄阶段幼儿的心理、生理、认知发展特点，帮助教师掌握正确的教育理念和教育策略，这是幼儿园教育活动危机管理预防环节中的首要原则。

（二）事先提前预防原则

事先提前预防原则是指对于教育活动中可能出现的危机、事件或伤害，要提前做好预案、形成制度和对策，避免危机的产生和更好地应对危机所要遵循的原则。

危机管理的最高境界是让危机不发生，而要想让危机不发生，就要根据教育性原则和事先提前预防原则，在事前做好教育、准备好预案。预防措施到位了，防范得力了，才能从容应对危机，减少损失，防止伤害。

二、幼儿园教育活动危机的预防策略

海因里希将造成人的不安全行为和物的不安全状态的主要原因归结为四个方面：技术的原因、教育的原因、身体和态度的原因、管理的原因。后来人们总结出 3E 原则，即针对上述四个方面的原因，在安全管理上应该采取三种对策，即工程技术（Engineering）对策、教育（Education）对策、管理（Enforcement）对策。幼儿园可运用 3E 原则，从管理方法、教育培训、应对策略入手，达到预防效果。

（一）完善管理体制，做好防御调控

事前管理是危机管理的开端，是由被动管理转向主动防御的关键环节。教育活动危机管理可以先从外部大环境入手，主要是做好政府、社会和幼儿

园三方面的组织管理、日常监督检查等工作。

政府可以出台一系列奖惩条例，加强对幼儿园的合理化与合法化的监督排查，针对问题幼儿园的条件太简陋、教师队伍素质低且无法通过整改转为合格幼儿园的情况，应采取措施，对不合格的幼儿园加以取缔。

幼儿园要依法治园，首先要完善幼儿园管理制度，禁止"三无"（无专业背景、无幼儿教师资格证、无职业道德）幼儿教师进入幼儿园工作。浙江省温岭市的幼儿教师虐童事件就是一个令人痛心的例子，因为幼儿园没有做好排查工作，导致"三无"人员入职，职前职后又未进行培训，从而导致了危机的爆发。

要建立教师的激励、监督、检查、考核机制，通过外部力量对不当的教育行为起到约束和震慑的作用。一旦发现教师的不当行为，幼儿园管理者要及时警告和教育，或者教师之间相互提醒，让幼儿教师不断完善自身的行为，规范自己的言行举止。

为了有效地预防不当教育行为的发生，还要从群众监督和舆论监督两个方面共建监督平台。群众监督，主要指家长对幼儿教师行为的监督。近年来曝光的幼儿教师不当行为，多数是由家长发现，再引起社会大众关注的。因此，家长要给予孩子足够的关注，关心孩子的身体和心理状态，平时多与孩子交流。同时幼儿园可以在园内开设家长评议会、园长热线、意见箱等，以支持家长对幼儿教师的监督。媒体要坚持正确的舆论导向，发挥大众传媒的"智者"领袖地位，规范幼儿教师的日常教育行为，对于教师的不当行为，依靠大众舆论和道德力量予以谴责和批判，形成舆论压力，但不可为博人眼球而夸大其词，要尽量给幼儿教师一个轻松的教育环境。

（二）加强教育，增强危机意识

园长是幼儿园法人，也是危机管理的第一责任人。危机的管理和预防，最重要的是增强教职工的危机意识，最好的方式就是培训。比如，组织教职工学习相关的政策及教育法律法规，让他们知法懂法，避免犯错。再者，做好教师的职前和职后培训，以具体的典型案例为警示，共同分析发生危机的原因，增强教师应对危机的专业能力。同时发挥家长会、家长学校等的作用，开办家长课堂、育儿知识经验交流会，组织家长学习正确的育儿知识，帮助家长树立正确的儿童观、教育观。

（三）调整教育对策

幼儿教师在日常的教育活动中，要正视自己的行为，加强自我认知、自我觉察，并对自己的行为进行反思，一旦察觉自己的行为违反了《幼儿教师专业标准》要及时调控。

幼儿教师除了要对自己的行为进行约束和自控外，还需要适时地解压和宣泄。幼儿教师会因受到社会压力的影响而产生焦躁、不安、恐慌甚至不满等情绪，如果这些情绪得不到有效的排解，就可能会出现将不良情绪发泄到幼儿身上的情况。只有将这种情绪适时地释放，确保幼儿教师的心理回到原有的平衡状态，保持健康、乐观的心态，才能使教师不致因情绪失控而做出不适宜的行为。

三、幼儿园教育活动危机的预防案例

案例 4-1 日常活动：不守规矩的彤彤

彤彤是大一班年龄偏小的孩子。她聪明伶俐，学习能力强，喜欢阅读、画画，但在一日生活环节中经常不遵守规则，不能很好地控制自己的行为。

彤彤平时吃饭比较快，但是吃饭时爱边玩边吃，还挑食。她有时会把自己不爱吃的东西放到别人的碗里，爱和同桌的小朋友说话，经常用手到菜汤里抓菜，经常把饭粒弄到桌子上、衣服上、地上。老师多次提醒她仍然不改。

当彤彤对学习内容或游戏不感兴趣时，会离开座位坐到地上，或者去打扰其他小朋友。在老师多次点名提醒后她仍不改正，反而变本加厉。参加区域活动时，她喜欢去美工区画画剪纸，但是她不会主动收玩具和桌子，剪纸的纸屑掉到地上也不捡；而且她经常跑到教室外面不肯进来，常常最后一个进教室。

（案例由湖南省水利厅幼儿园张瑜提供）

【案例分析】

本案例呈现的是一个 5 岁孩子的行为表现，看上去似乎孩子只是没有遵守规则，影响了班级纪律和常规，让老师管理班级时比较吃力而已，实际上危机已经潜伏其中，如果教师不及时干预，就会造成三大危机：

1. 安全危机。案例中的彤彤经常有干扰其他孩子的行为，这种情况一发生，容易导致孩子之间发生争执、产生矛盾或发生肢体冲突而互相伤害。另外，孩子喜欢一个人跑出教室，如果老师监管不到位，也会有安全隐患。

2. 发展危机。当孩子的心理需求得不到满足，没有感受到家人的爱和呵护，得不到家人的关注时，就会采取不适当的方式吸引成人的关注，如用破坏性的行为来寻求老师的关注。一旦老师厌烦孩子并给孩子贴上不好的标签，孩子得不到老师和家长的认可和同伴的接纳，就有可能向更坏的方向发展，引发心理问题或更严重的行为问题。

3. 信誉危机。如果彤彤继续干扰其他孩子正常的学习和生活，孩子们就有可能向自己的父母告状。家长一般都希望孩子在幼儿园里获得安全、感到愉快，因此会有家长集体向园方或其他部门投诉，这不仅对彤彤不利，对园方的声誉也不利。

所幸教师及时发现了问题，做好了事前预防措施，采取了以下危机预防策略：

1. 上门家访，了解彤彤的家庭情况及教养方式。针对彤彤在幼儿园里的表现教师第一时间和彤彤的家长约谈，通过约谈了解到彤彤的父母已离婚。在离婚后，母亲不准父亲来看望彤彤，那段时间父母忙着闹离婚而忽略了对彤彤的关心。母亲再婚后又生了一个弟弟，家人的注意力都放在弟弟身上，彤彤觉得自己一直被家人忽视，为了吸引大家的注意就故意做些反常的举动。平时，当老师说到彤彤在幼儿园里的表现时，外公的第一反应是"晚上回家再收拾（打）你"。彤彤的妈妈也经常用动手的方法来"教育"她。彤彤不遵守班级规则与其家庭环境、家长的教养方式有着莫大的关系，她现在最需要的是家人和老师的爱。

2. 引导家长调整教育对策。教师告诉家长要多给孩子一点爱和关心,不管多忙都不能忽略对孩子的关心,父母要有与彤彤单独在一起的时间,多和她聊聊她的喜好、兴趣并陪她玩耍,让她感受到父母的关爱。

3. 教师调整教育对策。首先,教师对彤彤的教育方式以表扬和鼓励为主,对她微小的进步加以肯定,不时的鼓励让彤彤对自己充满自信,渐渐感受到老师的关心与爱。然后,教师引导她明辨是非,告诉她哪些行为是违反规则的,哪些行为是会影响别人的。最后,在老师的帮助和提醒下,彤彤慢慢能约束自己的行为了。

教师能透过现象看本质,通过家访和与家长平时的沟通找到孩子行为的原因,及时调整教育对策,改变以往对孩子进行批评和指责的方式,更多地发现孩子的闪光点,家园合力,给予孩子更多的爱和关注,让孩子向良性的方向发展。因为教师的预防措施,一场危机在即将爆发前烟消云散,孩子在爱的环绕中获得了新生。

第三节 幼儿园教育活动危机应对

幼儿园教育活动危机事件一旦发生,往往会给相关责任主体造成巨大的心理压力,这些压力可能导致人的认知扭曲,从而对危机决策和危机处置的效果造成消极影响。如何在面对幼儿园教育活动危机事件时做到临危不乱、忙中有序,是相关责任者要学习的。

一、幼儿园教育活动危机的应对原则

(一)事中快速反应原则

幼儿园教育活动危机一旦发生,最能化解危机的是教师,教师应该根据事态的严重性及时做出回应。是行为过激那就马上制止,是情绪失控那就及时安抚,是教师的教育方法不合适那就及时调整教育对策,采取有力的措施

迅速化解、消除危机。

(二) 师幼互动原则

师幼互动原则是指导师幼互动教育的基本准则和师幼互动教学的基本依据。要准确贯彻师幼互动原则，教师要把握好以下三个方面：

1. 调整角色定位

教师不仅是主导者，还是环境的创设者、活动的组织者和引导者，但是活动的主体仍然是幼儿，教师要尊重幼儿的主体地位，关注幼儿的情感与需要及实际情况，在良性的互动中促进幼儿主体性的发展。

2. 接纳与尊重

在师幼互动中，首先，教师要接纳每个幼儿，公平地对待每一个幼儿，多鼓励、赏识幼儿发起的互动行为，以赞扬和鼓励等肯定性评价营造良好的师幼互动的情感氛围，让幼儿感受到教师对他的重视与关爱。

其次，教师要尊重幼儿的人格，建立积极、平等的交流关系，为他们提供各种探索和发展自我的机会与条件；对幼儿存在的行为问题，以正向引导为主，因材施教，针对实际情况给予耐心、细致的帮助，用正向的、平和的心态对待幼儿的各种行为，使幼儿在被尊重和被赏识的过程中体验到自尊感和被支持感。

二、幼儿园教育活动危机的应对策略

(一) 危机预警措施

预警主要强调的是危急发生的事前管理阶段，而在事前管理阶段，不当的教育行为一般都来自意识层面的认知，看不见也摸不着，更难以检测，危机还处于潜伏期，没有明显的特征，不易察觉，但危机往往会通过某些细微的异常现象表现出来。例如，某位教师最近的脾气有点反复无常，某位教师最近总是抱怨班里的孩子太难管教或者抱怨工作量太大等，园长要及时发现这些症状，采取预警措施，比如及时和教师交流，帮助教师找到产生负面情绪的原因并及时处理。

（二）危机处置措施

隐藏性和突发性是危机的重要特点。幼儿园在面对突如其来的危机时，应做到临危不乱。

1. 迅速反应，查找原因

一旦危机发生，教师要根据家长或孩子的反应及时做出决定：如果自己能马上消除危机，那就妥善处理；如果不能，那就要及时向园长汇报，共同面对。园长要在第一时间迅速做出判断，牢牢抓住危机的实质，尽快分析危机产生的原因，明确是教师的问题还是家庭教育问题，是工作程序的问题还是员工工作态度的问题。

2. 整体考虑，制定方案

找到问题的根源后，要有的放矢地制定出实际的解决方案，不能头痛医头，脚痛医脚，要从全面、整体的高度来理解、分析和解决问题。

3. 态度诚恳，承担责任

在危机处理中，最重要的是态度。园方要以真诚的态度赢得别人的信任，主动承担责任，积极处理。即使起因在受害者一方，园方也应积极协助消除危机。如果责任在园方，园方更应勇敢地承担责任，用最大的努力去降低伤害，挽回不良影响，用真诚去赢得家长和社会的理解。

（三）危机善后措施

幼儿园要注意做好善后工作，主要是消除危机处理后的遗留问题和影响。危机发生后，幼儿园形象受到了影响，公众对幼儿园会非常敏感，要靠一系列危机善后工作来挽回影响。处理得当，不仅能够挽回损失，而且能够化危机为契机。

1. 及时反思总结

危机发生后，不能任由事态发展，也不能拒谈这些不愉快，应该对危机发生的情况及时反思、总结，包括对预警系统的组织和工作程序、危机处理计划、危机决策等各方面的评价，要详尽地列举出此次危机产生的原因、应该如何应对、处理措施的效果如何等。多数危机的爆发与管理不善有关，要通过总结评估提出改正措施，责成有关部门逐项落实，完善危机管理的内容。

2. 引导舆论，让危机良性延伸

危机事件容易引起事件当事人或公众的情绪化反应，甚至还会引起媒体的关注。媒体报道对幼儿园危机事件的扩散和影响是至关重要的，以坦诚的态度争取公众的支持是转化危机的最有效方法。幼儿园要及时组织和整理关于事件的消息，如幼儿园已采取的补救措施等，并尽早对外发布，以减少公众的误解、传言和猜测。

三、幼儿园教育活动危机的应对案例

（一）安全危机应对案例

《幼儿园工作规程》规定，幼儿户外活动时间在正常情况下每天不得少于2小时，寄宿制幼儿园不得少于3小时。但是，幼儿年龄小，安全意识和自我保护能力弱，动作的灵敏性和协调性较差，幼儿户外活动中的组织内容、组织方式、组织策略如果安排不当，有可能导致悲剧的发生。

案例 4-2　户外活动：小刘老师的烦恼

小刘老师是体育学院刚毕业的学生，出于对孩子的喜爱，他选择到某民办幼儿园担任专职体育老师。他从未去幼儿园见习和实习过，园长也并没有说什么，就让小刘老师"走马上任"了。刚上班的第一天，小刘老师带领着大三班的孩子进行户外活动。小刘老师组织幼儿一个牵一个成一路纵队，他背对着幼儿走在前面，幼儿排成的长龙跟在他身后。开始的时候，大三班的幼儿走得比较守规则，时间一长，几个男孩就疯跑起来，一个拽一个，整个队伍越跑越快，小刘老师没有意识到危险在逼近。突然，"长龙"断了，一个叫乐乐的女孩重重地摔在了地上，哇哇大哭。送医院检查后发现孩子的右手骨折。家长以小刘老师有过错为由，将幼儿园告上法庭，要求赔偿。幼儿园面对这种情况应该怎么办呢？

（案例由湖南省水利厅幼儿园李颖斌提供）

【案例分析】

1. 迅速反应，查找原因。危机已经发生，孩子受伤骨折，家长已将幼儿园告上法庭并要求赔偿，幼儿园如果处理不当造成信誉危机，将更加不利于幼儿园的发展，因此，园长要高度重视。一是查找危机原因，从以上案例描述可以看出，主要是幼儿园没有把好第一道教师入职关，让不懂教育、没有经验、无教师资格证的毕业生未经培训就直接来园任教。在户外活动中，儿童自控能力差，受周围环境的影响，容易兴奋，小刘老师背对幼儿没有及时监管，从而导致了悲剧的发生，可以说属于责任事故。

2. 整体考虑，制定方案。既然问题在园方，那么园方就要从治疗孩子的骨折和消除不良影响两方面入手制定具体的方案：选择家长信任、医疗技术好的医院帮孩子医治骨折；联系保险公司处理赔偿事宜；找有经验的律师咨询相关法律问题，比如如何让家长撤诉或协商赔偿额度问题。

3. 态度诚恳，承担责任。在危机处理中，关键是要做好家长的工作。园方要勇敢地承担责任，采取正确的措施：一是辞退无证教师；二是向家长赔礼道歉，安抚、化解家长愤怒的情绪；三是和保险公司共同承担孩子正常的治疗、家长误工、陪护等费用；四是如果家长仍不满意不撤诉，那就做好打官司的准备，走正规的法律程序，承担该负的责任。总之，园方要用最大的努力挽回不良影响，用真诚的态度去赢得家长和社会的谅解。

案例 4-3　游戏活动：龙龙的转变

中二班龙龙小朋友在老师上课时经常跑来跑去，随意地玩玩具，偷偷地去厕所玩水，还会无故攻击别的小朋友——抓脸、打人、咬人，不如意就大声说"我要杀了你们""打死你们"。全班 46 个孩子，有 30 人以上被他弄伤过，家长们非常反感，不停地向老师告状。我一边安抚受伤孩子的家长，一边派专人看着龙龙，尽量少让别的孩子受伤，并利用周末时间进行家访，了解龙龙在家的情况。据家长反馈，家里有三个儿子，龙龙是老二，他平时在家里脾气最急躁，趁家长不注意就将弟弟推倒在地上，家长批评他就会大哭，然后说"杀了妈妈"之类的话,为此他挨过不少打。为了不让他吵闹,家长就让他看喜欢的动画片,父亲长期在外地出差,妈妈带着三个孩子,实在忙不过来,就请了一个保姆照看小儿子,把大儿子放在寄宿学校。自从龙龙上了幼儿园出现这么棘手的打人问题以后,妈妈把小儿子放到爷爷奶奶家去了,大儿子仍寄宿,现在妈妈全心全意地带着龙龙。

(案例由湖南省水利厅幼儿园毛娟提供)

【案例分析】

1. 危机处置措施——寻找原因。

我将龙龙的表现向园长反映后,园长很重视,和我一起通过监控观察孩子在什么时间打人、因为什么原因打人。然后,我们通过家访和家长约谈,进一步了解孩子在家的情况和父母的教养方式,发现主要的问题是母亲不懂教育方法,对孩子的教育方式就是采用武力,于是孩子也模仿这种方式,想要什么东西如果得不到就用武力解决,这种方式也导致他被孩子们孤立。而且,母亲不懂得如何向孩子表达爱,不知道如何与孩子交流,导致孩子缺乏安全感、存在感,于是通过打人、咬人吸引大家的注意。

2. 危机处置措施——家园合力,化解危机。

(1) 通过培训提高家长的育儿水平。幼儿园开设家庭大讲堂,园长亲自讲授育儿理念和育儿技巧,帮助家长看到自己的问题。

(2) 让孩子感受到老师和同伴的爱。因为龙龙经常打别人,老师批评得多,小朋友们都不敢和他玩。因此,我们首先摘下对龙龙的"有色眼镜",用爱感化他,每天给他几个大大的拥抱,多向他表达我们对他的爱,关注他的点滴进步,用爱感化他;然后开展有关交往的游戏活动,让孩子们懂得如何友好地和同伴相处,学会包容,学会谦让;平时多给龙龙锻炼的机会,安排小任务让他为小朋友们或班级服务,不断观察龙龙与同伴交往的情况,并给予有针对性的指导,让他学会和同伴友好地相处,从而减少冲突行为。

经过一个学期的努力,龙龙变了,学会了控制自己的行为并和同伴友好相处。在区域自选活动中,美工区的小朋友们在玩橡皮泥,而他没有橡皮泥。

以前的他会毫不客气地从别的小朋友那儿拿来橡皮泥，而现在他会对小朋友说："给我用一下，可以吗？"最近老师观察发现，在他情绪急躁想打人的时候，老师看见后，他会立即把扬起来的手放下去。

案例 4-4　生活活动：用"打"来解决问题的小朋友

午饭后，在自由活动环节，突然听到阵阵哭声，我一看，奇奇小朋友正把哲哲按在地上用拳头打。我连忙将两人分开，并要求奇奇向哲哲道歉，没想到奇奇昂起头大声说道："凭什么？！他害得我输了比赛，我就要打他！"为了弄清事实真相，我把他俩请到一边询问事情的经过。原来是叮当小朋友带了一个小玩具，他跟几个小朋友约定比赛，谁先拿到川川手中的书，谁就可以得到那个玩具。哲哲担心自己好朋友的书被抢了，非常着急，就去阻止，导致奇奇没拿到书，于是就有了前面我看到的那一幕。我单独把奇奇留在身边，跟他讲清楚了是非对错之后，他愿意承认错误并主动向哲哲道歉。

下午起床音乐一放，孩子们都起床了，可是瑶瑶还在熟睡中。奇奇想叫她起床，喊了两声瑶瑶没醒，他突然用手去拍瑶瑶的头。我连忙制止，告诉奇奇以后不能用这种方式来叫醒朋友，没想到他喊道："我没使劲，又不疼。"说着他还往自己的脑袋上拍了几下。在区域活动时间，我听到建构区传来了哭声。有的孩子跑来告状："奇奇打我的屁股，还把亮亮打哭了。"我问奇奇："你为什么又打人啊？"他说："我爸爸妈妈也是这样打我的！"他的话令我大吃一惊。随即我对奇奇进行了个别教育，并要求他逐个向小朋友们道歉。之后，我与家长经常沟通，让家长为孩子树立良好的行为榜样，不把打孩子作为常态化的教育方式。孩子攻击他人，是想通过这种方法表达自我的需要，这就需要父母好好地引导孩子，平时多跟孩子讲生活中听到、见到的攻击性行为的弊端，提高其辨别是非的能力。

（案例由湖南省水利厅幼儿园陈欢提供）

【案例分析】

1. 危机预警措施——发现隐藏的危机。从这个案例中我们发现，奇奇喜欢用"打"的行为来表达和解决问题。从奇奇的一句话可以了解到，孩子的父母也是用"打"的方式来教育孩子的。父母的以身示范让孩子认为自己"打人"的行为是没错的，是为了提醒别人、帮助别人。奇奇的这种行为已经属于攻击性行为，如果不改正，不仅会伤害别的孩子，还会影响同伴之间的关系，奇奇容易被大家孤立，不利于其社会性的发展。

2. 危机处置措施——教师快速反应，避免了危机的发生。当奇奇小朋友每次打人时，教师都及时关注、及时制止，让奇奇意识到了自己的错误，避免了事态的恶化。教师还经常与家长沟通共同教育孩子的问题。

案例 4-5 生活活动：洗手的"那点事儿"

小班的孩子入园已经半年了，我要求孩子们饭前便后要洗手。但是我通过观察发现，只要老师没注意，有的孩子就不会主动去洗，有的孩子洗手就是用水冲一下，有的孩子手上的洗手液都没冲干净就跑了。为了解决这个问题，我组织了班级讨论会，最后小朋友们同意的办法是：四人一小组，每组选一个"卫生检查员"，负责检查本组成员是否洗手、是否按七步法洗手；请做得最好的小朋友接棒担任第二天的"卫生检查员"，依次轮流下去，只要洗手洗得好就有机会担任"卫生检查员"。小朋友们洗手的习惯就这样慢慢地养成了。

（案例由蒋云玲提供）

【案例分析】

1. 危机预警措施——发现隐藏的危机。虽然不洗手看起来不会伤到孩子的身体，但是幼儿园是人群密集的地方，容易传染病菌，如果没有养成洗手的习惯，可能会导致传染病爆发。

2. 危机处置措施——运用师幼互动的原则。当教师发现了孩子们洗手中存在的问题后，不是用强制的手段要求孩子们洗手，而是让孩子们一起讨论遇到这样的问题应该怎么办，与孩子们进行积极、平等的交流与互动，发动孩子们一起想办法，最后一起参与洗手的管理，解决了"洗手难"的问题。

以前的他会毫不客气地从别的小朋友那儿拿来橡皮泥，而现在他会对小朋友说："给我用一下，可以吗？"最近老师观察发现，在他情绪急躁想打人的时候，老师看见后，他会立即把扬起来的手放下去。

案例 4-4　生活活动：用"打"来解决问题的小朋友

午饭后，在自由活动环节，突然听到阵阵哭声，我一看，奇奇小朋友正把哲哲按在地上用拳头打。我连忙将两人分开，并要求奇奇向哲哲道歉，没想到奇奇昂起头大声说道："凭什么？！他害得我输了比赛，我就要打他！"为了弄清事实真相，我把他俩请到一边询问事情的经过。原来是叮当小朋友带了一个小玩具，他跟几个小朋友约定比赛，谁先拿到川川手中的书，谁就可以得到那个玩具。哲哲担心自己好朋友的书被抢了，非常着急，就去阻止，导致奇奇没拿到书，于是就有了前面我看到的那一幕。我单独把奇奇留在身边，跟他讲清楚了是非对错之后，他愿意承认错误并主动向哲哲道歉。

下午起床音乐一放，孩子们都起床了，可是瑶瑶还在熟睡中。奇奇想叫她起床，喊了两声瑶瑶没醒，他突然用手去拍瑶瑶的头。我连忙制止，告诉奇奇以后不能用这种方式来叫醒朋友，没想到他喊道："我没使劲，又不疼。"说着他还往自己的脑袋上拍了几下。在区域活动时间，我听到建构区传来了哭声。有的孩子跑来告状："奇奇打我的屁股，还把亮亮打哭了。"我问奇奇："你为什么又打人啊？"他说："我爸爸妈妈也是这样打我的！"他的话令我大吃一惊。随即我对奇奇进行了个别教育，并要求他逐个向小朋友们道歉。之后，我与家长经常沟通，让家长为孩子树立良好的行为榜样，不把打孩子作为常态化的教育方式。孩子攻击他人，是想通过这种方法表达自我的需要，这就需要父母好好地引导孩子，平时多跟孩子讲生活中听到、见到的攻击性行为的弊端，提高其辨别是非的能力。

（案例由湖南省水利厅幼儿园陈欢提供）

【案例分析】

1. **危机预警措施——发现隐藏的危机。** 从这个案例中我们发现，奇奇喜欢用"打"的行为来表达和解决问题。从奇奇的一句话可以了解到，孩子的父母也是用"打"的方式来教育孩子的。父母的以身示范让孩子认为自己"打人"的行为是没错的，是为了提醒别人、帮助别人。奇奇的这种行为已经属于攻击性行为，如果不改正，不仅会伤害别的孩子，还会影响同伴之间的关系，奇奇容易被大家孤立，不利于其社会性的发展。

2. 危机处置措施——教师快速反应，避免了危机的发生。当奇奇小朋友每次打人时，教师都及时关注、及时制止，让奇奇意识到了自己的错误，避免了事态的恶化。教师还经常与家长沟通共同教育孩子的问题。

案例 4-5　生活活动：洗手的"那点事儿"

小班的孩子入园已经半年了，我要求孩子们饭前便后要洗手。但是我通过观察发现，只要老师没注意，有的孩子就不会主动去洗，有的孩子洗手就是用水冲一下，有的孩子手上的洗手液都没冲干净就跑了。为了解决这个问题，我组织了班级讨论会，最后小朋友们同意的办法是：四人一小组，每组选一个"卫生检查员"，负责检查本组成员是否洗手、是否按七步法洗手；请做得最好的小朋友接棒担任第二天的"卫生检查员"，依次轮流下去，只要洗手洗得好就有机会担任"卫生检查员"。小朋友们洗手的习惯就这样慢慢地养成了。

（案例由蒋云玲提供）

【案例分析】

1. 危机预警措施——发现隐藏的危机。虽然不洗手看起来不会伤到孩子的身体，但是幼儿园是人群密集的地方，容易传染病菌，如果没有养成洗手的习惯，可能会导致传染病爆发。

2. 危机处置措施——运用师幼互动的原则。当教师发现了孩子们洗手中存在的问题后，不是用强制的手段要求孩子们洗手，而是让孩子们一起讨论遇到这样的问题应该怎么办，与孩子们进行积极、平等的交流与互动，发动孩子们一起想办法，最后一起参与洗手的管理，解决了"洗手难"的问题。

（二）信誉危机应对案例

生活活动是幼儿园一日生活的重要组成部分，生活活动往往最真实地反映了幼儿的喜好、需求及其发展水平，教师要善于在幼儿的生活活动中抓住教育契机，满足幼儿多方面的发展需求，引导幼儿养成良好的生活习惯。同时，在生活中也隐藏着危机，如处理不当，会影响幼儿的健康、和谐发展，甚至引发家园之间的误解，导致信誉危机。

案例4-6　生活活动：爱趴着睡的豆豆

小男孩豆豆5岁，在一所民办幼儿园上大班。有一天，豆豆回家洗澡，妈妈发现豆豆的生殖器有点破皮，一气之下当晚就拨打了当地电视台某栏目的热线电话，投诉幼儿园虐待孩子。第二天上午，豆豆的爸爸找到班级老师质问孩子发生了什么事情，没想到老师并不承认虐待了孩子。爸爸一气之下，找到园长要求看园方的监控，园长安抚了爸爸的情绪，建议先送孩子到医院检查身体，如有问题，园方愿意承担责任。爸爸接受了园方的建议并致电电视台记者来医院跟拍。

下午，园长先派人陪着家长和孩子到儿童医院检查，然后查看了监控。园长发现孩子午睡期间趴着睡在床上并使劲地摩擦生殖器的部位。十分钟后老师发现孩子在动，就让孩子翻身睡好；当老师转身安抚其他孩子入睡时，豆豆又趴在床上动起来了；等老师再一次发现并陪坐在床边后，豆豆才慢慢睡着了。园长一看就知道这是豆豆自慰的行为，于是，她马上把这个情况告诉了豆豆的妈妈。妈妈听园长这么说，突然想到豆豆以前在家也发生过这种事情，但是不好意思和园长说，觉得很丢人。园长邀请家长来园查看监控，豆豆的妈妈都不愿意来。而跟拍记者当天下午采访了陪孩子到医院看病的老师，了解了孩子身体的情况，没有发现什么问题和线索。第二天记者竟然在没有和家长联系的情况下，独自前往幼儿园调查真相，园长当时就要求记者只有在家长的陪同下才能调查这件事情。记者当即拨打家长的电话，而家长一直未接听。没办法,记者又试探地问园长孩子是不是自己有什么问题。园长考虑到家长的意愿,只说个人隐私不便透露,记者才停止对这件事的追踪报道。

(案例由湖南省水利厅幼儿园李颖斌提供)

【案例分析】

1.危机处置措施——迅速反应,查找原因。

当危机突然发生时,园长首先做到了快速反应,在家长处于激动状态时,第一时间安抚家长的情绪,保持冷静,把握关键点,做到了以理服人。园长首先承诺,如果是园方的原因,愿意为孩子的身体健康负责任,接着从关心孩子的角度出发让老师陪孩子去医院做检查。园长诚恳的态度打消了家长的顾虑,家长同意先去医院检查,这样也给园方留出了查看监控寻找原因的机会。当园长发现是孩子的问题后,就邀请家长来看监控,虽然家长没有来园,但危机已经化解。

2.危机处置措施——巧妙地化解媒体的干扰。

尽管不是幼儿园的问题,但是园长在面对家长在不明真相时请来的媒体时,能始终保持耐心,表明园方的立场及采取的措施,巧妙地让记者自动退出,消除了负面影响,解除了误会,化解了危机。

虽然园方成功地消除了误会,化解了危机,但家长面对孩子自慰时的反应,以及教师不明就里的茫然,还需要园方进一步的介入,帮助家长和教师了解孩子成长中的特点,学习相关的知识。在关于儿童自慰这个问题上家园应该保持正确的态度,进一步做好危机善后工作。

【危机善后措施】

1.反思总结,了解幼儿自慰行为的原因。

(1)反思家园对儿童自慰的看法。从案例中可以看出家长和教师其实是不太了解儿童的自慰行为的。儿童在婴儿期就开始了对自己身体的探索,慢慢地他们发现,玩弄生殖器能带来一种愉快的体验,但是这一行为往往令很多成人感到不安。一方面,这类刺激能带给孩子愉快和安慰;另一方面,他们又会因为成人的否定而感到羞愧，而羞耻感和内疚感会造成一种长期的影响，甚至会影响到他们在青春期以及成年后的性行为和性别认同。因此，成人对这一行为的看法会直接影响孩子的发展。

（2）查找原因。虽然孩子的这种行为正常，但成人也要查找原因：孩子为什么这样做？是因为遭受过性虐待，还是因为那个部位疼或发炎了，或是因为焦虑而寻求安慰，想让自己感觉更好一些？找到真正的原因后才能更好地帮助孩子。

2. 家园达成教育共识。

（1）班级教师一起讨论制止孩子的自慰行为。教师应该先观察孩子在什么情况下会自慰、自慰发生的频率和次数。教师要了解自慰作为一种私人行为，在私人场合进行是可以接受的；在公共场合则是不被允许的。

（2）教师要和这个孩子的家长讨论孩子的自慰行为。如果家长认为孩子自慰的行为是一件令人蒙羞的事情，那么教师就应该以一种可接受的实事求是的方式来和家长讨论他们的担忧和感受。此外，教师还可以为家长提供一些阅读材料，让他们知道，对幼儿来说这种行为是正常的。当家长听到教师说这种行为是正常的之后，可能就会比较放心。如果家长能够正确地认识孩子的自慰行为，那么教师就只需要和家长讨论孩子在哪些公开场合是不能自慰的。

（3）教师要和孩子讨论隐私以及哪些自慰行为是可以接受的。一旦家长和教师有机会分享彼此有关孩子自慰行为的担心和感受，而且基本的信息收集完毕之后，教师应该花一些私人的时间和这个孩子讨论一下自慰行为，教师要倾听他的说法。谈话要把握三个点：自慰是正常的行为；自慰是隐私的行为；自慰不能在公共场合进行，在私人场合进行是可以的。

教师与这个孩子的讨论应该确保能消除他的疑惑，而且不要采取任何惩罚性的或是消极的方式。孩子对潜在的感受非常敏感，如果你所说的和他所感受到的不一致，你就向他传达了一种消极的信息。

（4）如果这个孩子在不适宜的场所进行自慰，教师要温柔地提醒他。虽然教师告诉了孩子应该怎么做,但是因为孩子年龄小,自控能力不强,有可能在公共场合继续做出自慰的行为,因此教师要继续提醒。但教师的提醒应该采用一种非常谨慎的方式,态度要温和,不要让这个孩子感到尴尬。

案例4-7 大型活动:谁是主角?

元旦,幼儿园准备开展戏剧节的活动。听到消息后,大三班的老师们和孩子们商量后决定排练童话剧《白雪公主》,因为小朋友们很喜欢这个故事的内容,对故事中的每个角色都非常熟悉。接着,老师组织小朋友们开展了角色竞选,让大家挑选自己喜欢的角色上台表演,由小朋友们投票看谁最合适,票数多的才能当选,未被选中的可以竞选其他的角色。孩子们很喜欢这种方式,非常认真地参与。第二天,美美来到幼儿园哭着对老师说:"我想演小矮人,我妈妈不肯,非要我演白雪公主,呜呜……"老师问她:"你为什么想演小矮人啊?""因为小矮人很可爱,我就喜欢学他们走路的样子,而且有其他六个小矮人陪着,很好玩。白雪公主只有一个,我不喜欢,而且我以前在艺术团就演过了,再演就没意思了。"

(案例由湖南省水利厅幼儿园朱文硕提供)

【案例分析】

1. 危机预警措施——发现隐藏的危机。美美妈妈的要求确实也代表了一部分家长真实的心态,大家都希望孩子当主角,希望孩子总是最闪亮的那颗星,但只是以成人的眼光去看待孩子的成长,未考虑孩子的兴趣、爱好和心理,把自己的期待强加给孩子,长久以往就会影响孩子的自主性发展,导致孩子要么对家长言听计从、唯唯诺诺,没有自己的思想,要么就叛逆反抗,与父母处处作对。

2. 危机处置措施——及时与家长沟通。当天教师就和家长约了时间交流:一是肯定孩子的优点。二是说说孩子今天的状态,询问家长事情的经过,了解家长对孩子的期望并表示理解。三是和家长共同分析孩子的心理。让家长了解到,对孩子来说,能够上台表演就是一种挑战、一种锻炼、一种进步,能够上台就是主角。因为孩子们对每个角色都已经了如指掌，对孩子们来说，跟小伙伴在一起表演就像玩游戏一样很开心，选择自己喜欢的角色去表演能让他们对戏剧更感兴趣，更有利于孩子自主地学习和克服困难。四是了解幼儿园角色竞选的做法和价值。让孩子们演儿童剧不仅是对幼儿语言、音乐素养的锻炼，更重要的是这个过程可培养孩子们的社会能力，比如学习与别人配合动作、学会欣赏同伴、当别人遇到困难时帮助别人，等等，教师要让家长看到这一活动对孩子成长的意义并达成一致意见。五是引导家长与幼儿交流。让家长肯定孩子的选择，并鼓励孩子把自己选择的角色表演好。家长与教师交流后改变了看法，回家就和其他家人一起欣赏美美演的小矮人。

（三）发展危机应对案例

《幼儿园教育指导纲要（试行）》指出："幼儿园教育应为幼儿提供自由活动的机会，支持幼儿自主地选择、计划活动。为每个幼儿提供表现自己长处和获得成功的机会，增强其自尊心和自信心。"而区域活动能让每个孩子都有选择活动内容、活动材料、活动方法和活动同伴的机会，满足了幼儿个体发展的需要，同时，区域活动也是观察孩子的个性特征、兴趣爱好、发展水平的好机会。

案例 4-8　区域活动：安静的小男孩

霖霖是个平时不爱说话、不惹事的小男孩，他不爱表现自己，只是安静地管好自己，遵守常规，不太喜欢和别人交流。他喜欢待在老师不注意的地方，有时会自言自语，自理能力较弱，使用剪刀、拿笔画画也不太灵活，晨间锻炼、做操时，他的身体动作总是不太协调，即使进行了个别指导，进步也不大。对于老师提出的建议，他也只是安静地接受，不置可否，我们总感觉走不到他心里，甚至忽视了这个慢半拍的孩子。

一次区域活动时，我发现他一个人很认真地将物体与数字对应，我感到非常意外，开始关注他，结果我发现他的数学认知不错。我猛然醒悟，这个孩子不是笨拙，只是他需要时间和空间去慢慢地学习和成长。有一次我把霖霖做好的练习展示给大家看，并当众表扬了他，奖励了他五角星，他的小脸蛋上洋溢着自豪和快乐。在以后的科学活动中，即使霖霖不举手，我有时也会请他单独回答问题，果然他的表现得到了大家的肯定，这些肯定无形中增强了他的自信心。我还利用单独交流的机会鼓励他在其他方面努力，并及时与家长交流，表扬孩子的进步并指出今后努力的方向。他的家人也很配合，在家积极地培养孩子对画画、剪纸的兴趣。现在，霖霖敢于在集体活动中举手发言了，而且他的知识面很广，朋友也逐渐增多了。

（案例由湖南省水利厅幼儿园刘杨提供）

【案例分析】

1. 危机预警措施——发现隐藏的危机。世界上没有完全相同的两片叶子，同样也没有完全相同的两个孩子。有的孩子个性活泼开朗，有的孩子内向文静，有的孩子善于表达，有的孩子沉默寡言。对于霖霖这样的孩子，我们要等一等，有时要推一推，要顺其自然。如果急于求成，孩子一时跟不上，感受不到成功与快乐，就会使孩子的自信心受到打击。

2. 危机处置措施——正确解读儿童，避免危机。解读儿童是幼教工作者的基本素养和核心能力。教师通过细心观察，终于发现霖霖的个性特点和优点，霖霖虽然动作能力发展较慢，但数理逻辑能力发展较好。教师运用赏识教育，循序渐进地帮助霖霖发展优势带动劣势，教师的关注、鼓励和支持让霖霖感受到了老师的爱，也让霖霖更加自信和开朗。

游戏是幼儿的天性，可以促进幼儿的智力、道德、审美和体力的发展。游戏可以带给幼儿丰富的经验，也可以让幼儿学习怎样控制情绪和怎样与人相处，还可以发展幼儿的身体技能，启发幼儿的智力。

案例4-9 游戏活动：我不想被抓住

一天上午，我带班上的孩子们玩"猫捉老鼠"的游戏，大部分孩子都爱当"老猫",最后根据孩子们的意愿,我选了五个小朋友当"老猫",其他小朋友当"小老鼠"。第一次游戏开始了,这五只"老猫"蹲在地上佯装睡觉,"小老鼠"们随着音乐开始活动。音乐一停,"老猫"们就醒来抓"小老鼠"了,"小老鼠"们迅速躲在自己的椅子后面——"洞"里,因为如果被"老猫"抓住了,就会被"老猫"抓到家里去。游戏结束时,我发现有两只"老猫"合作抓住了一只"小老鼠"——多多,可就在"老猫"们把"小老鼠"运回家的路上,多多"呜呜"地哭了起来。我连忙走过去询问:"多多,你为什么哭?""我怕,我不要被猫抓住!"看着他的样子,我觉得有些心疼,想让他重玩一次,可是转念一想:其他孩子会受到什么影响呢?

我摸摸多多的头安慰他说:"多多,不要怕,输了也没关系,可能下一次就抓不到你。怎样才能不被猫抓住啊?"多多说:"那我就使劲地跑,躲开他们。""嗯,那这次我们还是跟着老猫回家吧。"多多擦了擦眼泪,回到了"老猫"的手里。游戏又继续进行。第二次,多多认真地听音乐,音乐一停就飞快地跑到自己的"洞里"蹲着。他松了一口气,咧着嘴笑了。

(案例由湖南省水利厅幼儿园唐芳提供)

【案例分析】

1. 危机预警措施——发现隐藏的危机。游戏活动会有游戏的角色、游戏的规则。孩子们在游戏中不仅能体验到游戏的快乐,还能在角色扮演中学习遵守规则、为自己的行为负责,即使输了,也要做到愿赌服输。可是现实中有些孩子真的会因为输了而生气、哭泣,甚至情绪失控,大发脾气,哭闹不休。如果教师不能理解孩子的这种心理,一味地批评孩子的行为表现,很有可能会导致孩子今后因害怕出错而拒绝参加活动,或者因自尊受损而对老师产生逆反心理,这不利于孩子的成长和师生良好关系的建立。

2. 危机处置措施——有效运用师幼互动原则。从该案例中可以看到,当孩子失败时教师是怎么和孩子互动的。首先,教师看到孩子有了情绪反应时能及时关注,并且通过摸头和充满关爱的语言,让孩子感受到老师的接纳与尊重,营造了师生之间安全、放松的互动氛围。在师幼互动中,教师用正向的、平和的语言给幼儿肯定性的评价，对存在的问题以正向引导为主，让幼儿自己找到应对问题的方法。整个过程让幼儿感受到教师对他的重视与关爱，使幼儿在被尊重和被赏识的过程中体验到自尊感和被支持感，从而在第二次活动中体验成功，建立自信。

幼儿园的集体教学活动是幼儿一日活动中的重要环节，但我们发现，很多教师在组织教学活动时，更多的是关注教学内容、教学组织形式的创新，或是追求活动气氛的热烈，而忽视了幼儿的主体地位及其情感、态度、能力、经验等方面的发展。

案例 4-10 教学活动：会变的颜色

在大班科学活动"会变的颜色"中，谭老师想通过实验让幼儿动手操作，观察、发现两种颜色混合后能变化成新的颜色。活动开始了，谭老师准备了三个装了水的透明玻璃杯，三瓶分别为红色、黄色、蓝色的颜料，一边小心翼翼地示范，一边讲解："这里有杯水，我给它加入红色的颜料，你们看变成了一杯红色的水了。我再加入黄色的颜料，你们看，是不是变成了橙色的水啊？好不好看啊？"孩子们兴奋地说"好看"。老师接着又用相同的操作办法把蓝色和红色的颜料混在水中，把黄色和蓝色的颜料混在水中，之后问小朋友："你们学会了吗？""学会了。""好，那你们也开始吧。"于是幼儿按照教师的要求去操作。

（案例由湖南省水利厅幼儿园宋岩提供）

【案例分析】

1. **危机预警措施——发现隐藏的危机。**此次科学活动中，教师为了让幼儿积极参与、自主操作，为每个幼儿都准备了一份实验材料。活动中幼儿操作的积极性很高，也获得了相应的经验，但细细揣摩，我们发现幼儿依然是被教师"操纵"的：活动开始时教师的示范规范、详细，将实验的全部过程与结果都呈现在了幼儿的面前，之后幼儿要做的仅是模仿和验证，自主探索的过程被弱化了。究其原因，教师设计的活动环节过于严密，引导过于细致，教师处于高控制的状态，生怕幼儿学不会，影响了活动的开展。实际上这样的教学模式忽视了孩子的主体地位，没有真正引导孩子自己发现和探索颜色的变化，害怕孩子犯错。其实在错误中学习也是一种学习。

2. 危机处置措施——调整教师的教育策略。其实教师可以直接向幼儿展示实验材料并提出操作要求："请你在杯中加点水，然后将不同的两种颜料放进去，看看会出现什么情况。"幼儿通过一次次尝试、观察，发现问题，最后总结归纳什么颜料和什么颜料混在一起会变成什么颜色，放进水中的两种颜料不一样多时，颜色又会有什么变化。教师要给孩子时间和空间，让孩子自己去探究。

《幼儿园教育指导纲要（试行）》提出："幼儿园应与家庭、社区密切合作，与小学相互衔接，综合利用各种教育资源，共同为幼儿的发展创造良好的条件。"这指出了家园合作的重要性，其中亲子活动是促进家园合作、改善家长育儿观念、增进亲子关系、促进幼儿健康快乐成长的有效途径。但如果方法不当，就不能发挥亲子活动的作用。

案例4-11 亲子活动：第一次亲子活动

三个月过去了，小班的孩子慢慢地适应了幼儿园的生活。为了让家长了解孩子在园的生活，我们组织了第一次亲子活动"粘贴树叶"。我发现来的多是爷爷奶奶、外公外婆或保姆，当我让家长和孩子一起完成手工练习时，爷爷奶奶就让孩子歇着，帮孩子完成练习。我问一位奶奶："您为什么不让孩子自己动手做？""我怕他做不好。再说，孩子那么小，他也做不了呀！"孩子们在旁边看着。爷爷奶奶做完后还忙着给孩子端茶送水；而有的家长看到孩子做错了就会呵斥孩子："你看看旁边的阳阳都学会了，你还没学会！"有的爸爸虽然来参加活动了，却一直低着头玩手机，忙着用微信聊天，一边聊一边和孩子说："你做吧，爸爸有点事要处理。"

（案例由湖南省水利厅幼儿园陈文美提供）

【案例分析】

1. 危机预警措施——发现隐藏的危机。从这个亲子活动中我们可以看到三种家长类型：一是包办代替型。家长怕孩子失败、怕孩子受委屈、怕孩子不行……诸多的担忧会限制孩子各方面能力的发展，甚至会导致孩子任性、胆小并养成一些不良的行为习惯。二是不闻不问型，不参与活动，只当观众。孩子得不到父母的关注会感受不到温暖和接纳，易导致孩子出现适应性的问题。三是攀比型家长，用横向比较的方式批评孩子，想以此刺激孩子，但这样做往往会导致孩子害怕出错或出现自卑心理。这三种教养方式都不利于孩子的发展。

2. 危机应对措施——调整活动时间。我先对全班家长做问卷调查，了解家长在什么时间段有空参加亲子活动，然后调整亲子活动时间，让每个孩子都有家长来参加班级的亲子活动。

3. 危机应对措施——调整活动内容。为了让家长看到孩子自身能力的发展，我调整了内容，增加了对生活能力和自理能力的培养，如搬小椅子，收放玩具，洗手、加餐等。通过这些活动可让包办代替型家长发现自己孩子的能力，相信孩子，赏识孩子。我还引导家长尽可能多给孩子锻炼的机会。

4. 危机应对措施——增加活动要求。以往开展亲子活动，我只是发布通知，注明时间、地点、主题，没有对家长提要求，而以后我会把每次亲子活动的主题、内容及意义告知家长，给家长发放《亲子活动记录表》，让家长观察孩子的表现并将自己的发现和感受记录下来，然后根据家长的需求进行一对一的指导，让那些不闻不问型家长有事做，特别是让攀比型家长看到孩子的优点，在日常生活中赏识自己的孩子，给孩子提供获得成功和自信的机会。

5. 危机应对措施——增加活动中的指导。在以往的活动中我关注孩子们比较多，现在增加了对家长的现场随机指导，比如在开展体育亲子活动时，组织家长和孩子用器械练习走跑跳的动作，还很自然地告诉家长在家里也可以把拖鞋摆放在不同的位置练习障碍走或障碍跑，或利用小区的场地来锻炼身体。有针对性的指导缩短了教师与家长的距离，使家长在教育孩子时学会举一反三，灵活地处理所遇到的问题。

另外，亲子交流时我会现场示范，当孩子取得点滴进步时有意识地让家长们面对孩子，用语言、表情、拥抱等方式告诉孩子，家长为他们的进步而高兴。这种做法让孩子特别开心，不仅让孩子感受到了父母的爱，而且对孩子建立自信也起到了一定的促进作用。当孩子出现某些行为时，教师会主动帮助家长分析孩子的心理特点。如孩子画画时可能和老师画得不一样，家长会认为孩子不认真，其实是孩子有自己的观察角度或自己的想法，我们应该接纳孩子的不同之处。总之，在亲子活动中，教师通过不断调整可帮助家长转变教育观念，从而发挥亲子教育的特别功效。

第五章 幼儿园保育危机管理与实例

我国传统的幼儿园保育，通常指幼儿园为3—6岁幼儿的生存与成长提供安全、必要、良好的环境和条件，精心地照顾、看护和抚养幼儿，从而保障幼儿的正常发育和良好发展，使其独立生活能力逐渐提高。保育工作由幼儿园的保教人员共同承担，但在传统的观念中，一般认为保育员才是实施保育工作的主体，其主要任务是在幼儿教师的指导下照顾幼儿的生活，配合教师组织教育活动，执行幼儿园的安全、卫生保健制度等。

本章中的"保育"扩大了传统意义，指的是融入教育的保育，除了对幼儿身体上的照顾和养育，还包含为幼儿精神、情感、智力等各方面发展所提供的保教结合的活动，以及幼儿园中各教职人员参与的保育管理、卫生保健等工作。保育工作人员包括保育员、幼儿教师以及医护、安保、食堂工作人员等。

本章拟从幼儿园保育工作的视角出发，借鉴已有研究的有益经验，结合幼儿园保育工作中出现的危机及其管理情况，从理论与实践层面构建一套幼儿园保育危机管理机制，帮助保育工作人员把握保育危机发生的规律性，掌握处理保育危机的方法与艺术，尽力避免危机所造成的危害和损失，并且缓解矛盾，变害为利，促进幼儿园保育工作的有序开展，最终为幼儿的生命安全和身心健康提供坚实的保障。

第一节 幼儿园保育危机概述

幼儿的生长发育很快，但尚未完善；有很强的可塑性，但缺乏知识经验；活动欲望强烈，但对其自身的保护意识欠缺；心灵稚嫩纯洁，但非常容易受到伤害。同时，幼儿身心健康不仅为幼儿期生命质量的提高奠定了基础，而且对其终生发展起着不可替代的作用。对幼儿的保育在幼儿园工作中尤为重要，幼儿园的保育工作不仅直接影响儿童的身心健康与生活质量，而且具有特殊的价值。

保育危机，是幼儿园危机事件的一个重要部分，它会对幼儿的健康成长以及日后发展造成不可估量的影响。幼儿园内发生的所有保育危机，对幼儿和幼儿园都有直接或间接的危害，容易造成严重的社会影响。如果发生保育危机时能合理妥善处理，那么不但可以降低和减轻危机对幼儿身心的损害，而且可以确保保育工作尽快恢复。因此，了解保育危机及其管理，有利于做好充分准备、积极应对，这不仅重要而且必要。

一、幼儿园保育危机与管理的概念

（一）幼儿园保育危机的概念

综前所述，此处的"幼儿园保育危机"主要是指发生在幼儿园保育工作中的，给幼儿园或者幼儿园保育成员［包括保育对象（幼儿）和保育工作人员］带来危害的，需要幼儿园在短时间内做出科学决策，否则会威胁幼儿身心健康或对幼儿园保育工作的正常运作造成负面影响的紧急事件。这里的"保育工作"既包括对幼儿身体上的照顾和养育，也包括为幼儿的精神、情感、智力等各方面发展所提供的保教结合的活动，以及幼儿园中各教职人员参与的保育管理、卫生保健等工作。

根据幼儿园保育危机的定义，可知保育危机的几个要素：第一，幼儿园保育危机事件必须是与幼儿园保育工作和保育成员有关的。第二，幼儿园保育危机事件造成的危害可能是直接危害，也可能是间接威胁。第三，如果幼儿园保育危机事件处理及时，可能会给幼儿园带来新的机遇；反之，如果处理不当，则会给幼儿园带来致命的危害，甚至导致一些社会性问题。第四，幼儿园保育危机事件的出现是紧急的、突发的，其处理具有不确定性。第五，幼儿园保育危机事件处理的时效性很强，即危机管理者必须在短时间内做出有效的、迅速的处理决定。

（二）幼儿园保育危机管理的概念

幼儿园保育危机管理，顾名思义就是管理幼儿园保育危机，即对幼儿园保育危机事前、事中、事后三个阶段的管理，通过在幼儿园保育危机预防监测、幼儿园保育危机应对中采取有效措施，避免或减少幼儿园保育危机所造成的损失，并在幼儿园保育危机恢复评估中有所调整的过程。显然，这一过程包括幼儿园保育危机的预防与控制、解决与恢复，经历了保育危机的预防与预警、应急处理、评估与恢复三个阶段。

幼儿园保育危机管理区别于幼儿园一般的园务管理工作，它具有以下三个特点：

第一，全程性。幼儿园保育危机管理不是简单的事后处理，从幼儿园保育危机发生的时间进程来看，幼儿园保育危机管理过程可分为危机的预防、危机的应对和危机的恢复三个阶段。

第二，紧迫性。危机的紧迫性决定了幼儿园管理者对保育危机做出反应和处理的时间是有限的，危机的迅速发展要求管理者在短时间内做出科学决策，确保将危机势态的恶化控制在萌芽状态。

第三，广泛性。幼儿园保育危机的管理需要社会各界的广泛关注。幼儿园保育危机管理的参与者不仅包括幼儿园的直接管理者，而且包括幼儿园的间接管理者，如地方政府、上级教育管理部门、卫生保健管理部门等，同时也包括幼儿园的其他利益相关者，如幼儿家长、社区工作人员等。只有社会各界广泛关注并积极参与，幼儿园保育危机管理才会展现出良好的状态。

二、幼儿园保育危机的特点与危害

（一）幼儿园保育危机的特点

1. 突发性

危机往往是在没有任何准备的情况下爆发的。突发性是所有危机的共性，保育危机也不例外。例如，2001年6月5日，江西广播电视发展中心艺术幼儿园因点蚊香引起火灾；2015年6月24日，北京市海淀区明光村幼儿园饮水保温桶被小朋友撞倒，导致9名儿童烫伤……危机的这种突发性和事态急速恶化的性质，会让决策者措手不及，甚至会造成较严重的社会影响。

2. 破坏性

无论危机事件规模大小，都必然会给个人或者组织甚至社会造成破坏，这种破坏可能涉及政治、经济、精神等很多层面，幼儿园保育危机也不例外。幼儿园保育危机破坏性的常见表现形式有：人员伤亡、财产损失、社会信誉降低等。例如，江西广播电视发展中心艺术幼儿园因点蚊香引起的火灾，过火面积达43.2平方米，造成13名儿童（7男6女）死亡、1名儿童受轻伤，直接财产损失达13463元。

3. 紧迫性

在危机爆发过程中，决策者必须在短时间内迅速做出决策，否则危机事态的迅速蔓延将会导致组织遭受更大的损失。幼儿园保育危机的紧迫性常常会让幼儿园甚至上级危机管理者或决策者感到无形的决策压力。前述两起保育工作引发的危机都要求在最短的时间内尽快做出正确的决策，否则危机的破坏性会更大。

4. 扩散性

危机的扩散性可以分为两方面：一是信息传播的扩散性。当今信息时代，信息的扩散、传播渠道呈现高度的多样化，这样极有可能导致保育危机的负面影响传播速度远远大于保育危机本身的发展速度；二是保育危机的发展具有动态的特征，即一个危机往往会引发另一个危机。例如，北京市海淀区明光村幼儿园饮水保温桶被撞烫伤 9 名儿童事件发生后，信息迅速扩散，记者跟进，多次要求查看监控被拒，并被强行推出门外，导致公共关系危机。

5. 转化性

"危"即"危险和非常困难时期"，"机"即"决定性的瞬间和转折点"。在保育危机爆发后，若决策者能做出迅速、科学合理的治理方案并有效实施，那么不仅可以将危机的危害程度降到最低，转危为安，同时还可以将幼儿园带入新的境遇。

（二）幼儿园保育危机的危害

幼儿园保育危机往往会造成一定的危害，危害和损失的内容因危机的类型而异。一般幼儿园保育危机所造成的危害有以下几类：对人的身心健康造成危害，对幼儿的健康和安全造成的危害尤其常见；对幼儿园经济财产造成损害；对幼儿园形象造成负面影响等。

1. **对人的身心健康造成危害**

幼儿园保育危机对人的身心健康造成的危害，既包括对幼儿的危害，也包括对保教人员的危害。危害的主要表现有：生命不保、身心受伤。

案例 5-1　4 岁半男童在海珠区一家幼儿园离奇死亡

（人民网 2015 年 5 月 14 日）5 月 12 日，在广东省广州市海珠区赤沙华立幼儿园读中班的 4 岁半男童李斌的生命戛然而止。李斌的爸爸说，早上送去幼儿园时儿子还活蹦乱跳的，谁知下午就接到老师的电话说正在抢救。老师说，中午吃饭时孩子一切正常，午休结束后其他孩子都起床了，李斌却没有起床，嘴唇发紫，后被送到医院急救不治身亡。面对无比悲痛的家长，园方表示将配合警方调查。

【案例分析】

从报道可知，此事件带来的危害是孩子生命不保。

案例 5-2 龙泉一幼儿园 6 名幼儿误食药品中毒，目前仍未脱离危险

（浙江在线 2014 年 10 月 18 日讯）"熊孩子"偷偷将家长的精神病药氯氮平带到幼儿园，小伙伴们以为是糖果，分食后导致昏睡不醒。昨天，龙泉河星幼儿园的 6 名昏睡不醒的 5 岁幼儿被紧急转送到市中心医院急救，截至发稿时，孩子们仍未脱离危险。

【案例分析】

从报道可知，此事件带来的危害是孩子生命垂危。

案例 5-3 保育员疏忽未关紫外线灯，20 多个孩子的眼睛被灼伤

（人民网 2016 年 4 月 21 日）红肿的小脸蛋，流着泪水，眼睛甚至无法睁开……看着揪心啊！4 月 18 日晚，微博网友 KwJchen 发布的微博被迅速转发。微博上写着：杭州市东园婴幼园东园园区中二班教室内的紫外线消毒灯长时间未关，导致多个孩子的眼睛被灼伤。昨天，《钱江晚报》记者就此事进行了调查采访。

紫外线消毒灯的管理流程如何？为何没有关闭？事情到底是怎样发生的？据东园婴幼园东园园区园长张晓燕说，春季是传染病高发期，杭州市妇幼保健医院要求，幼儿园早晚应进行两次紫外线消毒：早 6 点半由传达室人员进教室开启紫外线灯，7 点 15 分生活老师上班时关闭。在消毒时间内，教室里不能有人。而 18 日上午，生活老师到达教室后有关闭紫外线消毒灯的动作，但没有完全按下开关。由于事发当天室外光线较好，室内日光灯也开着，所以紫外线灯（夹在两根日光灯中间）是否开启并不能很明显地被分辨出。直到中午 11 点半左右，中二班班主任徐老师发现此事，立刻关闭了紫外线灯。

中午 12 点至下午 2 点半是幼儿午休时间，部分小朋友起床时说眼睛不舒服，徐老师立刻向园方反映。经老师们初步判断，有 8 个孩子出现较为明显的眼部红肿流泪、脸部泛红等不适症状。下午 3 点多，老师们带领 8 个孩子前往红十字会医院眼科就诊。下午 4 点左右，老师们将另外十几个孩子也带到了医院。在医生的建议下，20多个孩子每人都配了眼药膏，费用由园方承担。杭州市红十字会医院的眼科医生对孩子们做了详细检查，诊断结果显示，孩子们的症状比较像紫外线灼伤引起的角膜炎，临床称之为"电光性眼炎"。

昨天，《钱江晚报》记者还来到出事的中二班，教室内共有6张桌子、6盏吊灯，灯离地面高度2米左右，每盏灯安装有3个灯管，两侧为日光灯，中间夹着的为紫外线消毒灯。在自然光较亮的情况下，紫外线灯是否开启，肉眼的确很难辨别。紫外线灯的开关也在离地1.8米的墙面上，孩子无法触碰到灯及开关。

《钱江晚报》记者也见到了51岁的生活老师，她泪流满面地说："我很愧疚，真的，没想到自己的疏忽会对孩子们造成这么大的伤害……"园长张晓燕说："这名生活老师是新招进来的，在上岗前进行过专业培训，也通过了考核。"

昨天中二班正常开班，但只有2个前天请假的小朋友来上课。

【案例分析】

从报道可知，此事件带来的危害是孩子身体受损（眼睛受伤）。

2. 对幼儿园经济财产造成损害

幼儿园保育危机给幼儿园经济财产造成的损害，根据危机的影响大小而不等，其主要表现有：经济赔偿和财产损失（如江西广播电视发展中心艺术幼儿园因点蚊香引起的火灾事件造成直接财产损失13463元）。

案例5-4 女童摔倒骨折 学校被判赔偿8.7万元

（央广网教育滚动2017年8月14日）幼儿园准备午休期间（2016年7月11日上午11时至12时，午餐后），穿上拖鞋的丹丹（化名，4岁半）在教室内摔倒，造成左胫骨粉碎性骨折，评定为十级伤残。丹丹的父母称，教室内刚做过清洁，地面湿滑，有监控可证明。幼儿园则称，地面铺着垫子不滑，是丹丹的鞋子过大才出的意外；并且教室确有监控视频，但没有保存。一审法院审理认为，幼儿园未提供丹丹在事故发生时所穿的鞋子或照片，亦未提供事故发生时的监控视频，因此，幼儿园未能提供充足的证据，证明其尽到了管理职责，应承担不利的法律后果。判令幼儿园赔偿丹丹包括1万元精神抚慰金在内的赔偿金8.7万元。

【案例分析】

从报道可知此事件造成的危害：一是孩子的身体受损（十级伤残），二是幼儿园被判赔偿8.7万元。

3. 对幼儿园形象造成负面影响

幼儿园保育危机给幼儿园形象造成的负面影响主要体现在：引起家长、社会、上级主管部门对幼儿园保育工作、保教人员和保教质量的质疑、诟病和不信任，进而以点带面，甚至全盘否定幼儿园的工作，造成幼儿园生源锐减，证照被吊销，出现生存危机。

案例 5-5　西安幼儿园喂药事件后续：为保出勤率，"喂药"已5年

（人民网2014年3月15日）记者今天（3月13日）从西安市了解到，从3月12日到13日，西安市公安局以涉嫌非法行医罪，将擅自喂食幼儿处方药的两所幼儿园园长、保健医生等5人刑事拘留。

经查，这两所幼儿园为同一法人，系民办，符合法律法规登记注册条件，分别在莲湖区和雁塔区登记注册，均挂靠在陕西省宋庆龄基金会名下。其中，枫韵幼儿园设有大、中、小、托班共24个班级，目前在园幼儿692名；鸿基新城幼儿园设有大、中、小、托班共24个班级，目前在园幼儿763名。

据涉事幼儿园负责人交代，因为了解到盐酸吗啉胍片（ABOB，别名"病毒灵"）可以预防感冒、增强抵抗力，所以为了提高出勤率，就给部分班级的幼儿服用，此做法未事先征求幼儿家长的意见。目前，具体服药情况正在进一步调查核实。

本着对幼儿和家庭负责的态度，根据家长的意愿，西安市卫生局正在分批组织服用药品的幼儿在西北地区儿科综合实力最强的西安市儿童医院进行免费检查，并组织专业医生对检查结果进行分析研究。教育部门已经全面接管涉事幼儿园的保教工作，抽调的园长和保教人员全部到位，已进驻幼儿园。经过与幼儿家长沟通，幼儿园13日正常开园，恢复教学秩序。

【案例分析】

从报道可知，此事件造成的危害有二：一是孩子因长期服药，身体受到了伤害；二是幼儿园的形象受到了极大的损害。

三、幼儿园保育危机的根源与类型

（一）幼儿园保育危机的根源

1. 幼儿园保育危机意识不强

"防患未然"是传统思想，"风险无处不在，危机时常发生"正逐步成为人们对待危机事件的共识。幼儿园管理人员和保育工作人员对保育危机管理的重视，对保育危机管理的实施有着重要的推动作用。然而，当下的现实情况是，对于保育危机，幼儿园的重视程度还差强人意，保育工作人员和幼儿园管理者未能引起足够的重视。即使个别人员有所认识，也是将之等同于安全管理。殊不知，对保育危机的认识能够直接影响保育危机行为的发生，如果思想上认识不到位，那么很难形成对保育危机的管理。

2. 幼儿园保育危机管理效能低下

幼儿园保育危机管理效能低，亟待提高，主要表现为：一是幼儿园保育危机管理机制不健全、预案不完善，特别是在规范完整性及可操作性方面需要加强。保育危机管理效能低是提高幼儿园保育危机管理首先需要解决的问题。二是"事后型"的保育危机管理模式急需改善。这种模式寄希望于保育危机发生后动员一切能动员的力量，参与危机救援和危机应对，可以说是"临时抱佛脚"，缺少有效的事前预防和事中控制，不仅消耗人力、物力、财力，而且保育危机管理的效果会大打折扣。幼儿园应该积极研究全方面、立体式的保育危机管理模式,将危机管理端口从事后向事前转移,建立保育危机预防、预警、应对、恢复机制,实现有效的危机管理。

3. 幼儿园保育危机教育重理论轻实际演练

尽管有些幼儿园根据危机管理要求,对师幼开展了保育危机教育培训与演练,在一定程度上提高了师幼的保育危机意识和应对保育危机的能力。但绝大部分保育危机教育与演练流于形式,没有取得应有的效果,对保育危机的防灾减灾及幼儿、教师的生命和身心健康的保护作用存疑。幼儿园保育危机教育讲座多、模拟演练少,这说明当前的保育危机管理教育培训,依然停留在理论讲解的层面,真正在保育危机发生时能够起作用的应急演练等较为欠缺,很容易导致幼儿园一旦发生保育危机事件,师幼无法有效采取措施加以应对,甚至无法做出理性思考,这是最大的保育危机隐患。要知道,危机管理的最有效的措施是加强危机预防,而开展相关的危机教育与危机演练是最简单、最直接、最有效的危机教育方式。通过演练实习,让师幼身临其境地感受危机的特点、危害,体会危机发生时自己的心理变化及反应能力,同时在演练中掌握危机应对技巧和自救能力,这是当前幼儿园保育危机管理中最急迫也最需要解决的问题。

4. 幼儿园保育危机应对信息沟通不畅

如果保育危机发生后没有有效的危机介绍、危机信息沟通,特别是如果园方和相关部门故意隐瞒、谎报危机的危害程度和范围,就会引起家长、上级主管部门,甚至媒体以及社会的强烈反应和误解,社会问责压力将会十分巨大,甚至会让保育危机走向失控的边缘,因此在保育危机管理中,危机应对信息的畅通与沟通十分重要,这也是当前幼儿园保育危机管理中欠缺的环节。尽管某些幼儿园建立了较为先进的信息及通信设备,教学和管理效率大大提高,但保育危机发生后所需要的大量信息处理工具、信息发布和信息沟通工具等的现代化程度远远不够,因为硬件设施的不完善,特别是受到通信、通讯手段的限制,导致保育危机事件沟通未及时发布,从而影响了保育危机的有效管理。还有些幼儿园受主客观因素的影响,认为应该有选择性地发布保育危机信息，无论是保育危机管理的领导者，还是保教人员，都对保育危机处理的信息沟通认识不足，导致在出现保育危机事件时瞒报、谎报甚至不报。事件一旦扩大，就会引发媒体、社会的进一步质疑，甚至会引发信任危机。

5. 幼儿园保育危机的心理干预缺失

幼儿园保育危机一旦发生，不但会给师幼的生命、身心健康以及财产等带来风险并造成伤害，最重要的还会造成师幼后续的心理创伤和持续性伤害。如果不重视对保育危机发生后师幼的心理干预与治疗，就会影响受害者的价值取向、情感态度和思维方式，而且这种改变时间过长将不可逆，会给受害者的一生造成持续的损害。当前幼儿园保育危机管理中及时有效、恰当的心理干预缺失也是一大突出问题，主要表现为：一是不够重视心理干预。某些幼儿园管理者认为，保育危机的受害者多是未成年人，他们本身心智不成熟，危机对其造成的压力不会太大，而且他们的心理问题很容易解决，甚至有的认为"睡一觉就没问题了"，因此极少关注幼儿出现的危机心理，更不要说贯彻于幼儿的相关活动中了；也有部分教师和管理者认为保育危机的心理干预仅适用于少数平时就有心理问题的幼儿，对于一些平时心理健康、积极活泼的幼儿，根本无须对其进行心理干预。二是不重视对保育危机的心理干预的投入。要想顺利有效地开展心理干预，不仅需要专业教师、心理学专家甚至医生的治疗，而且需要心理治疗场所、设施和经费的支持，而现实情况是，多数幼儿园没有心理咨询室、干预设备和道具，心理干预的氛围营造更无从谈起，幼儿园在保育危机发生后的放松环境创设受到极大限制。三是心理咨询教师缺乏。当前幼儿园的心理咨询教师队伍基本处于欠缺状态，即使个别幼儿园有，也以兼职为主且素质不高。兼职教师因为欠缺相关专业的心理学知识及心理学引导和干预技巧，没有相关的心理疏导与干预经验，心理干预形式简单、方法落后，导致心理干预效果大打折扣。

案例5-6 江西广播电视发展中心艺术幼儿园因点蚊香不当引发火灾

一、幼儿园基本情况

江西广播电视发展中心艺术幼儿园隶属于江西省广播电视发展中心。该幼儿园位于南昌市洪都中大道207号省广播电视局生活区东北角,东面是围墙,南临生活区道路和室外幼儿活动场所,北临广电中心道路,西面为幼儿园主入口。幼儿园为单体多层"回"字型通廊式建筑,该建筑地上三层,框架结构,楼面现浇,耐火等级为二级。建筑高度11.6米,总建筑面积6863.07平方米,其中底层3037.19平方米,第二层2303.99平方米,第三层1521.89平方米。

该幼儿园于1998年7月动工兴建,1999年9月竣工并投入使用,总投资836万元。幼儿园共17个班,其中大班(5—6岁)4个、中班(4—5岁)5个、小班(3—4岁)6个、托儿班(3岁以下)2个。全园教职工82人,幼儿总数540人,其中在幼儿园寄宿的362人,火灾发生当晚住宿人数319人。

该幼儿园保育危机管理制度不健全,也没有应急预案,无教职工培训制度,没有确定各部门的危机责任人。部分教师和保育员上岗前未经培训,缺乏相应的危机应对和处理能力。

二、事件经过

6月4日21时许,小六班幼儿就寝。21时10分许,小六班班主任杨慧珍(女,26岁)点燃三盘蚊香,分别放置在床铺之间南北向的三条走道地板上。22时10分许,杨慧珍上三层教师寝室睡觉。临走时,告诉当晚值班的保育员吴枝英(女,25岁,未经保育培训)"点了蚊香,注意一下"。23时10分许,幼儿园保教主任倪惠琛(女,53岁,当晚值班领导)和值班保健医生厥韵韵(女,56岁)巡查到小六班时,发现该班点了蚊香。当时倪惠琛问厥韵韵:"点蚊香对幼儿有何影响?"厥回答说:"对幼儿的呼吸道有影响。"倪便要吴枝英将寝室窗户打开,保持空气流通。吴枝英回答:"窗户已经打开了。"

随后倪、厥二人离去。23时30分许，小六班保育员吴枝英离开小六班寝室到卫生间洗澡、洗衣服等，而后在学习活动室给幼儿的毛巾编号，约有45分钟未进寝室巡查。5日零时15分左右，吴枝英在活动室听到寝室里有"噼叭"的响声，随即进入幼儿寝室，发现16号床龚骏杰的棉被和14号床罗文康的枕头起火，吴枝英随即将龚骏杰抱出寝室，并到小六班寝室外呼救，然后又从小六班寝室内救出3名学生。此时，寝室内的烟火已经很大。

经调查，火灾原因是16号床边过道上点燃的蚊香引燃了搭落在床架上的棉被。

（摘自：http://www.riskmw.com/case/2010/07-28/mw23476.html）

【案例分析】

这起火灾暴露出该幼儿园及其主管部门在保育危机管理等方面的问题，是一起典型的责任事故。

1. 领导的保育危机管理意识淡薄。江西省广播电视发展中心幼儿园没有将保育危机管理摆到应有的位置，保育危机管理没有纳入日常教学、培训和行政管理；发展中心主任兼幼儿园园长对涉及保育危机管理制度、保育危机管理责任人和员工的保育危机教育、培训等没有履行法定代表人的职责，如将未经保育培训的保育员吴枝英等人安排上岗。

2. 保育危机管理制度不健全。没有建立行之有效的保育危机管理制度，尤其是对保育工作操作规程，如用火、用电等没有做出明确的规定，致使班主任杨慧珍擅自在幼儿寝室里点燃蚊香，保教主任倪愿琛在巡查过程中发现小六班寝室里点有蚊香后，既未制止，又未采取任何防范措施。

3. 保育危机责任制不落实。没有建立健全逐级保育危机责任制，幼儿园每个岗位的保育职责不清，保育危机管理不落实，岗位危机责任意识淡薄。保育员吴枝英明知幼儿寝室内有火源，却在长达45分钟的时间里未履行巡查、监护职责。

4. 保育危机宣传教育培训不到位。作为保育危机的责任人，保育工作人员缺乏保育危机意识，缺少保育危机常识，缺乏处置突发危机事故的能力。

（二）幼儿园保育危机的类型

1. 因保育工作制度不健全、不科学引发的危机

俗话说，"国有国法，家有家规""没有规矩，不成方圆"。任何一种社会群体，大到国家，小到单位、家庭，都需要"规则"来规范组织成员的行为，幼儿园的规章制度就是幼儿园的"法"。幼儿园保育工作繁杂，需要幼儿园就各项保育工作的要求、常规做法、工作程序和工作人员的职权、行为准则等做出系统的规定，并用条文的形式固定下来，形成科学的制度，如一日生活制度、膳食管理制度、体格锻炼制度、卫生与消毒制度、健康检查制度、常见疾病预防与管理制度（体弱儿管理）、传染病预防与控制制度、伤害预防制度、健康教育制度、卫生保健信息收集制度、保育工作制度与工作流程等，以保障幼儿园保育工作的顺利开展。遗憾的是，在幼儿园保育工作制度的建立健全上，目前的情况并不乐观，未建立、不健全、不科学、难以落地执行的情况很常见。幼儿园人多事杂，每个人的想法不尽相同，保育工作制度不健全，各类工作人员不受约束、随意性大，各行其是、疏于职守的不良现象多，这不仅影响幼儿园保育工作的成效，而且容易引发保育危机。

2. 因保育工作人员能力制约、师德败坏引发的危机

幼儿园保育工作是一项全园性的工作，除了保育员，还涉及幼儿教师、卫生保健人员、炊事员等多部门工作人员。因此，保育工作的顺利开展除了需要配备数量足够和业务素质优良的保育员，还需要全园工作人员齐心协力。例如，保育员负责环境、物品的卫生消毒工作，需要熟悉幼儿园各类物品的消毒方法、消毒时间，做好幼儿生活用品、环境的清洁消毒，还要配合教师的保教工作；教师对全班幼儿的身心健康负责，需要做好保育、教育工作，包括生活作息制度的执行、疾病预防，还有日常生活中的保教等；炊事员担负着营养膳食和食品安全的责任，需要协助保健医生制定食谱，按时为幼儿提供安全、干净的饮用水，以及富含营养的点心和平衡膳食，为幼儿生长发育提供基础保证。但现实是，大部分幼儿园保育工作人员难以胜任保育工作的要求，不论是保育员、教师，还是卫生保健人员、炊事员，从业资质不达

标、实际工作能力欠缺的比比皆是，更有甚者还存在师德败坏等问题，导致保育危机频发。如前述因点蚊香引发的火灾事件、幼儿园的喂药事件，都与保育工作人员的能力、师德有关。

3. 因保育基础设施设备限制、放置不当引发的危机

财、物是幼儿园开展各项工作的物质基础，保育工作也离不开财、物的支持。当前很多幼儿园的保育基础设施设备存在不同程度的问题。例如，幼儿生活用房（活动室、寝室、盥洗室）的建筑、装修没有按国家规定执行，有的幼儿园几个班级合用卫生间和盥洗室，地面铺设的防滑材料质量差，易发生摔伤、擦伤事件，毛巾架、毛巾、茶杯柜、茶杯等保育设施设备也不符合国家标准；很多幼儿园未设立卫生保健室，有的设立了，配置却不齐全，相应的桌椅、药品柜、流动水设施、体重计、视力箱、紫外线灯、消毒液以及其他常用医疗用品和药品缺乏。保育基础设施设备的资金投入不足，致使一些必备的设施设备数量不足、质量不达标，这不仅制约了幼儿园保育工作的水平，也引发了很多保育危机。

4. 因保育工作不规范、管理不严引发的危机

保育工作直接影响幼儿的身心健康，科学性强、要求高，必须规范、严格。然而，很多幼儿园并未给予足够的重视，既缺乏专门的保育工作计划和具体落实措施（如完成工作的时间及要求、每月的重点），也缺乏对保育工作的检查指导，更缺乏保育工作的监督考核。如在检查指导方面，能做到每天坚持到厨房检查当日食物的准备情况、卫生消毒情况，到班级巡视查看保育员的消毒情况、小朋友的进餐情况的很少。而园里定期召开会议，指导保育员怎样对图书、茶杯、毛巾等进行清洁消毒；采购员怎么进行食品验收；炊事员如何进行厨房卫生消毒、食品烹饪等，更是难得一见。监督考核方面，鲜有幼儿园将各类保育工作人员的工作纳入考核。若发现问题，也只是口头说一下，临时纠正了事。只进行检查指导，却不进行考核，容易导致工作随意性大、疏于职守，从而引发危机。如很多幼儿园的玩教具消毒是"想起来就多晒晒"；某园要求餐桌消毒时消毒液的配制比例为1∶100，但保育员在

配制时基本靠目测。

第二节 幼儿园保育危机预防

预防是解决保育危机的最好办法。保育危机一旦发生，就不可避免地会造成损失，危害幼儿的利益，给幼儿园造成一定的负面影响，影响幼儿和幼儿园的健康发展。没有管理者希望幼儿园发生保育危机，而保育危机却常常不期而至。对此，最好的方法就是居安思危，提高保育危机意识，及时发现保育危机苗头，防微杜渐，未雨绸缪，设法消除各类保育危机的可能成因。如果幼儿园能坚持不懈地做好保育危机预防工作，识别保育危机预警信号，加强检查，消除隐患，那么就能降低保育危机发生的可能性及损失。

一、幼儿园保育危机的预防原则

（一）危机可预防原则

幼儿园管理者和保育员、教师、保健人员、炊事员等全体保育工作人员要充分认识到幼儿园保育危机是可以预防的，在这种理念的基础之上分析各种保育危机发生的原因和过程，分析保育危机发生的特性，研究防止保育危机发生的理论和方法。

（二）防患未然原则

保育危机与其造成的后果之间存在着因果性与偶然性的关系，积极有效的预防方法是防患未然。在幼儿园的保育工作中，除了制定一系列的规章制度和操作规程外，一项重要的工作就是进行定期的隐患排查与及时治理（包括保育环境、保育设施设备、保育工作规范等），特别是重大、特大隐患的排查与及时治理，消除可能造成人员伤亡、财产损失、健康受损及环境破坏的根源，避免保育危机的发生。

（三）根除隐患原则

任何保育危机的发生总是有原因的，保育危机与其发生的原因之间存在着必然的因果关系。为了有效预防保育危机，首先应对已发生的保育危机进行全面的调查和分析，准确地找出直接原因、间接原因以及基础原因，然后针对这些原因提出有效的防患措施并应用于保育工作中，从而根除可能导致保育危机的隐患。

（四）全面综合治理原则

在引起保育危机的各种原因中，技术原因、教育原因及管理原因是三种最主要的原因，必须全面考虑。针对这三种原因的相应对策是技术对策、教育对策和法制（或管理）对策。发挥这三个预防保育危机发生的重要对策的作用，就可取得较好的预防效果。同时，在风险社会中，危机的爆发不再是单一领域内的爆发，其所产生的共振效应牵涉社会、经济、政治和文化等方面。幼儿园保育危机亦如此，其爆发也不仅仅是单一领域的，其共振效应可能牵涉安全、公共危机等各个方面。因此，保育危机预防管理应该统筹兼顾，全面展开。

（五）长期性原则

作为幼儿园危机管理的一个重要环节，保育危机预防正逐步被整合到幼儿园领导与管理体系之中；保育危机预防不再是临时性的措施，而逐渐成为幼儿园日常领导与管理的组成部分。就目前保育危机发生的现实来看，绝大多数保育危机都不是突如其来的，保育危机从萌芽到爆发都经历了一个过程；同时，保育危机往往此起彼伏，一种保育危机的结束可能意味着另一种保育危机的萌芽，因此，保育危机预防应成为幼儿园危机管理中的常规行为。

二、幼儿园保育危机的预防策略

（一）加强完善保育危机的组织机构建设

1. 建立统一、协调的保育危机管理领导机构

这一机构的主要职能有：负责制定保育危机管理战略、制度和规划；整

合保育危机管理资源，根据不同的保育危机类型，成立相应的工作小组，作为保育危机预防和保育危机处置的机构，负责相应的保育危机管理工作；开展保育危机风险评估；在保育危机发生期间，承担保育危机处置的任务。作为统一的指挥机构，负责调配各种社会资源，协调幼儿园不同部门之间的关系。根据不同阶段保育危机的特点，决定各种保育危机应急预案的实施，对保育危机预案实施进度和效果进行监督。

2. 组建保育危机专业管理团队

幼儿园可组建保育危机专业管理团队，发挥相关专家、幼儿园管理者和保育工作人员在保育危机信息研判、决策咨询等方面的作用。在保育危机发生前，对保育危机预防进行专业技术指导，提高保育危机预防管理的水平；在保育危机发生时，对保育危机事件的应对处置、恢复重建提供专业支持，指导救援和恢复重建；在保育危机善后中，对保育危机管理绩效进行专业评估、发现问题，提出科学的改进意见和建议，不断提高保育危机预防的科学性、有效性和针对性。

3. 健全保育危机全员共同参与的机制

作为一种与师幼生活、保教活动息息相关的常态化管理工作，保育危机预防离不开师幼、家长及社会人士的参与。因此，在充分发挥保育危机专业管理团队骨干作用的同时，研究制定和鼓励全员参与保育危机预防的办法，充分发挥师幼、家长乃至社会人士在资源整合、信息收集、危机预防等方面的作用，健全共同参与的复合型体制，融合多种力量，优势互补，全面开展保育危机预防，能更好地达到"防患未然"的目的。

（二）加强完善保育危机的预案建设

1. 建立并完善保育危机预案体系

简单来讲，保育危机预案就是在保育危机发生时，保育危机管理者和保育工作人员在保育危机管理活动中采取措施的行动指南。幼儿园应建立"纵向到底，横向到边"的保育危机预案体系，制定综合性和协调性较强的预案，并根据本园保育工作的风险评估结果，有的放矢地修订或完善保育危机应急预案，使之更符合本园危机管理的实际情况。而且，制定预案的过程要特别注意加强预案的具体可操作性，制定时要落实到具体的实施步骤。

2. 加强保育危机预案的演练和培训

首先，保育危机预案制定好后，不能搁置起来，而要定期且经常进行桌面推演和实战演练。实战演练对象既要包括幼儿园管理者，也要包括保育工作人员；实战演练内容要注意增加演练的真实性、实战性，不要把预案"演习"当作"演戏"，要以实践去检验预案的实际操作性和可行性。同时，要注意预案的动态性和开放性，根据演练或实战检验结果，定期或不定期地修改保育危机预案，增强其可操作性。其次，幼儿园还要定期或不定期地组织管理者和保育工作人员进行预案的相关学习，如学习预案制定的原则、操作运行细节等。

3. 强化对保育危机预案的评估

对保育危机预案的评估要秉持"客观、科学"的原则，力求做到准确、高效。在预案演习后，要对预案演练中预防措施的有效性、科学性、可行性以及是否达到预案目标进行评估，做到查漏补缺，进一步完善预案，使之更加高效地指导保育危机管理，预防保育危机的发生。

（三）加强完善保育危机的防范机制

1. 健全保育危机排查机制

实践证明，增强保育危机预防的主动性，把预防工作做在前面，是防止潜在保育危机转化为显性保育危机、局部保育危机转化为全局保育危机、简单保育危机转化为复杂保育危机的有效途径。因此，要进一步健全完善保育危机排查机制，认真排查并建立信息库，及时发现保育危机的苗头，掌握化解保育危机的主动权，把保育危机消灭在萌芽状态。

建立健全重大保育危机预警排查机制，严格落实重大信息报告制度，定期排查和及时掌握本园的保育危机因素，超前预测可能发生的保育危机事件，有针对性地采取防范和控制措施，确保各类保育危机早发现、早控制、早化解。

2. 完善保育危机预警体系

要完善保育危机预警体系，从形式发展变化的要求出发，提高应对处置保育危机事件的快速反应能力和管理水平。要超前研究、分析保育工作中产生的矛盾和问题，要特别针对前述保育危机根源与类型分析中的突出问题，加强分析预测。针对可能发生的保育危机，有的放矢地做好防范工作，提高保育危机管理的有效性。

3. 建立保育危机风险评估机制

保育危机风险评估机制是预防保育危机事件的有效措施。要对可能引发保育危机风险的事件、因素等定期进行评估，研究应对措施，做到早评估、早预防、早控制、早处置。要规范保育工作行为，提高保育工作的科学性、规范性和稳定性。

（四）加强完善保育危机的教育培训

当前，幼儿园保育危机发生的频率日趋增加，保育危机的危害程度也愈发严重。无论是上级主管部门、幼儿园管理者，还是保育工作人员，都必须增强保育危机预防意识。而要增强保育危机预防意识，必须加强保育危机预防管理教育培训，健全并完善保育危机预防教育培训体系。

1. 加强幼儿园管理者的保育危机教育培训

幼儿园管理者是保育危机管理的主体，在保育危机管理中扮演着核心角色。师幼寄希望于管理者，希望管理者能够有效预防和及时处理各类保育危机，保证师幼有一个安全、健康、舒适的生活环境，因此，首先要加强对幼儿园领导者的保育危机管理教育培训，增强他们的保育危机管理能力。幼儿园管理者在日常工作中要切实把保育危机预防作为一项时刻不能放松的工作，落实到实际保育工作中，并把保育危机预防纳入幼儿园长远战略目标，防止"临时抱佛脚"，自觉加强保育危机预防。

2. 增强全体保育工作人员的保育危机意识

宣传教育是提高保育工作人员保育危机意识的重要渠道。因此，要加强对保育工作人员的保育危机培训和演练，通过举办各类专题培训班，开设保育危机管理知识教育课程，按照规划和预案要求，定期开展专项演练、合成演练和综合演练等，提高保育工作人员的保育危机防范、处置与恢复技能，使其在保育危机发生时临危不乱。同时，还要加强保育危机宣传教育，通过开辟宣传专栏、开通微信公众号等形式，加强保育危机预防、预警、处置、恢复等基本常识宣传，引导保育工作人员掌握基本的识危、防危知识，增强其保育危机防范意识。

（五）加强完善预防保育危机的技术和物资储备

保育危机管理物资储备，是保育危机发生时实施紧急救助、安置幼儿的基础和保障。建立高效、规范和安全的应急物资储备制度，做好各种物资储备，才能确保保育危机状态下所需物资的及时供应和投放，提高保育危机抢险救援能力。

1. 加强保育危机应急物资保障

要建立完善各种保育危机应急物资储备制度，建立保育危机应急物资调配网络和资源目录，以便在危急关头有效地调用资源，保证处置各类保育危机事件所需的物资、设备的供应，如应急救护设备、救治药品、日常生活用品等；同时，建立毗邻幼儿园物资调剂供应渠道，以备本园物资短缺时迅速调入，强化应对各类保育危机事件的物资保障。同时，除了做好基本的物资储备外，还要建立包括市场紧急采购、申请社会捐赠与援助等应急物资筹措机制，将采购和供应渠道有效地连接起来，提高保育危机管理物质储备的能力。

2. 加强保育危机管理的技术支持和保障

保育危机管理中需要专业的技术和技术装备储备，要不断提高保育危机管理的技术含量，使保育危机管理建立在科学技术基础之上。一方面，要加强专业理论指导技术等软件技术储备；另一方面，要加强监控技术系统和相关技术装备等硬件技术储备，比如在"点蚊香引发火灾事故"中，如果所需的消防设施设备、应急医疗设施等基础技术设备等短缺，则极不利于救援工作的有效开展。因此，必须加强保育危机管理技术储备，为保育危机管理提供必要的技术保障。

（六）加强完善保育危机的预警过程

幼儿园保育危机事件预警的目的是，通过危机警报使幼儿园相关人员能够有充足的反应时间，采取适当的方式和正确的行动应对，减少保育危机事件对个人伤害的可能性。从保育危机事件演进的过程来看，预警是保育危机事件发生前的一个重要环节，是保育危机事件预防和保育危机事件应急管理的中间环节。预警是在保育危机事件预测的基础上向幼儿园相关人员发出警报。有效的预警可以使幼儿园及时采取适宜的行动和措施，最大程度地减少保育危机事件的潜在影响。

幼儿园保育危机事件预警的过程包括三个阶段。

第一阶段：监测阶段。在幼儿园保育危机事件监测阶段，幼儿园相关责任人在科学的专业知识和丰富的保育危机事件处理经验的基础上，结合已有经验进行观察、评估和预报。这个阶段显示的是保育危机事件预测、预警的技术维度。

第二阶段：预警阶段。在幼儿园保育危机事件预警阶段，幼儿园将保育危机事件监测和预报转化为警报，并通过适当的手段加以传播，建议幼儿园保育工作人员及时准备应急措施和采取行动。这个阶段显示的是保育危机事件预测、预警的制度维度。

第三阶段：响应阶段。在幼儿园保育危机事件响应阶段，警报被转化为行动。实施响应行动的主体包括幼儿园全体或部分保育工作人员、幼儿及其家长，严重的保育危机事件的行动主体还包括上级主管部门、医疗卫生、公安或消防大队等公共单位。这个阶段显示的是保育危机事件预测、预警的社会维度。

基于以上分析，幼儿园保育危机事件预警的完整流程是：对幼儿园保育危机事件可能的诱发因子持续地进行监测并对警兆进行客观的分析，做出科学的风险评估。如果风险评估的结果显示不会发生保育危机事件，则继续监测；如果风险评估的结果显示很可能发生保育危机事件，则向幼儿园及保育危机事件潜在受害者发出警示信号。当幼儿园及保育危机事件潜在受害者采取有效的响应行动后，保育危机事件预测、预警的流程结束。

三、幼儿园保育危机的预防案例

（一）幼儿园保育危机预防的组织机构建设案例

案例 5-7　幼儿园保育危机管理网络

根据幼儿园实际，安排保育危机管理组织机构的层次，明确各类人员的分工，将保育危机管理工作层层分解、层层落实到班级保教人员、卫生保健人员和炊事员。具体如下：园长主抓—副园长分管—卫生保健人员指导检查—保教人员、炊事员共同实施—家长密切配合。

（案例由湖南省教育科学研究院周丛笑提供）

【案例分析】

幼儿园保育危机管理组织机构的设置是通过建立适宜的机构，确定领导关系和职权分工，使幼儿园内部人员、各部门各司其职，以较好地完成保育危机管理目标。幼儿园保育工作主要涉及的人员有班级保教人员、卫生保健人员和炊事员，因此，应建立由分管危机管理的园领导、保育员、教师、卫生保健人员和炊事员组成的保育危机管理机构。此案例中的保育危机管理网络充分考虑了各方面的力量（包括家长），能全面负责保育危机管理工作的开展。

（二）幼儿园保育危机的预案建设案例

案例 5-8　幼儿园保育危机应急预案

一、总则

1. 编制目的。

建立健全幼儿园保育危机应急管理预案体系，提高保育危机应对管理能力，把保育危机事件爆发的可能性或保育危机事件造成的危害降至最低，从而尽可能地维护好幼儿园保育工作的大局。

2. 编制依据。

本预案依据《中华人民共和国突发事件应对法》《国家突发公共事件总体应急预案》《教育系统突发公共事件应急预案》《学生伤害事故处理办法》等法律法规和规范性文件制定。

3. 适用范围。

幼儿园保育危机是指危及幼儿园保育工作及其利益相关者生存与发展的突发性、灾难性的事故或事件。

4. 工作原则。

（1）以人为本原则：必须以人的发展为本，不仅要讲究科学规范的严格管理，更要讲究充满情感的人性化管理，形成幼儿园的内聚力。

（2）以信息化与网络化为核心的原则：通过各项先进的网络技术，连接幼儿园、家庭、政府各职能单位、社区等，覆盖师幼的活动范围。

（3）前瞻性原则：以"预见—整改"的思路对待保育工作，走在问题的前面，将问题消灭于"无形"。

（4）法制化原则：遵循相关法律法规。

二、组织体系

1. 幼儿园组建危机管理委员会，由园长担任该委员会主任。

2. 危机管理委员会下设保育危机管理办公室，办公室下设：

（1）资料组：负责收集整理资料。

（2）联络组：负责园内外联络及对组长通报。

（3）医卫组：负责紧急医疗处理。

（4）法律组：提供相关法律问题咨询。

（5）协调组：负责有关事务的申诉、仲裁、救助、赔偿等协调工作。

（6）安全组：负责保育危机事件现场保护、善后等各项工作。

（7）辅导组：负责相关幼儿和保育工作人员的心理辅导。

3. 与保育工作相关的各部门要结合本部门实际，建立相应的危机管理小组。

三、预测预警

1. 增强幼儿园保育工作人员的保育危机管理意识。幼儿园保育工作人员全员参与、全心参与、全面管理（无缝管理），将目标、责任分解到人，由危机管理委员会负责统一协调、评价、管理。

2. 在对形势、阶段、季节、年龄、性别等不同特点调查的基础上，危机管理委员会负责预测幼儿园保育工作的现状、发展问题和管理问题；尽可能将所有问题列举出来，考虑其可能的后果，估计预防所需的成本，以人性化的思考来界定实际的问题和信息。

3. 由危机管理委员会负责按照不同保育危机形成具体的处置预案。明确负责人、参与人员、重点部位、处置对策、处置程序，并将预案发给全部相关人员。

四、应急处置

1. 幼儿园保育工作人员及相关部门按职责收集、提供保育危机的发生、发展、损失等情况，及时向危机管理委员会报告。

2. 按保育危机的类别、程度和范围，危机管理委员会启动相应预案，必要时协调职能部门，成立临时危机领导小组。

五、具体措施

1. 涉及人身安全与生命安全的保育危机事件。

（1）行动迅速，救人第一，减少损失。

（2）按照保育危机事件程度，尽快通报有关单位，分工合作。

（3）封锁现场，稳定幼儿和保育工作人员的情绪。

（4）召开危机小组会议，由发言人对外发言。

（5）注意附近可疑者或陌生人的行踪。

（6）事后进行幼儿及相关人员的心理辅导。

2. 涉及幼儿园保育工作与保育工作人员信誉的危机事件。

保育工作人员必须努力提高自身的业务能力和业务水平，切实遵循幼儿园的师德规范要求和保育工作操作规程，严禁体罚和变相体罚幼儿，严禁损伤幼儿的自尊心，严禁侮辱幼儿的人格和家长的人格，严禁违规开展保育工作。

教师必须时刻注意改进教学方法与策略，确保保教质量的稳定和提高。

......

（案例由湖南省长沙市岳麓幼儿教育集团第三幼儿园龚纯提供）

【案例分析】

这是一个比较全面的应对保育危机的预案，包括五个方面：总则、组织体系、预测预警、应急处置、具体措施。其中总则阐明了预案的编制目的、编制依据、适用范围、工作原则，组织体系和预测预警机制健全，应急处置和具体措施有则可依、有章可循。整个预案全面、具体、细致，针对性、综合性强，但还需根据实际情况，进一步完善不同类别保育危机的具体应急预案。

（三）幼儿园保育危机的防范机制案例

案例5-9 幼儿园班级保育危机排查表

日期：_____ 班级：_____ 排查人：_____

项目	内容要求	评价	备注
班级环境方面	1. 教室：墙面、桌面、地面、门窗整洁，玩具柜无积灰		
	2. 盥洗室：墙面、地面、洗手池、便池清洁无污垢、无臭气、无死角		
	3. 消毒间整洁，物品堆放规范（消毒器具与未消毒器具分开）		
	4. 管辖区：墙面、地面、走廊、扶手、盆景花架等整洁无死角		

续表

项目	内容要求	评价	备注
班级物品方面	1. 各类玩具（玩教具、积木、物品筐等）定期清洁消毒		
	2. 各类餐具用具（毛巾、饼干盒、茶杯、饮料壶等）清洁无污垢		
	3. 小床、被褥整洁		
	4. 各类清洁用桶、塑料桶、面盆等清洁无污垢		
	5. 茶具放置符合要求：杯口朝上，杯柄朝外，清洗茶桶、饮料壶时顺序正确（从里到外，用消毒毛巾擦，用开水烫龙头），茶桶上锁确保安全		
	6. 清洁用具专用：教室和厕所使用的拖把严格分开挂，标牌和实物一一对应		
	7. 各类抹布标记明确（标牌和实物一一对应），无脱落、无破损，使用后放到规定位置		
	8. 各类物品消毒后放置符合要求		
用餐方面	1. 餐前准备符合要求：开饭前用肥皂和流动水洗手，戴口罩		
	2. 桌面先用清水擦，湿度要适中，再用消毒水擦，操作顺序正确		
	3. 碗、筷、勺等分发符合无菌操作要求		
消毒方面	1. 厕所消毒正确（从上到下，先擦清洁区，后擦便池地面，便池从里到外擦）		
	2. 物品消毒时间和次数（被褥每月洗一次，每两周晒一次；玩具每周清洁一次，消毒半小时；席子每天用热水擦，周末用消毒水擦；小床保持清洁，周末用消毒水擦；空调每两周清洁一次）		
	3. 煮沸消毒时间：煮沸10分钟后，蒸汽消毒30分钟		
	4. 消毒注意点：被消毒物要浸在水里，毛巾要蒸透		
	5. 常用消毒剂量、使用时注意点：现配现用，加盖，用时搅匀		
	6. 传染病（细菌性痢疾、水痘、手足口病）发作期间的正确消毒方法		

续表

项目	内容要求	评价	备注
午睡巡查方面	1. 幼儿睡前进行午检，仔细检查幼儿是否携带小棒、玻璃、扣子、硬币以及有尖角的东西		
	2. 幼儿午睡期间，每隔20分钟全面检查一次，为幼儿盖被子、纠正幼儿不正确的睡姿等		
	3. 看护幼儿午睡期间不睡觉，不离开寝室，不做与午睡无关的事情		
仪表方面	保教人员仪表整洁：工作服整洁，手部卫生，不戴戒指和耳坠，不穿高跟鞋等		

注：☆——好，△——一般，×——不合格。

（案例由湖南省长沙市教育局幼儿园裴珊珊提供）

【案例分析】

对保育危机的排查是促进保育危机管理工作、预防保育危机的一种保护性措施，可以使保育危机管理者全面掌握一定阶段的工作进度和工作情况，以便及时发现问题，调整工作，保证各项保育危机管理制度的落实。对保育危机管理组织机构成员的实际工作情况进行检查，可以起到监督、考核的作用。因此，要想强化保育危机管理的监督排查力度，就需要定期和不定期地进行检查，以便及时掌握情况。同时，检查还应和指导相结合，以便在发现问题时第一时间做出调整，不断改进保育危机管理的质量，保证保育危机管理目标的完成。此外，还应建立考核和奖励制度，赏功罚过。没有考核评价很可能出现有章不循的情况，造成保育危机管理制度流于形式，成为一纸空文。本案例中的幼儿园能关注保育危机的排查并付诸实践，实属难得。但如果能关注保育工作的方方面面，并强化经验的记录与推广、问题的发现与解决则会更好。目前大部分幼儿园会进行晨检、午检，但多数幼儿园的晨检、午检不够严格，午睡时发生危机事件的概率颇高。倘若多加检查，发现问题及时调整，那么保育工作的开展将更加规范，保育危机发生的概率也将大大降低。

（四）幼儿园保育危机预防的教育培训案例

案例 5-10　从"为什么"到"做什么"和"怎么做"

为了提高保育工作人员的保育危机管理能力，我们开展了系列培训。首先，提高各类保育工作人员思想上的认识，理解"为什么要这样做"，各类保育工作人员清楚地认识到保育危机管理工作在幼儿园具有的特殊意义，明白只有做好保育危机管理工作，才能更好地从行动上主动配合幼儿园，解决"做什么"和"怎么做"的问题。

其次，根据教师、保育员、保健人员、炊事员等各类保育工作人员不同的工作性质，制订不同的培训计划。如保育员需要掌握卫生消毒的技能，以及配合教师管理幼儿在园的生活和卫生等，对其培训重点就是各类物品的清洁保管、消毒方法、消毒记录以及幼儿的生活护理等。教师需要严格按照一日生活制度组织幼儿的活动，做好班级幼儿的身心保健工作，对其培训重点则包括全日观察指导、体弱儿或肥胖儿等特殊儿童的护理、意外伤害急救、疾病预防、心理卫生保健、家园联系等。炊事员需要懂得食品安全、营养的知识，食堂管理员需要做好食品的卫生安全工作等，培训重点就包括食品验收、加工烹饪、饭菜分发、卫生消毒、资料的登记以及消毒记录的填写等。

最后，着重加强对保育工作人员进行危机预防、预警、处置、善后方面的培训和实战演练，定期开展关于伤害预防等相关知识和急救技能的培训，每季度开展一次健康教育讲座，内容包含膳食营养、心理卫生、疾病预防、儿童安全以及良好行为习惯的培养等。

（案例由湖南省长沙市人民政府机关第三幼儿园朱璐提供）

【案例分析】

幼儿园的保育危机管理工作繁杂，几乎涉及幼儿园的每一个工作成员。幼儿园保育危机管理工作的顺利开展需要教师、保育员、保健人员、炊事员等各方面人员的共同努力。要提高幼儿园保育危机管理水平，势必要加强对各类人员的保育危机管理的培训。案例中的幼儿园在实际培训中的对象涉及各类保育工作人员，培训内容具有很强的针对性，特别是非常重视保育危机预防、预警、处置、善后方面的培训和实战演练，是一个很好的保育危机预防教育培训案例。

第三节　幼儿园保育危机应对

幼儿园保育危机应对是指保育危机发生之际，幼儿园为了减轻保育危机发生时造成的损害以及尽早从危机中恢复而采取的管理行为。处理保育危机事件、实施保育危机管理时必须按照一定的原则，采取适宜的策略妥善地加以处置，用稳妥的方法赢得家长、师幼和公众的谅解与信任，尽快恢复幼儿园的信誉与形象。本节阐明应对保育危机的基本原则，介绍应对保育危机的主要策略与具体案例。

一、幼儿园保育危机的应对原则

（一）积极性原则

积极性原则是指一旦保育危机出现，就要用高度负责的、积极的态度去调查、了解、分析、判断保育危机的发生、发展情况及原因，寻找最佳的解决方案，做出科学的决策，争取员工的配合、领导的重视、专家的帮助以及家长和公众的谅解与支持，这是保育危机处置应有的起码的态度。

（二）主动性原则

主动性原则是指一旦出现保育危机，幼儿园内部人员要挺身而出，勇于承担责任，做到不推卸责任、不埋怨、不找客观理由，想方设法寻找解决危机的契机，变被动为主动，变不利因素为有利因素，以赢得家长和公众的好感与谅解。

保育危机发生后，家长、保育工作人员和社会公众会关心两方面的问题：

一方面是利益问题。利益是公众关注的焦点，无论谁是谁非，幼儿园应该承担责任。即使受害者在保育危机事件发生中有一定责任，幼儿园也不应首先追究其责任，否则会加深矛盾、引起反感，不利于危机的解决。另一方面是感情问题，家长、保育工作人员和社会公众很在意幼儿园是否在意自己的感受，因此幼儿园应该站在受害者的立场表示同情和安慰，并通过新闻媒介致歉，解决深层次的心理、情感问题，从而赢得理解和信任。

实际上，家长、社会公众和媒体往往在心目中有一杆秤，对幼儿园有心理上的预期，因此幼儿园绝对不能选择对抗，态度至关重要。

（三）及时性原则

保育危机处置的目的在于尽最大可能控制保育危机事态的恶化与蔓延，将造成的损失降到最低。保育危机事件发生后，幼儿园要迅速做出反应，果断处理。

"好事不出门，坏事传千里。"在保育危机出现的最初12～24小时内，消息会像病毒一样，以裂变方式高速传播。而这时候，可靠的消息往往不多，社会上充斥着谣言和猜测。幼儿园的一举一动将成为外界评判幼儿园如何处理这次危机的主要根据。家长、媒体、公众以及政府都会密切关注幼儿园发出的第一份声明。对于幼儿园在处理保育危机方面的做法和立场，舆论赞成与否，往往都会立刻见诸传媒报道。

幼儿园必须快速反应，果断行动，与家长、媒体和公众进行沟通，从而迅速控制事态；否则会扩大突发危机的范围，甚至可能失去对全局的控制。保育危机发生后，能否首先控制事态，使其不扩大、不升级、不蔓延，是处理保育危机的关键。

（四）系统性原则

系统性原则是指在进行保育危机管理时必须系统操作，绝不可顾此失彼，也就是说，在逃避一种危险时，不要忽视另一种危险。只有这样，才能透过表面现象看本质，创造性地解决问题，变害为利。保育危机的系统运作主要是做好以下几点：

- 组建班子，专项负责。要根据已设置的危机管理组织机构，迅速组建危机处置小组。这样，一方面保证危机处置高效率，另一方面保证对外口径一致，使家长和社会公众感受到幼儿园处理危机的诚意。
- 以"冷"对"热"，以"静"制"动"。危机会使人处于焦躁或恐惧之中。应以"冷"对"热"、以"静"制"动"，镇定自若，以减轻师幼的心理压力。
- 以人为本，生命至上。人的生命和健康至上，要始终坚持以人为本，把保障师幼的健康和生命财产安全作为首要任务，最大限度地保障师幼的生命安全、身心健康，最大限度地减少保育危机对师幼的危害，减轻保育危机事件造成的人员伤亡。
- 统一观点，稳住阵脚。在内部迅速统一观点，对危机有清醒的认识，从而稳住阵脚，万众一心，同心协力。
- 果断决策，迅速实施。由于危机瞬息万变，在危机决策的时效性要求和信息匮乏的条件下，任何模糊的决策都会造成严重的后果。必须最大限度地集中决策资源，迅速做出决策，系统部署，付诸实施，并注意针对性和灵活性。保育危机多具有突发性，虽然有既定的应急预案，但不可能有既成的、完全一一对应的措施和手段，应根据实际情况，灵活处理保育危机。
- 合纵连横，借助外力。一旦发生保育危机，应和上级主管部门、社区及新闻媒体等充分配合，联手应对危机，增强幼儿园的公信力和影响力。
- 循序渐进，标本兼治。要真正彻底地消除保育危机，需要在控制事态后做好善后工作，包括对师幼损失的补偿、对家长和社会的歉意、对自身问题的检讨以及保育工作的正常恢复等，尤其要及时准确地找到危机的症结，对症下药，谋求治"本"。如果仅仅停留在治标阶段，就会前功尽弃，甚至引发新的危机。

（五）真诚性原则

真诚性原则是指处理保育危机要真诚、沉着、冷静，不能急躁、随意、信口开河，以免造成猜疑误解甚至谣言。应本着实事求是的态度积极地处理保育危机，让事实说话，将事实真相坦诚公布，防止流言蔓延。

幼儿园处于保育危机漩涡中时，会成为公众和媒体的焦点，幼儿园的一举一动都将受到质疑，因此千万不要抱有侥幸心理，企图蒙混过关，而应该主动与新闻媒体联系，尽快与公众沟通，说明事实真相，促成相互理解，消除疑虑与不安。

真诚是处理保育危机的基本原则之一。这里的真诚指"三诚"，即诚意、诚恳、诚实。如果做到了这"三诚"，则保育危机基本上可以迎刃而解。

- 诚意。幼儿园应在保育危机事件发生后第一时间说明情况并致以歉意，体现勇于负责的幼儿园文化，赢得同情和理解。
- 诚恳。一切以涉及保育危机人员（幼儿、家长、保育工作人员）的利益为重，不回避问题和错误，及时与媒体和公众沟通，说明危机处理的进展情况，重拾信任和尊重。
- 诚实。诚实是处理保育危机最关键且最有效的解决办法。人们会原谅一个人的错误，但不会原谅一个人说谎。

二、幼儿园保育危机的应对策略

（一）幼儿园保育危机的处理策略

保育危机处理，是指当保育危机来临时能及时应对或解决，具体包括保育危机沟通、信息管理、决策制定、媒体管理等。由于保育危机事件具有突发性和难以预料性，因此，尽管人们采取有效的预防预警措施，但是仍不能完全避免保育危机事件的发生。一旦发生保育危机事件，幼儿园保育危机事件管理就进入了应急处置阶段。保育危机事件处置工作是幼儿园保育危机事件管理的重心和关键环节，这个阶段应急管理的目的是最大程度地减少事件对幼儿的危害，并为事后的恢复工作奠定基础。如果保育危机事件处理得当，那么可以最大限度地减少保育危机事件给幼儿和幼儿园带来的不良影响，提高社会及幼儿家长对幼儿园的认可度；如果处理失当，则可能演化为深层次的危机。

保育危机发生后，首先应建立危机管理小组，危机管理者之间、危机管理者与其他员工之间要及时进行沟通，将信息传递给每一个受众，做好反应和处理危机的准备。同时，危机管理者要及时做好危机管理决策，选择最优备选方案。保育危机处理的内容主要包括危机确认、危机隔离、危机处置等三个方面。

1. 保育危机的确认

保育危机的确认是保育危机处置决策前的必要步骤，是对保育危机的性质进行确认，如：是否引起了保育危机？是哪种类型的保育危机？保育危机中的弱者是谁？等等。如果这些问题不解决，就无法进入后续工作程序，也可能造成错误的决策和资源的浪费。

（1）保育危机确认的工作内容

保育危机确认的工作内容主要有：收集与保育危机相关的信息，确认保育危机是否发生；确认保育危机的影响程度，包括影响的范围及可能的后果；找出保育危机产生的原因；对保育危机进行归类。

（2）保育危机确认的工作步骤

保育危机确认的工作步骤主要有：进行保育危机的初步识别以及等级判断，并将情况及等级判断结果向保育危机管理小组汇报；将接警信息以及保育危机等级情况迅速备份给本园危机管理中心（必要时还要备份给上级管理部门）；建立跟踪监测专线，对保育危机现场等及时进行监控，并不断地将信息传递给本园危机管理中心。本园危机管理中心接到报告后，立即对保育危机等级进行最后确定，将保育危机情况以及危机等级报告给危机管理第一责任人，建议并组织召开不同类型的对策会议，并按照有关规定将情况向相关部门汇报。

保育危机确认的全过程都需要跟进危机发生的特定环境。因为保育危机确认的准确度不仅取决于信息量的多少，还取决于危机发生时对形势的准确把握，更取决于危机管理者自身的判断能力。如果你觉得当时只有你的头脑是清醒的，而周围所有的人都失去了理智，那么很有可能是你自己错误地估计了形势。人们有时会将问题错误地归类，将注意力集中在技术方面，而忽视了个体的主观感受，事实上，公众的感受往往是危机的根源。经验告诉我们，在寻找保育危机发生的信息时，最好听听不同人的看法。在保育危机确认阶段，需要向调查人员和知情者了解更多的情况。

2. 保育危机的隔离

保育危机的隔离是指控制保育危机传染源，切断保育危机蔓延到幼儿园其他部门或人员的可能渠道。危机发生具有连锁效应，一种危机处理不当，往往会引发另一种危机。因此，保育危机发生之后，幼儿园应迅速采取措施，切断这一危机对幼儿园其他工作的影响，及时将已爆发的保育危机予以隔离，以防保育危机扩散。另外，幼儿园的保育危机往往在某个班级或部门发生，但幼儿园是一个整体，各班级、各部门之间联系密切，在这种情况下，保育危机处理要做的第一步工作就是隔离危机，以免造成更大的损失。隔离保育危机就是要切断保育危机蔓延到其他部门的各种可能途径。对保育危机进行隔离可以从两方面着手。

（1）人员隔离

人员隔离是指幼儿园在人力上进行明确、合理的分工，一部分人处理保育危机，另一部分人维持日常工作。在保育危机处理计划中，首先应该对组织的领导者进行分工，明确如果爆发危机，领导者中何人专司保育危机管理、何人负责日常工作；其次要明确，一般工作人员中的哪些人参加保育危机处理、哪些人坚守原职工作，以维持保育工作的正常运转。如果保育危机十分紧急，幼儿园决策者应该根据保育危机的实际情况再做进一步的调整，不能因保育危机的发生而造成日常管理无人负责——日常工作陷于停顿会使幼儿园遭受更大的损失。

(2)保育危机事故隔离

保育危机事故隔离就是对保育危机本身的隔离。对保育危机事故的隔离应从发出危机警报时开始，报警的信号应该明确保育危机的范围，为处理保育危机创造有利的条件，同时不影响其他班级和部门的正常保育工作秩序。在美国三里岛危机[①]中，事故发生几分钟后，就有一百多处拉响了警报，致使危机处理人员无法确知事故发生在何处。因此，报警信号必须明确无误，这是保育危机隔离至关重要的一步。

3. 保育危机的处置

为了科学、高效地处置保育危机事件，幼儿园必须按照保育危机事件处置工作流程，在接警与初步研判并实施隔离的基础上做好以下工作。

(1)先期处理

由于幼儿抵抗保育危机事件的能力比较弱，幼儿园保育危机事件可能对幼儿的身体健康和生命安全造成重大影响和威胁。幼儿园在迅速上报的同时，要对受伤害的幼儿进行先期急救，防止事态扩大升级。如保育工作人员点蚊香不当导致幼儿被烧伤，或保育工作人员放置开水不当导致幼儿被烫伤时，班级保教人员应及时联系医务人员，对幼儿被烧伤、烫伤的部位进行有效的简单处理，减轻幼儿的痛苦；对幼儿被烧伤、烫伤的部位进行先期处理之后，应及时将幼儿送到邻近的医院，接受进一步的专业抢救和治疗。

先期处理在幼儿园保育危机事件应急处置中具有重要作用：如果先期处理得当，可以减缓保育危机事件的发展速度，控制保育危机事件对幼儿的危害范围，为后续的工作争取更多的宝贵时间；如果先期处理失当，不但不利于幼儿的急救，反而会事与愿违。如，当幼儿因晨检不严而被自己所带的危险物品刺伤而大出血时，如果没有对其伤口进行消毒就包扎，可能会引起其伤口发炎，出现衍生伤害或导致新的保育危机事件。

[①] 指1979年3月28日凌晨4时，发生于美国宾夕法尼亚州三里岛核电站的核泄露事故。

（2）启动应急预案

当幼儿园保育危机事件的级别被确定后，幼儿园保育危机管理人员及相关责任人应及时启动保育危机应急预案，调集保育危机应急人员和物资赶赴保育危机事件现场，进行应急处理。由于幼儿园保育危机事件的类型较多，所以与之相应的应急预案的种类也较多。当幼儿园保育危机事件发生后，危机管理人员要在研判保育危机事件类型和危害程度的基础上，选择、启动与之相应的保育危机应急预案。

（3）现场指挥与协调

现场指挥部应由幼儿园保育危机领导小组全体成员组成，必要时还应包括上级主管部门领导和相关救灾部门（如医院、消防队、公安局）领导，履行对保育危机事件处置进行协调的职能。特别要指出的是，幼儿园保育危机事件应急处置的实践要求"谁拍板，谁负责"，而不是"谁官大，谁说了算"。对于性质特殊的保育危机事件，专家应发挥辅助决策的作用，向现场指挥部提出自己的建议。

（4）抢险救援

在幼儿园保育危机事件应急处置的过程中，幼儿园各相关应急小组及相关责任人应各司其职、密切协作、服从指挥、相互配合。例如，当发生幼儿在班级中误食有毒食物或药物而中毒等保育危机事件时，带班保教人员要详细记录危机事件发生的时间、情况及涉及的幼儿人数，同时及时联系幼儿园的医务人员，抓紧时间做好先期处理工作，控制保育危机事件的发展速度和影响范围。与此同时，及时联系食堂炊事员或家长（当食物或药物是幼儿从家里带来的时），获取幼儿的食物或药物样本。然后，将保育危机事件记录及食物或药物样本及时送往临近医院，为医生准确抢救食物或药物中毒幼儿提供参考。

在幼儿园保育危机事件应急处置的过程中，危机处理人员应该坚持"以人为本"的原则，先人后物，并对现场的危险源进行监测，保护受害人员和危机处理人员的安全，防止次生事件、衍生事件的发生。

（5）扩大应急

在进行保育危机事件处置时，如果事态恶化，难以遏制，那么保育危机事件现场指挥部应启动扩大保育危机应急机制，及时向上级主管部门请求支援，加大保育危机应急队伍、物资、装备、资金等方面的投入力度，防止保育危机事件的进一步恶化。

（6）信息沟通

幼儿园保育危机事件现场指挥部应将保育危机事件的发展情况和处置信息及时上报给相关领导。同时，如果保育危机事件会造成重大的社会影响，那么还应建立新闻发布小组，将最新的处置信息发布给社会公众及相关幼儿家长，以做好社会舆论的引导工作，避免引发谣言和流言。

在做好上述处置的同时，还应注意三个问题：一是防范次生伤害。如在处置因保育工作人员点蚊香不当而导致幼儿被烧伤时，若处理不当，会诱发幼儿的创面脓毒症、烧伤败血症等次生伤害，严重者可能导致幼儿死亡。二是客观通报信息。幼儿园保育危机事件发生后，幼儿园相关负责人应及时、客观、准确地让上级主管部门、保育工作人员、幼儿家长获取和了解保育危机事件爆发的原因、进展和伤害情况。隐瞒、虚报、谎报保育危机事件信息不但不利于事件的顺利解决，反而会增加人们对幼儿园的猜疑和舆论压力，加大善后工作的难度。三是真诚对话、缓解冲突。幼儿园领导要深切体会涉事人员的紧张心理，通过真诚对话打消涉事人员的担忧和顾虑，进而最大程度地化解涉事人员与幼儿园的矛盾和冲突。

（二）幼儿园保育危机的恢复策略

恢复是指保育危机事件得到合理解决以后，幼儿园管理者需要着手致力于组织的恢复工作。在保育危机管理的恢复阶段要尽量将幼儿园的财产、设备、工作流程和人员恢复到常态。幼儿园要在对保育危机影响分析的基础上，结合自身实际情况制定合理的恢复计划和恢复程序，为保育危机的恢复管理提供支撑和保障，最终化危机为机遇。

幼儿园保育危机事件平息之后，保育危机事件管理进入善后阶段。善后工作主要涉及幼儿园保育危机后的恢复与重建、补偿与问责、反思与再教育、危机公关与法律维权等内容。

1. 保育危机事件的恢复与重建

保育危机事件的恢复与重建主要包括保育工作秩序重建、涉事人员心理恢复、物质重建等三方面的内容。其中，保育工作秩序重建包括统一思想、协同行动，制定恢复保育工作正常秩序的实施方案；涉事人员心理恢复主要涉及幼儿心理恢复、幼儿家长心理恢复、保育工作人员心理恢复等内容；物质重建主要包括保育方面基础设施设备的恢复与重建。

2. 保育危机事件的补偿与问责

保育危机事件结束后，幼儿园要及时调查保育危机事件爆发的原因，根据过错原则，依照法律规定，妥善处理幼儿家长提出的赔偿要求。同时，为了避免类似事件的再次发生，平息幼儿家长及社会的愤怒和不满情绪，化解舆论压力，要对保育危机事件的相关责任人进行问责和处理。幼儿园保育危机问责通常需要经过证据收集、事实确认、处罚核定、处罚落实等四个主要步骤。

3. 保育危机事件的反思与再教育

保育危机事件结束后，幼儿园应组织全体保育工作人员进行经验教训总结工作，对保育危机管理工作进行反思和再教育，避免类似或其他保育危机事件的发生。主要内容包括：第一，保育危机事件后的教育和学习。通过保育危机后的不断学习和再教育，增强幼儿园保育工作人员的危机意识和预防、处置保育危机事件的能力，进而尽可能地减少保育危机事件的发生，减轻保育危机事件对幼儿的伤害。第二，保育危机事件管理效果评估。这是指对幼儿园保育危机事件管理本身的有效性进行评估，评估的目的在于总结保育危机事件管理工作中的有益经验，发现存在的问题和不足，改进和完善保育危机应急管理工作程序，提高幼儿园应对保育危机事件的能力和效果。评估的内容主要包括幼儿园保育危机事件爆发前的危机管理评估和爆发后的危机处理评估两个方面。第三，修正并完善幼儿园保育危机事件应急预案。在对保育危机事件的诱因进行全面调查和对应急预案实施效果进行全面评估的基础上，幼儿园需要结合具体情况和出现的新问题、新现象，及时对保育危机事件应急预案进行深入研讨，发现存在的问题和不足，并进行修正和完善。

4. 保育危机事件的危机公关与法律维权

首先是危机公关。一般而言，幼儿园保育危机事件总会或大或小给幼儿园的声誉和形象造成损失和消极影响，一定程度上会给幼儿园带来公共关系危机。所谓公共关系危机，是指突然发生的严重损害幼儿园形象、给幼儿园造成严重损失的事件，如公众的批评指责等。幼儿园要结合保育危机事件造成的社会舆论发展及时采取有针对性的措施开展危机公关工作，消除流言、谣言等社会不良舆论，恢复幼儿园的社会形象和声誉。幼儿园在开展危机公关时要坚持公布真实信息、负责到底、彻底改进、公众利益第一等原则，提高危机公关的效果。

其次是法律维权。虽然有些保育危机事件发生在幼儿园，但并不是所有保育危机事件的责任和后果都必须由幼儿园承担。幼儿园是否承担赔偿责任主要看幼儿园是否有过错，而不能仅看伤害事故发生的地点。如果依法确认幼儿园没有过错而不应承担责任，或者有过错但受到来自幼儿家长的无理取闹、纠缠、冲击，幼儿园及保育工作人员的合法权益受到不法侵害，那么幼儿园应及时、合法、正确地报请公安机关或向人民法院依法提起诉讼；如果幼儿园对人民法院做出的未生效的一审裁决不服，那么可以依法提起上诉；如果幼儿园对人民法院做出的已生效的裁决不服，那么可以依法提起申诉。

三、幼儿园保育危机的应对案例

（一）幼儿园保育危机的处理案例

案例 5-11 一起由幼儿园教师失职引起的烫伤事件的处置

教师当班时，幼儿要喝水，教师由于疏忽大意，拿杯子接了开水后直接递到幼儿手中，随即转身离去。幼儿接到口杯，因为水太烫所以立即松手，导致开水泼洒在大腿上。幼儿没有告诉老师，自己坐回到位置上。过了一分钟左右，幼儿感觉烫伤的部位疼，于是自己将裤子脱下。由于当时穿的是紧身裤，所以连皮都揭了下来。这时老师才发现，告诉保健医生。保健医生拿烫伤膏给幼儿涂在伤口处并立即报告园长，随即打电话通知家长，说明情况并请家长一起带孩子去医院就诊。家长在20分钟后赶到幼儿园，与园长一起将孩子送往医院。经过一段时期的医治，孩子基本恢复，只是烫伤部位的皮肤恢复还需一个过程。

（摘自：http://www.lawtime.cn/ask/question_5651157.html，有删减）

【案例分析】

此案例是一起明显的责任事故，幼儿园面临的危机不仅是孩子身体受伤，还将有家长的追责和索赔。从案例描述可以梳理出这起事件的处置流程：告知保健医生→保健医生做先期处置并告知园长和家长→等待家长一起送孩子就医。从处置流程来看，前两个步骤的处理是基本适宜的，但等待家长20分钟后才一起送孩子就医这一处置明显不妥。因为救治不能等，幼儿园应该在进行先期处置的同时马上送孩子就医，并在就医途中向家长打电话说明情况，告知家长医院地址。幼儿园要在积极救治的基础上进行危机公关，尽最大努力取得家长的谅解。

（二）幼儿园保育危机的恢复案例

案例 5-12　保健老师关于手足口病的处置与恢复

第一小时保健老师的工作

1. 立刻指导患病幼儿班级的保育员将班级的桌椅、玩具橱、毛巾、小床架、玩具、被褥、坐便器、洗手池、水龙头、教室地板等进行消毒。

2. 做好空气消毒，每日增加开窗通风次数。

第一天保健老师的工作

1. 上报领导。

（1）网络上报教育局（负责人：×××）。

（2）邮箱上报妇幼所（邮箱地址：×××）。

（3）三联单寄出：×××妇幼保健院（地址：×××）。

（4）上报社区医院（×××路×××号，负责人：×××；邮箱地址：×××）。

2. 营养员第二天早晨延长碗筷、茶具、壶、保暖桶的蒸汽消毒时间；并立即浸泡板蓝根、蒲公英、大青叶等中药材，为自制清热解毒汤水做准备。

3. 各班保育员认真做好各班级的消毒工作。

4. 督促各包干区保育员加强室内外大型玩具的消毒液喷洒工作。

5. 给检疫期班级的教师发放幼儿健康跟踪表：上下午各记录一次幼儿的身体健康情况，若发现异样请家长立即带幼儿去医院就诊并及时与班级教师和保健老师取得联系。

6. 打电话询问患病幼儿的确诊医院、确诊时间、目前的身体情况等并做好记录。

第二天保健老师的工作

1. 按照第一天的要求，督查营养员的工作。

2. 督促检疫期班级的保育员按照第一天的要求工作；督查各班保育员认真做好早晨的消毒清洁工作。

3. 每天检查（至班级隔离期满）幼儿健康情况记录表，看看检疫期内班级幼儿的健康是否有异样。

4. 对每个幼儿加强晨检力度，着重检查入园幼儿的晨间洗手环节。

（1）如果发现疑似发病幼儿（发热、手心异样、口腔溃疡等），立即通知家长带幼儿去医院就诊。

（2）加强午间巡检，密切观察全园幼儿。

5. 记录与患病幼儿家长的电话沟通内容，了解幼儿病情的发展情况。

6. 加强宣教力度。

（1）利用板报宣传传染病防控知识并拍照存档。

（2）培训教职工加强对幼儿饭前便后、户外活动后洗手的指导；注重对每个幼儿的观察，让幼儿多喝水，告知幼儿发现流口水或手心有红点立即告知保健老师。

（3）对教职工开展关于手足口传染病知识的培训。

后续工作

1. 资料收集存档：传染病发生及处理记录、疫情处理方案、三联单存根、告家长书、黑板报照片、上报教育局的书面报告、返园证明。

2. 继续跟踪随访手足口病患儿，了解情况并做好记录直到其隔离期满入园。

（摘自：http://www.beauregion.com/%E6%89%8B%E8%B6%B3%E5%8F%A3%E7%97%85%E5%BA%94%E6%80%A5%E5%A4%84%E7%BD%AE%E9%A2%84%E6%A1%88/，有删减）

【案例分析】

手足口病是近年来幼儿园里发病率颇高的一种传染病，若处置不慎，则极有可能造成大面积爆发。此案例中关于手足口病的危机善后细则，全面细致，明确具体，操作性强，既考虑到了保健老师第一时间怎么做，也考虑到了其第一天、第二天及后续的工作怎么做，体现了科学性和专业性，其做法不仅能指导本园保健老师做好手足口病的危机善后工作，也能给其他幼儿园的保健老师以借鉴和参考。

第六章 幼儿园安全危机管理与实例

安全工作是幼儿园工作的重中之重,是保障幼儿生命安全,促进其身心健康发展的前提,是幼儿园可持续发展的关键,也是幼儿园顺利开展一切活动的基础。因此《幼儿园教育指导纲要(试行)》中明确提出:"幼儿园必须把保护幼儿的生命和幼儿的健康放在工作的首位。"

然而,近年来由于幼儿园安全危机管理不到位,管理者的安全危机意识淡薄,他们缺乏对危机的识辨、预控与应对能力,导致幼儿园各类安全事件频发,引起社会、家长对幼儿园安全状况的关注与担忧,这不能不引起幼教工作者的高度重视。

本章分为三节,从幼儿园安全危机概述、安全危机预防和安全危机应对三个方面着手,阐述安全危机的内涵,通过对典型安全危机案例的剖析,提出幼儿园安全危机预防和应对的基本方法与策略。

第一节 幼儿园安全危机概述

笔者曾经私下跟多所幼儿园的管理者就"幼儿园安全危机管理"进行过交流,发现很多管理者都认同安全工作的重要性,但对安全危机的界定以及安全危机与其他危机的区别甚感困惑,而这又恰巧是关注幼儿园安全危机并进行有针对性的管理的基础。这一节将对幼儿园安全危机进行详细阐述，并说明安全危机的特点与表现、原则与危害、根源与类型原因等。

一、幼儿园安全危机与管理的概念

（一）幼儿园安全危机的概念

1. 幼儿园安全

一说到幼儿园安全，人们总喜欢把它定格在幼儿园的围墙之内，认为围墙之外就不属于幼儿园管辖的区域了，这只是一种狭义的理解。其实不管在园内还是园外，只要是与幼儿园相关的安全事件，都应该属于幼儿园安全的范畴，如车祸、溺水等，如此，我们在探讨幼儿园安全问题时，触角会更深、更广、更远。

2. 幼儿园安全危机

什么是幼儿园安全危机呢？它是指发生在幼儿园内或与幼儿园有关、由幼儿园内外因素引起的严重损害或可能严重损害幼儿园师生生命、财产安全的突发事件或意外事故。

3. 安全危机与非安全危机的区别

非安全危机对人的生命安全不造成直接的影响，但是同样会对幼儿园的发展产生一定的负面影响，甚至直接影响幼儿园的存亡。非安全危机的范围较广，包括：幼儿大量流失引发的生源危机；教师失德、教育行为粗暴引发的师德危机；教学观念落后、管理水平差而引发的质量危机；课程设置不合理、内容不适宜而引发的课程危机，等等。

安全危机与非安全危机是相对的，如果非安全危机控制在一定范围内，就不会威胁到师生的生命健康安全；但是，不加以控制或控制不当，一旦超出一定的范围，便会转化为安全危机。

（二）幼儿园安全危机管理的概念

幼儿园安全危机管理是幼儿园为应对各种安全危机情境所进行的规划决策、动态调整、化解处理及教职工培训等活动过程，其目的在于消除降低安全危机所造成的威胁和损失。通常可将安全危机管理分为三个阶段：预防阶段、危机应对阶段、危机恢复阶段。

二、幼儿园安全危机的特点与危害

（一）幼儿园安全危机的特点

1. 破坏性

幼儿园安全危机的定义中明确指出"严重损害"，是强调安全危机的破坏性与严重性，它会造成幼儿园财产损失甚至人员伤亡，从而引起混乱、恐慌，破坏幼儿园正常工作、幼儿园形象和信誉，威胁幼儿园未来的发展。

2. 突发性

千里之堤，溃于蚁穴，幼儿园内部因素导致的安全危机，往往是由于对安全征兆人为疏忽或视而不见，因此安全危机一旦爆发，就会让人感到很突然，对安全危机爆发的具体时间、实际规模、具体势态始料未及。

3. 聚焦性

幼儿园安全问题是当前社会及媒体关注的焦点问题，尤其是进入信息时代，安全危机的信息传播渠道多样化、时效高速化、范围全球化，使幼儿园安全危机成为公众聚焦的热点、热播的素材，危机极易升级。

4. 可转化性

危机强调的不仅有"危"，而且有"机"，安全危机带来了危险、损失，但也给幼儿园带来了机遇和挑战。幼儿园管理者只要采取积极措施，对安全危机加以辨识、干预、控制，便可以成功地转化安全危机，让损失、危险降到最低，使幼儿园经受住考验，朝健康的方向发展。

5. 紧迫性

对于幼儿园来说，安全危机一旦爆发，其负面能量就会快速释放，如不及时控制，事态会迅速蔓延，幼儿园便会遭受更大的损失，所以幼儿园管理者必须迅速做出决策，这也是对决策者最严峻的考验。

（二）幼儿园安全危机的危害

安全危机会给幼儿园及师生生命财产造成重大损失，严重干扰幼儿园及相关部门的正常工作秩序，幼儿园管理者、教师、幼儿乃至家长、社会都会受到一定的伤害。

1. 当事人受伤害

当幼儿园发生安全工作危机时，首当其冲且受到的伤害最大者莫过于当事人，有的身心受到严重伤害，有的甚至不幸死亡，更有的会遭受法律的制裁。

案例 6-1　四龄童在幼儿园跌进开水桶烫坏命根获赔 77 万

广州日报（2003 年 4 月 16 日）报道，因校方的疏忽，四龄童小欣在其寄托的汕头市原达濠区珠浦幼儿园内跌坐进半桶开水中，致会阴部和生殖器官等部位大面积严重烫伤。法医鉴定，他至少需进行 22 次植皮手术且终生残疾。这宗备受关注的幼儿人身损害赔偿纠纷案近日在汕头市中级人民法院做出判决：被告汕头市原达濠区珠浦幼儿园需赔偿小欣医疗费、残疾者生活补助和精神损失赔偿金等 77 万多元。

【案例分析】

案例中小欣不仅饱受伤痛折磨，身心遭受了严重摧残，而终生残疾的事实也将成为他心中永远抹不去的阴影，影响其一生的幸福。

2. 幼儿园受伤害

（1）承受压力

若不幸发生了意外伤害事件，面对伤亡的孩子、惊慌失措的家长以及乱作一团的幼儿园，教师作为当事人内心是自责、焦虑、愧疚的，这种心理的煎熬非一般人所能承受，会形成巨大的压力。

而园长作为幼儿园的法人代表，对于任何安全工作危机的后果都难辞其咎，必须承受来自方方面面的压力，针对全体师生、上级和社会的质疑给出满意的答复。

（2）幼儿园名誉受损

幼儿园突发如暴力、火灾、地震、建筑物倒塌、食物中毒等一些难以预料的危机事件，所造成的负面影响非常大且舆论关注度高，会使幼儿园的形象、信誉大打折扣，当安全危机事件发生时，幼儿园应积极创造解决问题的机会，尽量将负面影响降到最低。

（3）财产受损

如洪水、冰灾等自然灾害侵袭，小偷入室盗窃，不良分子蓄意破坏，都会造成幼儿园的财物损失，直接或间接影响幼儿园工作的正常运转。

（4）人际关系失调

①师幼之间关系失调。在工作中，因教师工作疏忽而造成孩子意外受伤的事情时有发生，这会导致家长强烈不满，对老师横加指责，甚至威胁要通过媒体爆光，家长的态度会直接影响教师的工作热情与爱心，也会影响教师在孩子心中的形象，导致师幼关系失调。

②幼儿园与家长之间关系失调。一旦幼儿园发生安全危机，尤其是事关孩子的身心健康或生命安全时，第一个关注的往往是家长，有的家长会怒气冲冲地兴师问罪甚至提出无理要求，如让教师下跪认错、打横幅声讨幼儿园、索要巨额经济赔偿等，这会导致家园关系失调。

③幼儿园与社会之间关系失调。幼儿园教育理应受到社会重视，但如果发生了安全危机状况，首先和园方关系失调的是家长，其次是大众媒体，媒体很容易使幼儿园处于风口浪尖。幼儿园若不小心谨慎，往往还会得罪社会上的相关单位或人员，使幼儿园与社会关系失调。

三、幼儿园安全危机的根源与类型

（一）幼儿园安全危机的根源

造成幼儿园安全危机的原因有很多：有来自外力的干扰，也有出自幼儿园及幼儿本身的问题或疏忽。

1. 难以抗拒的自然灾害和偶发事件

天灾是难以预料的，有时候即使可以预料，但强度也是我们无法抗拒的。2008年5月12日，四川汶川大地震致使69229人遇难、374643人受伤、17923人失踪，直接经济损失达8451亿元人民币，举国悲怆。惊恐、悲痛之余，排山倒海般的批评、愤怒指向中国地震局：为什么没有事先预报？而事实是，地震预测到目前仍是世界难题，地震不可预测。而幼儿运动伤害、食物中毒、校园暴力等这些偶发事件，也让人防不胜防。

2. 幼儿园安全管理的疏失

（1）安全制度不严

有的幼儿园虽有较完备的规章制度，但执行落实不到位。如门卫没有严格落实门卫管理制度，对来访者未进行盘问、登记，陌生人自由出入造成了严重后果。

有的幼儿园安全制度不完善，没有相应的交接班制度、饮食卫生制度等，管理松懈，导致了严重后果。

（2）安全管理不善

安全排查不到位，未定期对房屋建筑、设施、设备进行检查并及时保养、维护、整修，留下安全隐患；安全教育不够，没有定期加强对师幼的安全教育，教师、幼儿的安全意识淡薄，安全防范和自我保护能力差。尤其是幼儿年龄小，认识及自控能力差，不能感知危险，更容易引发意外伤害事故。

3. 教职工的自身素质存在问题

（1）教师的组织管理能力较差

教师扮演着班级领导者的角色，在班级教育活动、生活活动中起到组织、引导、协调等作用。如果教师的组织管理能力较差，则可以想象班级管理是比较混乱的，班级常规差就容易导致幼儿意外事故的发生。

（2）师德水平低下

网上连爆多起幼儿教师虐童事件，行为令人发指，表现出的暴戾、冷酷违背了幼儿教师的身份，也违背了基本的人性常识，这不仅暴露出个别幼儿教师自身师德素养的低下及人格的缺失，也暴露出幼儿园及上级部门监管的不到位及我国幼教资源的匮乏。

（二）幼儿园安全危机的类型

1. 自然性安全危机

由自然灾害而引发的危机导致幼儿园环境及师幼人身安全受到危害或损害，如风灾、水灾、地震和冰雹等。

2. 社会性安全危机

这是指由社会因素引起的安全危机事件，如环境污染、传染病爆发、建筑物倒塌、社会动荡等。

3. 人为性安全危机

幼儿园人为性安全危机是幼儿园安全危机的主要部分，它主要是由幼儿园管理方面的漏洞以及教职工行为不当引起的，由幼儿园内部教职工、外来肇事者以及幼儿中的一方或多方原因导致的。

对于教职工工作失误导致的幼儿意外伤害事故，幼儿园内部教职工负主要责任或全部责任。这类危机同时会给幼儿园的发展带来严重的生存危机。

外来肇事者引发的危机主要是指幼儿园安保事件，外来人员对幼儿和教职工的暴力伤害事件（凌晓俊等，2015）。如2017年6月发生在江苏省徐州市丰县创新幼儿园大门外东侧的爆炸事件，犯罪分子因对社会不满而对幼儿园实施暴力。

由幼儿引发的危机，危机的来源是幼儿或家长，幼儿园负次要责任或者完全没有责任。如家长隐瞒孩子的心脏病史，孩子在午睡时猝死。

- 幼儿意外伤害：割伤、挫伤、骨折、烫伤、窒息、幼儿走失、死亡等
- 突发事件：暴力侵犯、外人闯入、员工冲突、家长冲突等
- 健康问题：突发疾病
- 食品卫生：食物中毒、食物不洁
- 交通问题：校车接送发生车祸等

第二节 幼儿园安全危机预防

幼儿园的安全工作重在预防,把安全问题解决在萌芽状态,便掌握了安全工作的主动权。假如把幼儿园比拟成一个人,预防工作就好比一个人经常注意身体保养,积极运动,健康养生,免疫系统增强,疾病就不会轻易找上他,即使病菌侵入,由于自身抵抗力强,也能战胜疾病,不至于造成很大的伤害。所以幼儿园安全危机管理最重要的一环应该是安全危机预防。

安全危机预防就是指幼儿园要减轻或消除可能对幼儿园财产、师幼生命造成威胁的因素并制订危机管理计划(马和民,2009)。

一、幼儿园安全危机的预防原则

(一)预防为先原则

预防为先原则的主要含义是:在安全危机管理中,幼儿园要采取各种预防性手段和措施,消除各种不安全的因素,防止幼儿园安全事故和幼儿意外伤害的发生。比如:详尽的安全制度;就可能发生的安全危机事件,制定应急预案和应对措施;对教职工和幼儿的安全教育等。

(二)以人为本原则

幼儿园安全危机管理的目标在于保护师生的生命安全,这是"以人为本"教育观在安全防范事务中的体现,也是处理突发事件的基本理念。所以安全危机预防要将"生命第一"放在首要位置,以保障师生生命安全为第一任务。

(三)实际出发原则

安全危机预防有着很强的实践性和科学性,要注意走出误区,防止出现主观判断及预防工作方法的偏差。对于可能发生的种种灾难事件,都应在总结经验教训和相关预防研究成果的基础上,根据实际情况制定出综合预防和应对措施,以应对突发事件为核心的整个处置过程要形成制度,针对灾难性事件或突发的意外事故要制定详细的应对预案，而不能主观判断，凭个人想象，不尊重客观事实，不注重调查研究，不认真分析，不验证行动后果。

（四）教育在前原则

安全危机预防的基础环节就是提高师幼自我防护、救助的知识和技能，通过教育培训，增强教职工和幼儿的安全防范意识，将培训中获得的预防经验在工作实践中加以应用，这是安全危机管理中的一项重要内容。

二、幼儿园安全危机的预防策略

（一）提升幼儿园安全危机意识

安全危机意识是对安全危机的认识程度和警惕程度。而提高安全危机意识的有效途径就是安全危机教育，通过教育引导幼儿园相关人员正确地评估周围环境中的危险因素，提高对安全危机的警觉性。

1. 增强幼儿园管理者的安全危机意识

管理者尤其是园长为园内安全的第一责任人，要时刻绷紧"安全危机"这根弦，牢固树立"预防为主，防患未然"的思想，筑牢"安全第一"的防线，并将这种意识渗透到工作的每一个环节中。

把安全危机管理摆上幼儿园议事日程，熟练掌握各类安全管理的要求与内容，管理办法及相关法律知识，认真细致地做好安全工作计划，部署检查、总结工作，使安全危机管理成为幼儿园管理的重要组成部分。

2. 增强教职工的安全危机意识

首先必须让每位教职工意识到安全是幼儿园的重中之重，危机管理人人有责，定期召开全体教职工的安全工作会议，组织学习相关安全文件、精神及法律，让教职工明确日常安全工作管理要求、承担的安全责任等；通过典型案例，分析事故发生的原因，探讨预防措施，并寻找幼儿园安全工作的漏洞，不断强化教职工的安全意识，提高对安全事故的预见性，树立高度的安全责任感，达到警钟长鸣的目的。

3. 提高家长的安全危机意识

提醒家长幼儿的安全保障需要保教人员和家长的共同努力，从而让家长自觉遵守幼儿园安全制度，加强对幼儿的监管。

（二）建立健全安全管理机制

1. 成立安全危机管理小组

由园长担任组长，后勤副园长、教学副园长为副组长，食堂、保健组、教学班、安保组等各部门负责人为组员，组成幼儿园安全危机管理小组，做到分工明确，责任到人（参见表6-1）。

表6-1 幼儿园安全危机管理小组成员分工一览表

小组成员	职责与分工
园长	园长是安全危机管理的总指挥，负责总体决策、部署、人事调配。
后勤副园长	负责园内建筑物、设施设备、饮食卫生等后勤工作的安全危机检查、评估与监督，排除事故隐患。
教学副园长	负责对幼儿游戏活动、户外活动、生活活动等一日保教活动中的安全危机进行检查、评估与监督，排除保教活动中的安全隐患。
炊事班长	负责对食堂安全危机进行检查、监督。
保健员	负责发现、排查、控制疫情的发生，保持与所属卫生医疗机构的信息畅通，对受伤幼儿进行检查、急救处理。
教学班长	配合教学副园长负责对本班的安全危机进行检查、监督，拟订本班安全教育计划，组织开展幼儿安全教育活动，提高幼儿安全危机意识和自我保护能力。
安保员	做好园内治安危机的巡视、排查，对外来人员审核、把关、登记。

2. 完善安全危机管理制度

幼儿园只有建立了比较完善的安全危机管理制度，安全危机管理才能有章可循，有效运行。但仔细分析，安全管理却有许多不尽人意之处，如：光有制度，没有落实；制度不全，存有漏洞；内容交叉，杂乱无序，等等。制度是一切管理强有力的保障，只有针对幼儿园实际，建立健全各项安全制度，如食品留样制度、索票索证制度等，并严格执行、奖罚分明，才能以制度为保障，确保幼儿的安全。

3. 采取各类危机防范措施

（1）保证安全的必要投资

幼儿园安全投资包括安全管理体系的建立及运行，安全设备的购置、检测与更新，安全保护用品的购置，安全教育培训、宣传等。从安全出发，幼儿园应安装视频监控系统和报警设施，在每个重点位置安装探头，门卫、班级要配置警棍、钢叉、强光手电筒、辣椒水等安保设备；每个楼道要按标准配置消防灭火器材和应急照明灯；要安装安全智能刷卡系统，严明接送管理制度。只有当这些防范设施到位时，才能为幼儿的安全提供最基础的保障。

（2）加强各类安全危机的排查

安全危机排查是幼儿园在日常管理经验的基础上，由专人对确定的专项危机征兆进行检查、监控和评估，发现隐患，及时处理，以减轻或避免安全危害。安全危机排查要做到每天一小查，每月一大检，定人、定点且责任包干，及时记录，及时反馈上报（参见表6-2）。

表6-2 幼儿园每日安全危机排查内容一览表

排查内容	责任人	排查时间	危机接收人	预警指数分析	通知危机小组负责人
全园设施建设	总务主任	幼儿来园前10分钟	后勤副园长		园长
户外场地环境安全状况	总务主任	幼儿来园前10分钟	后勤副园长		园长
食品卫生安全状况	食堂人员	操作前10分钟	后勤副园长		园长
各班环境安全状况	各班保育员	一日生活各环节	教学副园长		园长

续表

排查内容	责任人	排查时间	危机接收人	预警指数分析	通知危机小组负责人
室内外玩具安全、卫生状况	各班教师	一日生活各环节	教学副园长		园长
幼儿的情绪或行为异常	各班教师	一日生活各环节	教学副园长		园长
意外伤害事故的发生及类型	各班教师	一日生活各环节	教学副园长		园长
幼儿发病及疾病类型	保健医生	晨检后10分钟	教学副园长		园长
园内及周边安全状况	保安	幼儿离园时	后勤副园长		园长

4. 认真评估整改到位

在危机排查的基础上，管理者将这些隐患根据所排查出的不安全因素的频率、范围、时间段、可控程度及强度等进行评估，确定构成预警的项目，拟定整改措施，明确整改责任人，督促整改到位，消除不安全因素，将安全危机扼杀在萌芽状态。

5. 制定各类安全危机应急预案

安全危机应急预案其实就是安全危机应急计划，是为了保证迅速、有序、有效地针对已发生或可能发生的安全突发事件开展控制、指挥与救援行动，尽量避免事件发生或降低其损害，依照相关法律法规而预先制定的应急工作方案。

它主要解决"突发事件发生前做什么，事发时做什么，事发后做什么，以上工作谁来做"这四个问题，是应对各类安全突发事件的操作指南。幼儿园安全工作危机应急预案包括：疾病、传染病爆发紧急处理预案，火灾紧急处理预案，食物中毒紧急处理预案，自然灾害紧急处理预案，各种伤害事故处理预案等，每个预案领导成员必须熟悉自己的职责，加强演练，做到沉着应战。

（三）加强安全危机教育

1. 开展丰富多彩的安全教育活动

利用开学典礼、国旗下讲话、安全宣传日对师生进行交通安全、防火、防电等安全知识教育，邀请交警、消防官兵来园做安全知识讲座，指导师幼进行消防、地震安全模拟演习，学习灭火器的正确使用方法及火灾、地震时的逃生方法，提高自救能力。

2. 融安全教育于幼儿一日活动中

将安全教育纳入幼儿园课程中，渗透到一日生活的各个环节里，坚持活动前5分钟的安全教育谈话、每周2次的安全教学活动，培养幼儿有序上下楼梯、正确使用活动材料、不推不挤等良好行为习惯，提高其自我安全防护能力和安全防范意识。

3. 增强家园安全信息互通

通过家校通平台、家园微信平台、致家长的一封信等，向家长宣传安全法律法规及有关安全的文件，争取家长的配合与支持，强化家长的监护职责，提高家长的安全危机意识。

（四）建立安全危机预防信息库

幼儿园安全危机预防和应对，首先应加强部门之间的联系，保持沟通渠道顺畅，以便及时、准确、快速地获取信息。

1. 建立园长信息资源库

幼儿园管理需要根据可能发生的安全危机与个人、单位建立联系，以便形成信息网络，达到及时沟通与合作的目的。

（1）园内信息

园内信息包括幼儿园园办、保健室、食堂、总务、教学等各个部门的电话号码，教职工的家庭地址与电话，以及全园幼儿家长的电话。

（2）幼儿园相关单位信息

幼儿园相关单位信息包括公安、消防、医疗、教育局、安监办、卫监所、卫生防疫疾控中心、保险公司、媒体等与幼儿园有关单位的电话号码。

2. 建立班级信息资源库

幼儿园安全危机事件多数是幼儿意外伤害事件，而教师是幼儿在园的直接管理者，因此班级必须建立一套完整的信息资源库，以便随时查阅。

（1）家庭情况登记表

家庭情况登记表上的信息包括家长姓名、职业、家庭住址、单位名称、联系方式及幼儿亲友（至少1～2个）的地址、电话。

（2）幼儿档案资料

幼儿的档案资料包括：

①幼儿身体健康调查表，如幼儿的姓名、年龄、血型，入园体检资料，免疫接种资料，药物和食物过敏情况、既往病史、家族遗传病登记等。

②幼儿行为倾向登记表，如幼儿的兴趣爱好、自理活动、独立性、情绪稳定性、性格类型等。

③家长安全责任书，主要针对幼儿园的一些特殊活动征求家长的意见，规避责任风险。

家长接送责任书

亲爱的家长朋友：

为了孩子的安全，请您自觉遵守幼儿园接送制度，坚持刷卡入内，并将孩子送到教室，与老师交接后方可离开。如果只是将孩子送至大门口，未与幼儿园工作人员进行交接，所发生的一切安全事故由家长自行承担。

_____（家长签名）

（五）确立应对安全危机的保障体系

由教育部发布并于2002年9月1日开始施行的《学生伤害事故处理办法》

第三十一条明确规定:"学校有条件的,应当依据保险法的有关规定,参加学校责任保险。教育行政部门可以根据实际情况,鼓励中小学参加学校责任保险。提倡学生自愿参加意外伤害保险。"针对幼儿园教育及孩子的年龄特点,幼儿园应选择适合的保险项目,如校方责任险、校车保险等,同时向家长宣传保险的益处,在家长自愿的前提下购买意外伤害保险、医疗保险等。这样,当幼儿园发生重大安全危机事故之后,保险公司会给予一定的经济赔偿,在一定程度上减轻幼儿园和家长的负担与压力。

三、幼儿园安全危机的预防案例

(一)安全应急预案的制定

安全应急预案的内容是根据要预防的事项制定的。不同的安全内容,对应不同的预案。一个完整的预案应包括以下基本内容。

1. 总则

包括编制安全应急预案的目的、工作原则、编制依据、适用范围等。

2. 应急指挥机构的设置和职责

根据突发事件处置需要,幼儿园必须成立由园长、副园长、各部门负责人组成的指挥领导小组,并以领导小组为中心成立事故应急处理指挥部,明确各参与部门的职责、权利与义务。指挥领导小组和事故应急处理指挥部的主要职责如下:

①发生事故时,由园长任总指挥,负责全园事故应急处理的指挥工作。如果发生事故时园长不在幼儿园,由副园长或其他负责人担任临时总指挥,全权负责事故的应急处理工作。

②指挥领导小组负责本幼儿园各项安全预案的制定、修改;组建应急救援的队伍,组织实施预案和演练;检查督促做好重大事故的预防措施和应急救援的各项准备工作。

③事故应急处理指挥部负责发生重大事故后的各种应急措施、方案的统一发布或解除;组织和指挥救援队伍实施救援行动;向上级汇报和向友邻单

位及社会各界通报事故情况，必要时向有关单位发出救援请求；组织事故调查，总结应急救援的经验教训。

事故应急处理指挥部成员及其职责与分工如表6-3所示。成员分工可根据应急预案中的具体情况来安排。

表6-3 指挥部成员及其职责与分工

成员	职责与分工
总指挥（园长）	负责组织指挥全园的应急处理。
副总指挥（副园长）	协助总指挥负责应急处理的具体指挥工作。
通讯联络人员	做好事故报警、情况通报、事故处置时的现场通信联络和对外联系。
疏散引导人员	通过广播向师幼发出紧急疏散指示。
安全保卫人员	负责灭火、警戒、治安保卫。
抢险行动人员	组织抢险抢修、灭火等工作的现场指挥。
伤员救护人员	负责现场医疗救护指挥及中毒、受伤人员的分类抢救和护送转院工作。
后勤工作人员	负责抢救抢修时的设备设施或生活必需品供应。

3. 预防和预警机制

指挥领导小组要建构预警系统，对可能出现的安全危机事件进行预测与报警。对已确定的危险目标，根据其可能导致事故的途径，采取有针对性的预防措施，以避免事故发生。针对各种预防措施必须建立责任制，落实到部门和个人。

4. 应急响应

这是指在事故发生时的紧急处置、指挥、协调等。指挥领导小组要根据幼儿园的实际情况制定出针对各种事故的处置方案和处理程序。

（1）处置方案

幼儿园要根据对各种事故的假想或模拟，制定出各种事故状态下的应急处置方案，如在突然发生地震、幼儿集体中毒、发生意外伤害事故、煤气爆炸或停水停电等状态下的通讯联络、抢险抢修、医疗救护、紧急疏散、上报联系的具体方案。

（2）处理程序

根据方案应制定事故处理程序图，一旦发生安全事故，第一步先做什么，第二步应做什么，第三步再做什么，都要有明确规定。指挥人员要临危不惧，正确指挥。各相关人员各司其职，在指挥部的统一指挥下，根据对危险目标潜在危险的评估，按处置方案有条不紊地处理和控制事故，尽量把事故控制在最小范围内，最大限度地减少人员伤亡和财产损失。

- 报告、报警。安全危机发生时，当事人或第一发现人要向园长或副园长汇报，负责报警人员要向全园幼儿和教师发布警报，同时还要向上级主管部门及相关部门发布警报。

- 安全疏散。事故发生时，当可能对幼儿或周围群众的人身安全构成威胁时，需要在事故处理指挥部的统一指挥下，对幼儿或周围群众进行紧急疏散。疏散的路线、集中地点，必须根据不同事故做出具体规定。

- 医疗救护。如果事故造成人员受伤，就需要及时对其进行救护。幼儿园应建立以保健医生为中心的抢救小组，每个组员都应该学会一些急救常识。事故发生时可先进行自救互救，简单处理后，根据受伤程度转送相关医院，这样可以有效保护师幼的生命安全，为医生治疗创造条件。

- 抢险抢修。为了有效地控制或消灭事故，抢险人员应根据事先拟定的方案，在做好个体防护的基础上，以最快的速度及时防漏排险，消灭事故。

- 社会支援。幼儿园发生重大安全事故后，如出现抢险抢救力量不足或危及社会安全的现象，指挥部必须立即向上级和周围单位通报，要求社会力量的援助。社会援助队伍进入幼儿园时，指挥部应责成专人联络、引导并告之安全注意事项。

5. 善后处置

善后处置指事故后期处理,包括社会援助、事故调查报告、保险理赔、经验教训总结等。

6. 保障措施

保障措施包括通信与信息保障,应急支援和装备保障,宣传、培训与演习、监督检查等。

7. 附件

附件包括幼儿园各种管道分布图、幼儿园消防设施分布图、幼儿园各班分布图、危险设备(煤气罐、电器设备等)分布图等。

(二)安全应急预案的实施

幼儿园制定各种安全应急预案,目的是预防安全事故的发生,做到在事故发生后进行有效处置有章可循。安全预案制定后,更重要的是实施。预案的实施需要长期而有效的宣传教育,让幼儿园里的每一位教职工都能了解预案的内容,了解自己在事故发生时的职责,掌握履行职责的基本技能。

1. 做好广泛的宣传

预案制定后,幼儿园应根据预案的要求对全园教职工进行广泛的宣传教育,以增强教职工的安全意识,让他们掌握相应的安全知识与技能。宣传的内容主要包括:

- 预案内容。让教职工清楚地了解预案中自己所应承担的责任、应对的方法以及相应的知识与技能。如,在火灾预案中,教师除了应了解发生火灾时自己所承担的工作、职责,还应了解本园的建筑特点、消防通道、疏散通道、疏散地点及各班的疏散路线等。
- 安全知识。通过宣传,让教职工了解和掌握基本的安全知识。如幼儿发生意外伤害时的急救知识、灭火器材的正确使用等。
- 预案的重大意义。全体教职工要懂得,制定科学合理的安全应急预案,是幼儿园抓好安全工作的前提,认真地执行安全应急预案是预防事故发生和发生事故后有序处置的保证,可以把事故造成的不良后果的危害降低到最小程度。
- 政策法规的学习。幼儿园领导班子带头学习安全管理的方针、政策，依法管理，依法治理安全隐患，并加强对教职工有关安全法津法规的宣传，以此作为规范教职工行为的准则。

2. 加强预案演练

根据预案进行有针对性的训练和演习是非常重要的一个环节。指挥领导小组要从实际出发，针对可能发生的事故经常组织模拟演习，把指挥机构和教职工队伍训练成一支思想好、作风硬、经验足的指挥班子和应急队伍。一旦发生事故，指挥机构能正确指挥，全体教职工能根据各自的任务及时有效地展开工作，控制事故的发展，抢救伤员，做好应急救援工作。

3. 落实有关规定

为了能迅速、准确、有效地进行事故处理，必须对教职工进行经常性的应急救援常识教育，落实预案中的岗位责任，做好应急救援的各项准备工作，同时还应建立以下相应的制度：
- 建立值班制度。保证幼儿园24小时处于监控状态，发现问题及时处理。
- 建立检查制度。幼儿园安全指挥领导小组要结合当期安全工作重点，定期对幼儿园进行安全检查，检查各项安全制度的落实情况及应急准备工作，发现问题及时整改。
- 建立例会制度。定时召开安全工作会议和各岗位负责人会议，听取安全工作汇报，总结经验，吸取教训，做好工作协调。针对存在的问题采取积极有效的措施加以改进。

（三）幼儿园安全危机预防案例

案例6-2　幼儿园消防安全应急预案

为确保全体在园师幼的生命安全，规范和加强消防安全管理，做到发生火灾后能快速、高效、有序地处理，将损失与危害降到最小，根据上级消防部门要求和相关法律法规，结合我园实际特制定本预案。

一、消防安全组织机构和分工

（一）消防安全工作指挥部

总指挥（园长）：指挥全园消防应急处理。

副总指挥（副园长）：协助园长具体指挥全园消防应急处理。

各小组指挥（各部门负责人）：指挥各小组工作。

（二）消防安全工作小组

1. 灭火行动组。

组长：总务主任。

组员：后勤组人员。

主要职责：火灾初期，立即切断电源，尽快到相应地点取下灭火器进行扑救。

2. 疏散引导组。

组长：保教主任。

组员：各班班主任、教师及楼道负责教师。

主要职责：组织指挥师幼按预定的顺序和路线有序、迅速、安全地撤离火场。

3. 通讯联络组。

组长：办公室主任。

组员：行政管理人员。

主要职责：控制幼儿园广播，负责各组联络，调动有关人员到指定地点。立即拨打"119"报火警，再根据人员受伤情况拨打"120"，同时报告上级主管部门。

4. 伤员救护组。

组长：保健医生。

组员：保健员和部分保育员。

主要职责：火灾发生后，如有人员受伤，及时现场救护或移交"120"急救中心。

5.安全保卫组。

组长：安全办公室主任。

组员：保安和后勤人员。

维持园内外秩序，保护幼儿园财产，防止幼儿走失。

二、预防措施

1.开展消防知识宣传。

通过消防知识讲座、宣传橱窗等宣传消防知识，同时将消防制度上墙，提高大家的安全意识。

2.加强消防硬件建设。

按要求配备灭火器、消防斧、防毒面具、应急灯，设置公共消防应急箱，定期更换粉剂。

3.设置消防设施标志。

在幼儿园设置示意图，标明消防设施和消防宣传标志。

4.加强幼儿安全教育。

提醒幼儿不带火柴、打火机等火种进入幼儿园，不玩烟花、爆竹等易燃易爆物品。

三、应急处理

幼儿园发生火灾后，全园工作人员立即进入紧急救护工作状态；保持冷静，各级负责人立即到现场，总指挥负责组织、指挥全园职工做好以下五项工作：

1.快速报警（负责人：×××）。

发生火灾后现场发现人第一时间向园长或副园长报告，负责人迅速拨打"119"火警电话，讲清火灾发生地点、时间、火势大小、何物着火。向全园发出警报，指挥各小组展开工作，同时向上级部门报告。

2.采取紧急措施(负责人：×××、×××、×××)。

×××负责拉闸断电，×××负责打开所有消防通道，×××负责到园外的明显路口引救火车入园。

3.紧急疏散(负责人：×××)。

疏散组和各班教师组织幼儿按秩序分别疏散到幼儿园的安全地带——操场，各班教师保持冷静，清点幼儿人数并照顾好幼儿。

4.紧急救险(负责人：×××)。

发生火灾后，医务室保健医生立即奔赴出险地点，根据险情位置确立临时救护点，对伤员进行救护，如包扎、人工呼吸等。所有后勤人员在指挥员的调度下及时把受伤人员运送到救护地点，排除各门口、路口的险情和障碍。

5.维持秩序和联络通讯(负责人：×××)。

×××负责维持现场秩序，与总指挥和各小组指挥联络传达命令，记录现场见闻。

四、各班紧急撤离路线

1.启智楼师生撤离路线。

小一班、中一班、大一班从西侧楼道分别靠楼梯左、右侧下楼撤离到大操场。

小二班、中二班、大二班从东侧楼道分别靠楼梯左、右侧下楼撤离到大操场。

2.启雅楼师生撤离路线。

中三班、大三班、大四班从西侧楼道分别靠楼梯左、右侧下楼撤离到大操场。

中四班、大五班、大六班从北侧楼道分别靠楼梯左、右侧下楼撤离到大操场。

3.启趣楼师生撤离路线。

中五班出教室分别靠楼梯左、右侧下楼从侧门到前庭花园。

大七班出教室从前门直接到前庭花园。

（案例由湖南省怀化市幼儿园提供）

【案例分析】

此预案是根据对火灾的潜在危险或可能发生的消防安全事故的预测制定的，预案中从组织机构和分工、预防措施、应急处理、各班紧急撤离路线几个方面做了周密详尽的安排，以便预防及快速、有序地处理可能发生的消防事故，在预案的最后，如能附上消防疏散图则更好。

案例 6-3 幼儿园防洪防汛应急预案

根据市教育局防汛指挥中心关于在汛期到来之前做好各项防汛准备工作的指示精神，为预防在汛期各类突发事件的发生，确保我园全体幼儿、教职工安全度过汛期，特制定我园防洪防汛应急预案。

一、指导思想

本着对全园广大幼儿、教职工高度负责的态度，树立安全第一的思想，服从生命第一的原则，全面贯彻执行市教育局关于防汛工作的指示精神，确保我园全体幼儿和教职工的生命财产安全。

二、工作原则

1. 以大局为重，把生命安全放在第一位来抓。

2. 以预防为先，齐心协力做好各项防汛工作。

三、应急指挥机构及职责

（一）成立防汛领导小组

防汛领导小组的成员：

总指挥：园长（防汛总调度）。

副指挥：后勤副园长（负责幼儿汛期转移工作）。

副指挥：业务副园长（负责档案资料的保管转移和信息宣传工作），主任（负责汛期防汛检查、物资准备）。

防汛领导小组的职责：

1. 贯彻执行上级防汛部门的指示精神，结合本园实际，研究决定全园防汛工作计划及重要事项。

2. 健全防汛预案，明确各工作小组的分工与职责。

3. 负责防汛工作的整体安排与部署，做好组织、管理、协调、监督、检查等工作。

4. 做好汛期宣传教育工作，提高教职工的防范意识和技能。

5. 建立防汛安全责任制，实施防汛安全制度。

6. 负责处理汛期玩忽职守、麻痹大意造成的事故。

（二）成立防汛工作小组

1. 安全检查小组。

组长：总务主任。

组员：保安人员、×××、×××。

责任：负责全园汛期安全检查工作，发现安全隐患后及时处理。

2. 人员转移组。

组长：保教主任。

组员：全体带班教师。

责任：负责全园幼儿的安全疏散工作，遇有险情要及时把幼儿疏散到安全地点。

3. 物资准备组。

组长：食堂保管员。

组员：食堂工作人员。

责任：负责汛期的物资准备工作，保证各部门、班级物品、食品供应和教育教学工作的正常进行。

4. 医疗救护组。

组长：保健医生。

组员：×××、×××。

责任：负责汛期的药品准备和医疗救护工作，确保教师、幼儿的生命安全。

5. 档案资料组。

组长：办公室主任。

组员：×××、×××。

责任：负责防汛信息的宣传和档案资料的保管及转移。

6. 抢险运输组。

组长：总务副主任。

组员：×××、×××。

责任：负责汛期的物品抢运及设备的抢修工作。

四、日常工作措施

认真贯彻执行市教育局有关防汛安全的指示精神，贯彻落实我园汛期各项防汛措施。

1. 在汛期到来之前，重点做好园舍、围墙、门窗、排水系统的安全检查工作和抢险物资准备工作。

2. 汛期严格遵守防汛值班制度，确保夜间两人值班，严禁擅自离岗。

3. 值班领导、值班人员、防汛安检小组要加强检查与巡视，严禁玩忽职守、麻痹大意。遇有险情及时上报、及时处理；严禁瞒报、隐报。

4. 定期组织全体教职工学习防汛抢险知识，提高防汛意识，学会自救、互救。

5. 定期组织防汛抢险人员训练演习。

6. 遇有险情，党员干部、团员、入党积极分子必须到岗。全体教职工各就各位，听从指挥，服从安排。

7. 任务到人，责任明确，违法必究。

五、防洪抗汛的应急行动

一旦发生洪灾，各级领导小组在园长统一组织指挥下，迅速组织本级抢险救灾工作。

1. 迅速发出紧急警报，组织仍滞留在各种建筑物内的所有人员撤离。

2. 迅速关闭或切断输电、燃气、供水系统（应急照明系统除外），扑灭各种明火，防止灾后滋生其他灾害。

3. 迅速开展以抢救人员为主要内容的现场救护工作，及时将受伤人员转移到附近的医院抢救。

4. 加强对重要设备、重要物品和历史文物的救护与保护，加强园内外值班、值勤和巡逻，防止各类犯罪活动。

5. 迅速了解和掌握系统受灾情况，及时汇总上报。

六、注意事项

1. 进入防洪抗汛紧急状态后，要确保通讯畅通，以便防汛命令、指示及时传达。

2. 在防洪抗汛应急行动中，各部门要密切配合，服从指挥，确保政令畅通和各项工作落实。

（案例由湖南省怀化市幼儿园提供）

【案例分析】

这是一份比较全面的防汛预案，包括指导思想、工作原则、应急指挥机构及职责、日常工作措施、防洪抗汛的应急行动、注意事项等六个部分，整个预案详细、具体、针对性强，但还需根据实际情况补充撤离路线，加强日常演练，以便撤离安全、有序。

案例6-4　幼儿园防震应急预案

一、指导思想

为保证我园在破坏性地震发生后，能快速、有序、高效地实施地震应急工作，最大限度地减轻地震灾害造成的损失，防止发生人群挤压、踩踏事故，保障师幼的身体健康和生命安全，特制定本预案。

二、应急机构及分工

（一）成立应急领导小组

总指挥：园长。

职责：加强领导，健全组织，强化工作职责，完善各项应急预案的制定和各项措施的落实。

副指挥：副园长。

职责：协助总指挥实施本方案，对本方案实施过程中的突发事件迅速了解判断，确定应急方案，组织各组按预案进行疏散、救护、联络、保卫、宣传教育等工作。

成员：总务处、保教部、保健室、门卫等部门负责人。

（二）各行动小组分工

1. 疏散引导组。

组长：保教主任。

组员：各班班主任、教师及楼道负责教师。

主要职责：组织指挥师幼按预先设定的顺序和路线有序、迅速地疏散到安全地点。

2. 通讯联络组。

组长：办公室主任。

组员：行政管理人员。

主要职责：负责各组联络，控制幼儿园广播，调动有关人员到指定地点。联系消防、医疗等相关部门进行救援，同时报告上级主管部门。

3. 伤员救护组。

组长：保健医生。

组员：保健员和部分保育员。

主要职责：地震发生后，如有人员受伤，立即进行现场救护或移交"120"急救中心。

4. 抢险救援组。

组长：总务主任。

组员：后勤人员。

主要职责：协助搜救人员对现场进行搜查，防止遗漏伤员。

5. 安全保卫组。

组长：安全工作负责人。

组员：保安和后勤人员。

主要职责：维持园内外秩序，管理好幼儿园财产，防止幼儿走失。

三、预防措施

（一）组织落实，宣传到位

1. 加强宣传工作，让教师、幼儿了解地震的有关知识，如地震是怎样发生的，地震的前兆有哪些，发现异常情况要及时报告。

2. 幼儿在园期间，所有楼道、通道、大门和幼儿活动室都不上锁，楼道内不堆放杂物，保证所有通道畅通。

3. 加强安全预防教育，使每一位教师、幼儿都熟悉紧急疏散路线，学习自救自护知识，配班教师均要熟悉组织工作。

4. 加强防震演练，各班做到训练有素，能够随时有序、快速地撤离教学区，到达操场上指定的地点集中并迅速清点人数报告给负责人。

（二）制度健全，措施到位

1. 认真制订防震计划，要根据政府和有关部门的防震要求做好相应的准备工作。

2. 建立一套完整的防震、防灾工作制度。

3. 加强安全巡查，及时消除园内防震的隐患，该加固的要加固，该拆除的要拆除。

4. 合理摆放物品，保持楼道通畅，易燃易爆物品和有毒物品要放在安全的地方。

四、震后应急行动

（一）紧急避震

1. 拉响警报：听到警报，班主任或本班教师要保持镇定，切莫惊慌失措，应组织幼儿尽快躲避到安全地点，千万不要逃离教室。

2. 在教室内的幼儿应立即就近躲避，采用俯卧或蹲下的方式，躲到桌下或墙角，以免身体被砸，但不要靠近窗口。

3. 躲避的姿势：将一只胳膊弯起来保护眼睛不让异物击中，另一只手用力抓紧桌腿。在墙角躲避时，把双手交叉放在脖子后面保护自己，并可拿课本等物遮住头部和颈部。

4. 卧倒或蹲下时也可以采用以下姿势：脸朝下，头近墙，两只胳膊在额前交叉，右手正握左臂，左手反握右臂，前额枕在臂上，闭上眼睛和嘴，用鼻子呼吸。

5. 在走廊的幼儿，也应立即选择有利的安全地点，就近躲避，卧倒或蹲下，用双手保护头部，不要站在窗口。

（二）紧急疏散

1. 二次拉响警报，立即按规定路线快速有序地撤离教学楼。撤离顺序：首先撤离一、二楼的幼儿，其次撤离三、四楼的幼儿。

2. 疏散路线同《幼儿园消防安全应急预案》中的疏散路线，疏散后的集结点为大草坪、前庭花园空旷地带，疏散时要用双手抱头，防止被砸，避开建筑物和电线。

（三）震后行动

1. 班主任及时清点幼儿人数，负责与家长联系，做好幼儿交接工作。

2. 各行动组按预案分工，认真履行自己的职责，做好震后自救、搜救、安保等工作。对伤员进行应急处理或拨打"120"送至附近医院，在专业人员的指挥下进行搜救，看是否有遗漏；把好大门，维护好幼儿园秩序，防止幼儿走失及财产遗失。

3. 灾情速报：将灾情内容上报上级主管部门、地震部门等。

（四）纪律要求

1. 进入防震紧急状态后，幼儿园指挥部将通过电话、口授等形式传达各种命令、指示。命令、指示一经发出，全园教职工必须立即到岗到位，凡发现不到岗到位者要追究责任。

2. 在抗震减灾应急行动中，要密切配合，服从指挥，确保政令畅通和各项工作落实。

3. 本预案一旦启动，全园教职工必须保证 24 小时开机，对于因个人原因造成的损失，将追究个人责任。

（案例由湖南省怀化市幼儿园提供）

【案例分析】

这是一份针对地震制定的预案，组织机构健全，分工明确，预防措施及应急行动具体详细，纪律要求明确，很有针对性。幼儿园要加强日常演练并进行地震相关知识的教育，以增强教职工及幼儿的反应能力和自救能力。

案例 6-5　幼儿园传染病应急预案

一、指导思想

根据上级指示精神，全园教师从思想上真正提高防控意识，不轻病，不恐病，用科学的态度对待传染病。一切从孩子和教师的健康和生命安全出发，对幼儿园进行全面监控，真正做到信息畅通，上报准确，全面做好传染病防治工作。

二、组织机构和职责

（一）成立领导小组

总指挥：园长。

职责：全面负责事故的处置工作，及时听取事故情况报告，视情况做出启动应急预案决定。

副总指挥：业务副园长、后勤副园长。

职责：协助园长做好事故处置等工作。

成员：各部门负责人、保健员等。

（二）成员具体分工

1. ××× 全面监督、检查此项工作的落实情况。

2. ××× 负责幼儿活动室、睡眠室的消毒检查及幼儿健康状况的掌控。

3. ××× 负责教师食堂、后勤各科室及厕所的消毒工作。

4. ×××负责全园的统计上报工作，同时负责备齐所需各种物品。

5. ×××负责观察、记录全园教师个人的整体情况。

6. ×××负责调查返园幼儿和外地新入园幼儿是否接触过病源，密切监控全园接触过病源的幼儿的身体体征反应。

7. ×××负责监督、检查全园的通风换气工作（活动室7:30—17:30通风换气；睡眠室除幼儿午睡时间外，在其他时间同活动室一样通风换气），并记录在案，同时负责晨检、午检工作。

三、预防措施

1. 各班班主任负责本班幼儿出勤、缺勤情况的登记、记录，发现幼儿有异常体征反应及时上报，不得延误。

2. 全园各班都要对家长提出明确要求：家长接送幼儿不得进入孩子的活动区域，晚上接走幼儿后迅速离园，不得在幼儿园逗留。

3. 教师加强对幼儿的卫生教育，在日常生活中培养幼儿的个人卫生习惯，提醒幼儿勤洗手、多喝水、不要啃手指。

4. 各年龄班根据天气情况，保证每周晾晒一次幼儿的被褥，坚持每天通风换气，坚持用正常比例的消毒水将幼儿所能触及的地方重点消毒3次（由保健医生和保健员负责检查记录）。

5. 各班保育员每天将幼儿的玩具进行消毒。

6. 食堂的消毒工作要全面、彻底，尤其是对于幼儿用的餐具，一定要保证消毒时间、消毒力度。

7. 外来人员没有特殊情况不得进入幼儿园，有特殊情况者必须在传达室登记后进入，但不得进入幼儿的活动区域。本项工作由传达室的×××负责。

8. 加强晨检、午检力度，发现问题及时上报值班领导。

四、应急处理

1. 发现疫情后向园长或后勤副园长汇报，立即启动应急预案，指挥部根据传染病类型开展工作。

2. 对教师、幼儿及幼儿家长进行必要的宣传教育，使其了解传染病的特点，及时到防疫部门进行必要的检查与防治（由保健医生负责宣传工作）。

3. 幼儿有发病迹象时，家长一定要报告幼儿园的保健医生，不得隐瞒病情。

4. 准备隔离室：发现在园幼儿有发烧等情况后应进行紧急隔离，由保健医生或主管领导拨打"120"急救电话，确诊病情后进行相关处理。

5. 发现传染病患者或疑似传染病患者后及时送往医院，由保健医生对其所接触的人员进行详细询问、记录，掌握全面情况，上报有关部门，避免疫情的进一步发展。

6. 司机、车辆随时待命。

7. 此防控预案每位主管领导、每个班、每个处室各一份。

（案例由北京市大兴区第一幼儿园提供）

【案例分析】

3—6岁的幼儿由于年龄小，身体各系统的发育还不完善，抵抗力比较弱，再加上幼儿所接触的环境复杂，极易感染疾病，而患病幼儿来园后会将病原菌传给其他孩子。因此全园教师必须从思想上真正提高防控意识，不轻病，不恐病，用科学的态度对待传染病。一切从孩子和教师的健康和生命安全出发，对幼儿园进行全面监控，真正做到信息畅通，上报准确，全面做好传染病防治工作。

案例6-6 幼儿园食物中毒应急预案

一、指导思想

为了加强幼儿园食品安全卫生管理，防止幼儿群体性食物中毒事件，保障师幼的身体健康和生命安全，保障正常教学秩序、维护社会稳定，特制定本预案。本方案适用于幼儿非正常中毒或疑似食物中毒事故。

二、成立食物中毒预防应急小组

组长：园长。

副组长：后勤副园长。

成员：总务处、保教处、教学班长和食堂管理员等。

三、防范措施

（一）深入开展食品安全宣传教育

幼儿园要通过讲座、典型案例分析、宣传橱窗、主题班会等多种形式，普及有关的卫生知识，敲响食品安全的警钟，提高教职工尤其是食堂工作人员的食品安全卫生管理水平，防止食物中毒。

（二）建立健全食品安全卫生管理制度

1. 建立食物中毒报告制度。幼儿园食堂要认真贯彻执行卫生部《食物中毒调查报告办法》，一旦发生食物中毒就及时采取防治措施。

2. 完善食品采购制度。严把食品原料进货关，幼儿园采购人员要定点采购，确保采购的原料符合有关的规定，从源头上把好食品卫生关。

3. 严格执行食堂管理制度。

（1）食堂仓库管理制度。幼儿园食堂仓库的钥匙由专人保管，责任落实到人，其他人员不得私自进入食堂库房。定期对库房里的原料进行检查，发现变质原料及时处理，坚决杜绝变质原料流入餐桌。

（2）餐具消毒制度。幼儿园食堂工作人员要按规定对餐具进行严格消毒，确保餐具清洁卫生，防止出现因交叉感染而引发的食物中毒事故。

（3）食物留样制度。每餐饭菜做好留样，将250克饭菜密封好，在冷藏箱内保存48小时。

（4）食堂人员卫生制度。食堂人员要注意个人卫生，着装整洁，定期进行身体检查，发现有不适宜从事食堂工作的患者或带病者应及时调整。

（5）食品加工、储藏制度。肉类、鱼类等动物性食品，在再加工过程中要防止污染。应严格按照食品低温保藏的卫生要求贮存食品，防止食品腐烂变质，熟食使用前必须充分加热。

四、紧急处理

1. 停止食用中毒食品。

2. 及时报告。一旦发生食物中毒，班长或配班教师应及时向园领导或园医报告，幼儿园则向市卫生局和教育局报告。报告内容有：发生中毒的单位、地址、时间、中毒人数及死亡人数，主要临床表现，可能引起中毒的食物等。这有利于有关部门积极采取措施组织抢救、调查分析中毒原因和预防方法。若怀疑投毒则应向公安部门报告。

3. 采集病人排泄物和可疑食品等标本，以备检验。

4. 及时将病人送往医院治疗，包括急救（催吐、洗胃、洗肠）、对症治疗和特殊治疗。

五、积极配合

1. 保护好现场和可疑食物。发生食物中毒后在向有关部门报告的同时，对可疑中毒食物及有关工具、设备和现场要采取临时控制措施。不要急于倒掉病人吃剩的食物或冲洗食用工具、容器、餐具等，病人的排泄物（呕吐物、大便）要保留，以便卫生部门采样检验，为确定食物中毒提供可靠的依据。

2. 如实反映情况。幼儿园负责人及与本次中毒有关人员，如食堂工作人员、班级保教人员及病人等，应如实反映本次中毒情况。要将病人所吃的食物，进餐总人数，同时进餐而未发病者所吃的食物，病人中毒的主要特点，可疑食物的来源、质量、存放条件、加工烹调的方法和加热的温度、时间等情况如实向有关部门反映。

六、消毒处理

1. 封存被污染的食品及用具并进行清洗消毒。

2. 对微生物性食物中毒，要彻底清洁接触过中毒食物的餐具、容器、用具以及贮存食品的冰箱、设备并消毒，加工人员的手也要消毒处理。

3. 对化学性食物中毒，要用热碱水彻底清洁接触过或可能接触过中毒食品的容器、餐具、用具等，并彻底清理剩余的可疑食物，杜绝中毒隐患。

（案例由湖南省怀化市幼儿园提供）

【案例分析】

近几年，幼儿园食物中毒事件时有发生，引发师幼食物中毒事故的主要原因跟食品的进货渠道、质量，气温，消毒、加工、存放，以及操作人员的健康等有着密切的关系，稍有不慎就极易发生食物中毒事故。此预案坚持"预防为主"的卫生工作方针，加强教育检查，责任到人，应急处理中要注意以"保障幼儿生命安全"为第一原则。

案例6-7 预防楼梯间拥挤伤亡事故预案

为确保幼儿生命安全和正常的教学活动，杜绝楼梯间拥挤伤亡事故的发生，我园本着"安全第一，预防为主"的方针，制定本园预防楼梯间拥挤伤亡事故预案。

一、积极宣传

1. 利用各种教育手段、途径（家长会、教工大会）向教师、家长宣传楼梯事故预防安全知识。

2. 每周开展安全专题教育，把安全工作纳入幼教课程，把幼儿安全教育纳入各班的周工作中。各班每周开展一次安全主题教育活动，并作为重点工作落实到位。

3. 充分利用楼道环境向家长、教工、幼儿宣传。在楼道设置和书写安全行走标志和提示语：用箭头指示行走路线，用"上下楼梯，靠右行走""不跑不跳，互相礼让"等警示语时刻提醒幼儿。

二、做好幼儿上下楼的组织疏导工作

1. 明确各年龄班安全责任人，为各班制定上下楼行走路线。

（1）一号楼。

一楼：小一班、小二班教师带领幼儿走东门，楼道负责人×××；小三班、小四班教师带领幼儿走西门，楼道负责人×××。

二楼：中一班、中二班教师带领幼儿走东楼道，楼道负责人×××；中三班、中四班教师带领幼儿走西楼道，楼道负责人×××。

三楼：大一班、大二班教师带领幼儿走东楼道，楼道负责人×××；大三班、大四班教师带领幼儿走西楼道，楼道负责人×××。

（2）二号楼。

中五班教师带领幼儿走侧门，大五班教师带领幼儿走前门。

2. 指定专人负责，做好幼儿上下楼梯时的安全疏导工作。幼儿上下楼时，两名后勤人员负责东西两个楼梯日常和幼儿上下楼流量大时段（入园、离园、户外活动）及停电等特殊情况下的疏导工作。×××负责西楼梯，×××负责东楼梯，值班园长负责日常巡视、提醒、管理。

3. 明确各年龄班户外活动时间和教师责任。为避免幼儿上下楼拥挤，中大班户外活动时间间隔为10分钟。本着大让小的原则，先中班、后大班，幼儿由教师组织有秩序地下楼。

4. 幼儿上下楼时，教师要组织好幼儿；一定要事先向幼儿提出上下楼要求。上楼时，一位教师在前面带队，另一位教师在后面跟随，及时提醒、纠正幼儿不安全的行为；下楼时，带班教师侧身后退下楼，时刻关注幼儿。

5. 入园、离园时，向家长统一要求，上下楼靠右侧行走，带领幼儿不跑不跳，互相礼让。

三、定期对楼梯、楼道及设施进行安全检查

1. 本着每周一小查、每月一大查的原则，对楼梯、楼道设施进行认真细致的检查，发现隐患后及时排查、整改。

2. 楼梯、楼道设有应急灯，以备停电应急。

四、应急响应

若出现意外，班上老师负责管理、照顾、组织好本班幼儿。幼儿受轻伤，教师应及时通知值班园长，带幼儿去医务室处理或就诊。幼儿受重伤，教师必须通知值班园长、园医进行紧急处置，然后带幼儿去医院治疗。值班园长第一时间到岗指挥、处理。如果情况严重，园长要及时上报市教育局。后勤园长通知家长，业务园长处理现场，同时积极做好善后工作。

（案例由北京市顺义区义宾幼儿园提供）

【案例分析】

楼梯踩踏事故往往会造成大量孩子伤亡，后果严重，反映出少数地方教育行政部门和幼儿园领导安全意识淡薄，安全责任不落实，幼儿园的安全措施不到位。此预案以"安全第一，预防为主"为方针，以宣传教育、常规培养为主要预防手段，落实日常管理责任，积极进行应急处置，很有针对性。

第三节 幼儿园安全危机应对

即使做好各种安全危机预防工作，但由于幼儿园安全状况瞬息万变，有些安全危机事件也难以避免，所以幼儿园管理人员及教师都应有应对的能力和准备。

一旦安全危机发生，幼儿园必须迅速做出反应，采取措施应付出现的状况。如果应对妥善，便可化险为夷，转危为安，将损失、伤害降到最低；如果处理不好，不但不能化危机为转机，还可能导致事件扩大、恶化，或者节外生枝，引发其他不必要的困扰。

危机应对阶段要求反应迅速、有效：一方面，要求危机管理人员能及时做出反应；另一方面，危机管理人员要根据当时的情形，灵活应对特殊情况或以前未考虑到的突发情况。

一、幼儿园安全危机的应对原则

（一）沉着冷静原则

当幼儿园出现安全危机后，应坦然接受事实并做好自身压力的调适，面对挑战沉着、冷静、理性介入，同时整理好思绪，进入危机应对的思考。

（二）迅速反应原则

安全危机应对的目的在于尽快、尽可能地控制事态的恶化和蔓延。安全危机发生后，危机管理人员要迅速做出反应，果断处理，以认真负责的态度投入危机调查、分析、判断、决策、救援等工作中，寻求最佳解决方案，变被动为主动，变不利因素为有利因素，争取时间，赢得转机。

（三）生命第一原则

保护和保障幼儿的生命安全是处理幼儿园安全危机事件的基本理念，这一原则要求迅速消除危险因素，安置好遭遇危机的幼儿，确保幼儿在危机中尽快处于安全境地。

（四）统一口径原则

安全危机事件很容易使人害怕和心理恐慌，大家都急切地想知道事件的真相和发展，幼儿园管理人员要尽可能地掌握信息。正面信息可以向教职工透露，但不宜过多，过多容易让危机中的成员过于乐观，影响对危机的准确认识，使危机处理能力大打折扣。负面信息则要有选择地透露，让员工及时了解危机处理情况，但对于容易造成内部动荡、人心涣散的信息则不能透露，因为这样的信息可能葬送幼儿园的所有努力。管理者在信息发布前要对相关信息反复思考推敲，如果有政府、警察等介入，可跟他们协商后在保持口径一致的前提下，准确、客观地发布有关信息，切不可随意发表声明与看法，更忌讳传递不同信息，这样很容易导致不实信息的传播，破坏在危机中建立起来的信任。

（五）承担责任原则

安全危机发生后，公众会关心两方面的问题：一方面是利益的问题；另一方面是情感的问题。无论谁是谁非，幼儿园都应该挺身而出，本着解决问题的态度，勇于承担责任，站在受害者的立场上表示同情和安慰，赢得公众的理解和信任，而不是首先推卸责任。

二、幼儿园安全危机的应对策略

（一）临危不乱，快速应对安全危机事件

安全危机事件有突发性、杀伤力强的特点，常令人措手不及。无论事件大小，管理者都要保持冷静，快速对安全危机事件做出反应。

1. 快速报警

安全危机事件发生时，当事人或发现者应第一时间向幼儿园管理者或危

机管理小组成员报告。危机管理小组负责报警的人员要立即向全园幼儿、教师发布警报，同时立即向上级主管部门及相关部门发布警报，其中包括一切能提供援助的部门，如医疗卫生部门及交通部门等。

2. 危机管理人员及时到位

安全危机事件发生后，幼儿园危机管理小组成员必须第一时间赶赴现场，迅速进行各方面人员的安排，调动园内所有的师生员工共同应对危机，迅速展开救援工作。

3. 迅速启动危机应急方案

安全危机事件发生时，幼儿园管理者应坚持生命第一的原则，将师幼的生命安全放在首要位置，立即启动危机应急方案，采取一切积极措施，按职责分工、步骤有条不紊地应对，及时安置好遭遇危机的师生，让他们脱离危险，同时要保护好现场、证据。

4. 及时获得救护

安全危机难免会造成人员伤亡，此时时间就是生命，幼儿园保健人员应迅速对受伤人员的伤势做出判断和处理，及时通知医院或急救中心，在医护人员赶到之前，幼儿园应进行必要的自救和人工急救，现场救治后要及时将伤员转送出危险区，按先救命后治伤、先治重伤后治轻伤、就近就医的原则，对伤员进行紧急抢救。

（二）监测与评估，随时掌握危机状况

安全危机已经形成，幼儿园处理危机的重点与步骤应该是防止危害扩大—降低伤害程度—平息事件，在应对安全危机的过程中要时刻关注事态的发展，及时对事态进行动态监测和评估。如包括：危机的主因与主体；事故发生的范围和事态加剧的可能性；为处理危机事件、制定策略提供可靠的依据。

（三）真诚灵活，积极进行有效沟通

伴随着危机的往往是谣言、恐慌和过激行为，幼儿园危机管理者需要将错误的信息控制在最小的范围内，与受伤害的家庭保持联络，帮助公众了解事实。危机结束后,园方应本着真诚的态度与公众及家长进行沟通。

1. 关键期,安排园方发言人

安全危机事件发生后的几个小时往往是关键期,新闻媒体、家长都想尽快知道事情真相,获得一切关于孩子在园情况的信息,有的家长因情绪激动甚至会有过激行为,园方需委派发言人就安全危机事件发表声明。

2. 内部通报,保持对外口径一致

幼儿园教职工要确保对外口径一致,排除人为捏造信息。幼儿园管理者要先召开内部会议,在教职工群体中明确强化相关信息。

3. 谨慎行事,园长不轻易发言

安全危机事件发生后,公众或媒体往往会要求园长表态,此时园长一定要慎重考虑,不要轻易做出判断或许诺,而要设置值班园长的灵活位置,加重公关人员说话的分量。

4. 态度诚恳,灵活应变

沟通时园方一定要表明诚信合作的态度,对家长表示理解,对安全危机事件不能刻意隐瞒、误导或说谎。无论面对何种危机,都要以保护幼儿生命、维护家长利益为原则,对于猜测、假设等问题应礼貌地予以拒绝。

三、幼儿园安全危机的应对案例

(一)自然灾害中的危机应对案例

案例 6-8 幼儿园积水 1 米深,40 多名幼儿被困

2010 年 7 月 2 日下午,黑龙江省双鸭山市骤降大雨。马鞍山外环道口的一家幼儿园由于地势较低,雨水从窗户涌进寝室。下午 13 时 53 分,幼儿园内的积水已近 1 米深,这时天空依然下着大雨,水位还在上涨,随时有淹没一楼的危险,40 名孩子和老师被困在一楼。

【案例分析】

在面对可能发生暴雨、台风、洪水等自然灾害的情况时,幼儿园应严格

执行上级有关部门的指示，认真做好预防工作，并对可能发生的危机状况进行预测，积极采取应对措施，避免事故的发生。案例中的幼儿园显然没有对暴雨引起高度重视，眼见水位骤涨，也没有采取有效措施将孩子转移到安全地带，导致孩子和教师被困。

【危机应对】

1. 做好安全防汛准备。

（1）接到上级指示或通知后，领导小组应立即进入临战状态，各相关部门随时准备执行防洪抗汛任务。

（2）组织有关人员对所属建筑的排沟等进行全面检查，防止墙体脱落、水沟封堵，关闭危险场所。

（3）加强值班值勤，及时掌握汛情。

（4）按预案落实各项物资准备，包括饮食饮水、防水防雨物资、抢险设备等。

2. 组织力量，全面抢险。

（1）洪水来临时，幼儿园马上启动防洪安全工作应急预案，危机管理小组尽快到达现场，迅速发出警报，安全保卫组迅速关闭、切断输电、燃气、供水系统和各种明火，防止灾后滋生其他灾害。

（2）疏散引导组由各班保教人员组成，迅速组织幼儿排队，按顺序撤离到安全地带。

（3）医疗救护组迅速开展以抢救人员为主的现场救护工作，及时将受伤人员转移到附近的救护站。

（4）后勤保障组加强对重要设备、重要物品的转移和保护，加强值勤、巡逻，防止各类犯罪活动。

3. 及时上报受灾情况。

园长将具体情况上报所属教育局。

案例 6-9 地震中抢救出 400 名儿童

2008年5月12日14时28分,强震突袭,都江堰市某幼儿园的3层教学楼剧烈摇晃,楼内块状水泥不断向下掉。午睡室里,孩子们吓得哭喊起来。教师们立即大喊:"孩子们,跟着老师快跑,跑到外面的操场上去!"孩子们凭着以往"逃生演习"的经验,快速而有序地开始撤离。该园园长苏文在各个楼层指挥,帮助孩子和教师撤离。宝宝班的孩子们吓得只知道哭,根本跑不动。教师们就一人抱两三个孩子向外冲。留守在最后的教师冷静地挨床掀开被子检查,她们只有一个信念:不能漏掉一个孩子!经过奋战,全园400余名幼儿和50多位教职工都毫发无损。

【案例分析】

2008年5月12日四川遭遇的地震是非常强烈的,然而当众多生命消逝在废墟之中时,都江堰市幼儿园400多名师生却安然无恙,这跟该园平时的逃生演练有着密切关系,也与园长和教师们有条不紊、沉着应对震灾分不开。

【危机应对】

1. 紧急避震。

(1)保持镇定,不要慌张,先打开所有门。

(2)关掉总电源和煤气,以免因煤气爆炸或电线震断而触电,或引起二次灾害——火灾。

(3)如在教室里,可组织幼儿躲在结实的桌子下或教室内侧的墙角或承重墙之间距离最小的房间,如厕所、洗手间等;如在户外,可直接将孩子带到较空旷的地方。

(4)在震动时,最好不要走动,以免摔倒或被重物击中。

2. 紧急疏散。

通过校园广播向师生发出紧急疏散指令,各班按预案规定路线快速有序地撤离。

3. 自救互救。

各小组履行自己的职责，进行震后自救工作。

（1）安全保卫组：由门卫和教师组成。各班及时清点人数，门卫把好人员出入关，防止混乱中家长错接幼儿或幼儿走失。

（2）伤员救护组：由保健员和部分保育员组成，及时处理轻伤，对于重伤员则联系医疗部门实施救治。

（3）通讯联络组：班主任负责联系家长将孩子接走。

4. 灾情汇报。

由园长及时向上级主管部门汇报灾情，上报房屋损坏及人员伤亡情况。

（二）社会性安全危机应对案例

案例 6-10　河北省廊坊市幼儿园房屋倒塌

2014年12月13日下午，河北省廊坊市永清县刘街乡徐街村春蕾幼儿园的房屋倒塌，造成幼儿3死1重伤2轻伤。事发当时，孩子们正等待放学。据媒体报道，事发幼儿园系教育部门审批发证的私立幼儿园，在园幼儿260人，因为一周只休息一天，所以事发日为周六仍然在上课。

【案例分析】

1. 幼儿园管理者的安全意识淡薄。在此之前房屋设施存在极大的安全隐患，已被确定为危房，可幼儿园管理者并未采取措施，仍在危房里办园。

2. 有关部门监管不力，没有加强危旧房屋排查工作。对于已鉴定为危房的校舍要无条件地立即停用，并限期拆除以绝后患。可事故中的春蕾幼儿园系教育部门审批发证的私立幼儿园，说明主管部门严重失职。

【危机应对】

1. 报警。通过广播发出警报，通知全园处于应急状态，启动应急预案。

2. 紧急应对。

（1）危机管理领导小组组长向上级和相关部门报告，副组长和组员协助班级组织人员疏散，门卫及时打开园门，确保楼梯口畅通，疏散后及时清点人数，排查遗漏的幼儿。

（2）伤病救助。及时将伤病人员送往附近医院救治。不提倡在警报解除前进入倒塌现场搜救，应在专业抢救人员的指挥下进行搜救。

（3）及时通知家长特别是受伤或受困幼儿的家长到园，妥善处理后续事项。

（4）做好安全保卫工作，避免哄抢和人为破坏。

3.调查统计事故并上报。

（三）人为性安全危机应对案例

案例6-11 "7·10"湖南湘潭幼儿园校车事故

2014年7月10日，湖南省湘潭市雨湖区响塘乡金桥村乐乐旺幼儿园所属园车，在送幼儿回家时途经湘潭市郊翻入水库。7月10日18时，学生家长反映没有按时接到小孩后才开始排查，21时左右，长沙市应急中心负责人接到湘潭市协助救援电话，长沙市湘潭市立即联合组织专业力量进行救援。7月11日，起重机将落水校车打捞出水。此事故造成包括8名幼儿、2名教师和1名司机共计11人遇难。事故发生后，省相关领导赶赴现场并组织救援。

【案例分析】

1.园方的安全意识淡薄，未按要求限座限人，校车严重超载且未按审定通行路线行驶。

2.校车监管存在较大漏洞。有关部门缺乏有力的校车管控措施，安全管理责任落实不到位，导致校车运营不规范。

3.该乡村幼儿园属违规办园，校车外包，车况得不到保证。

【危机应对】

1.一旦发生校车交通安全事故，应立即报告幼儿园行政管理人员，并第一时间打"110"报警，园长应迅速上报教育主管部门。

2.启动应急预案，领导小组应立即组织各职能小组，通知交警、消防等相关部门到位，调集应急抢救人员、车辆、机械设备，组织抢救力量赶赴现场。

3. 联系"120"急救中心或附近医院抢救伤员。

4. 维护好现场，做好事故调查取证工作，以便于事故处理，防止证据遗失。

案例 6-12 幼儿园门卫连砍 15 名幼儿和 3 名教师

2004 年 8 月 4 日上午，一男子在北大第一医院幼儿园内持刀行凶，致 15 名幼儿和 3 名教师受伤。嫌犯徐某曾患精神分裂症，却在幼儿园里看门长达两年。

【案例分析】

1. 幼儿园用人不善。嫌犯徐某曾患精神分裂症，幼儿园却在对其本人不了解的情况下，将其放在幼儿园门卫这样一个极其重要的岗位，无疑为幼儿园埋下了巨大隐患。

2. 幼儿园管理者的危机意识不强。据媒体披露，行凶者事发前曾有过反常表现，而没有引起园方的高度警惕，这说明管理者的安全意识不强，思想麻痹大意。

3. 自卫逃生无方。短短的时间内，就导致 15 名幼儿被砍伤，如果教师有足够的机智和经验来应对突发事件，幼儿有相应的逃生技能，或许可减轻事故的后果。

【危机应对】

1. 园内一旦出现冲击幼儿园、行凶斗殴等非法侵害事件，在场教职工应尽力予以制止并及时通知幼儿园领导，同时拨打报警电话。

2. 为防止不法分子逃逸，在场教职工应及早通知门卫关闭校门。

3. 幼儿园突发事件领导小组应迅速调配各种力量，在公安民警未到达之前，尽力遏制不法侵害行为的发生和延续，保护幼儿的生命安全。

4. 一旦发生人员伤害事故应及时拨打"120"进行紧急救护或将伤者送往

附近医院抢救并通知家长。

5. 涉及突发事件人员应配合主管部门和有关机构的查询、调查取证、监督检查工作。

6. 事故处理结束后，应及时成立事故调查组，负责事故调查工作，根据事故发生的时间、地点、经过、原因及已采取的措施、控制情况，做出结论，上报市教育局。

7. 积极主动地做好家长的解释安抚工作，妥善解决问题。

案例 6-13　3·19 云南幼儿园食物中毒事件

2017 年 3 月 19 日，云南某幼儿园发生重大食物中毒事件。该园共有幼儿 79 人，19 日到校上课 76 人，下午 15 时 20 分发现 1 名儿童晕倒，在处置过程中又有 6 名儿童出现相同的症状。经专家排查，疑似中毒的 32 名儿童中，中毒的有 7 人。目前，2 人经抢救无效死亡，3 人危重，2 人病情缓解转入一般病房。国家、省州医疗专家组正在对 3 名危重儿童进行抢救，截至下午 16 时 30 分，3 名危重儿童的病情开始好转，相关部门正积极有序地开展死亡儿童家属及其余 74 名儿童家属的工作。

【案例分析】

1. 幼儿园管理不严。据当地公安局勘验，此案件是一起人为投毒案。这说明幼儿园平时疏于管理，嫌疑人随意出入幼儿园，且将掺入"毒鼠强"的小吃扔入教室居然没有成人发现，从门卫到教师责任感都不强。

2. 幼儿园缺乏安全教育。掉在地上的食物孩子捡起就吃，表明幼儿没有警惕性，卫生习惯及安全意识较差，而在孩子们吃的过程中，教师不可能没有发现，但教师并没有追问食物来源并加以制止，这些都反映了教师缺乏安全意识。

【危机应对】

1. 及时逐级报告。当班教师发现幼儿中毒应及时向园长或应急处理领导小组报告，幼儿园园长则向上级食品卫生监督检验所、上级主管部门报告。报告内容包括发生中毒的单位、地址、时间，中毒人数及死亡人数，可能引起中毒的食品等，以利于有关部门积极采取措施，组织抢救，调查分析中毒原因。若怀疑投毒则向公安部门报告。

2. 及时抢救中毒幼儿。幼儿园应急处理领导小组在第一时间组织人员，立即将中毒幼儿送往医院抢救。

3. 保护现场，保留样品。保护好现场，封存一切剩余可疑食品及原料、工具、设备，保护好中毒现场、食品留样和病人的排泄物，以便卫生部门采样检验。

4. 配合调查。与本次中毒有关的幼儿园人员应向有关部门如实反映情况。

5. 中毒食品处理。在查明情况之前应立即停止使用可疑食品。在卫生部门已查明情况，确定是食品中毒之后，即可及时处理引起中毒的食品。可将引发中毒的食品煮沸15分钟后掩埋或焚烧；液体食品可用漂白粉混合消毒；装食品的工具、容器可用12%的碱水或漂白粉溶液消毒；病人的排泄物可用20%的石灰乳或5%的来苏溶液消毒。

6. 安抚情绪，善后处理。具体内容包括：做好师幼的思想工作，稳定幼儿的情绪；做好家长的疏导工作；向新闻部门做出解释；做好善后处理工作。

第七章 幼儿园后勤危机管理与实例

随着我国教育事业的发展以及公众对幼儿教育的重视，我国幼儿教育发展很快。然而，与幼儿园办园规模的不断扩大、教学质量飞速提升极不相称的是，幼儿园的后勤管理工作举步维艰，问题和矛盾尤为突出，对此关注的人也较少。

幼儿园后勤管理部门是幼儿园管理的重要机构之一，是幼儿园教育的管理基础，是保障幼儿园稳定的屏障，是幼儿园育人的关键环节，与师生利益息息相关。提升幼儿园后勤管理能力，确保师生有一个舒适的学习环境，在推动幼儿教育事业健康发展的过程中具有重要作用。

幼儿园后勤管理工作主要包括财务管理、安保管理、固定资产管理、园舍维修管理、食堂管理以及后勤队伍建设等。长期以来，幼儿园后勤管理都被看作可有可无的边缘化工作，导致后勤管理工作没有得到足够的重视。为了使幼儿教育迈上更高的台阶，配合幼儿园教育目标的实现和教学质量的提升，必须推动幼儿园后勤管理工作的改革。要想全面提高幼儿园后勤管理的工作水平，必须全面、客观地分析当下幼儿园后勤管理中存在的问题，了解幼儿园后勤危机，深入剖析原因，找出相应对策。

第一节 幼儿园后勤危机概述

要对幼儿园后勤危机进行深入分析，先要了解幼儿园后勤危机及其管理的概念、特点、危害、根源等。

一、幼儿园后勤危机与管理的概念

（一）幼儿园后勤危机的概念

借鉴高校后勤危机的概念，幼儿园后勤危机主要是指幼儿园后勤组织在发展过程中，在未预警或预警不明的情况下突然爆发的事件，它可能严重威胁幼儿园后勤的运营、生存、发展等，并连带威胁幼儿园正常的一日生活和日常教学，主要表现为幼儿园财务管理、安保管理、固定资产管理、园舍维修管理、食堂管理以及后勤队伍建设过程中出现的管理难题或者造成负面影响的重大事件。

（二）幼儿园后勤危机管理的概念

幼儿园后勤危机管理是幼儿园后勤组织通过危机监测、危机预测、危机决策和危机处理等一系列有计划、有组织、有系统的组织活动，采取积极有效的相应措施，以迅速、有效、合情合理的方法，减少危机对后勤组织自身、幼儿园教育教学以及幼儿园师生等造成的危害，尽快恢复正常的保障服务和管理活动。

二、幼儿园后勤危机的特点与危害

（一）幼儿园后勤危机的特点

1. **突发性**

大多数后勤危机的爆发都是极其突然的，后勤危机在爆发前往往被认为是不可能的，或者不能确切知道在什么时间、什么地点、以怎样的方式发生，它完全是一种突发性的意外事件。

2. 威胁性和危害性

后勤危机的出现会威胁幼儿园的基本价值或者目标的实现。后勤危机对幼儿园的公众形象的影响也是巨大的，会造成对幼儿园的过低评价，进而影响幼儿园的生源，造成幼儿园规模缩小，发展不稳定。

3. 不确定性

有的时候，由于无法及时获得后勤危机爆发时的全面信息以及环境的不确定性，人们往往不能准确把握后勤危机的性质、未来发展的趋势以及其对幼儿园或社会造成的影响。

4. 紧迫性

在后勤危机爆发的过程中，管理者在信息、资源有限的情况下，必须在很短的时间内做出重大判断或决策，而一旦发生决策失误，就会后患无穷。这种"逆境中的决策"使决策者面临巨大的决策压力。

（二）幼儿园后勤危机的危害

幼儿园后勤危机不仅会使幼儿园的声誉受到影响，而且会在人力、财力、物力方面给幼儿园造成重大损失，严重影响幼儿园的良性发展。

1. 于人力上的危害

有些幼儿园出现的后勤危机可能会威胁幼儿和教师的生命安全，造成人员受伤甚至死亡这样不可挽回的损失。

案例 7-1　食堂卫生问题导致该园 182 名儿童爆发细菌性痢疾

据新华社报道，银川市某中心幼儿园因食堂卫生问题，导致该园 182 名儿童爆发细菌性痢疾。这一卫生安全事件发生后，卫生部在认定幼儿园承担主要责任的同时，对银川市金凤区卫生监督所监督不力进行了全国通报批评，并建议当地卫生行政部门追究其主要责任人的失职责任。

【案例分析】

案例中，由于幼儿园膳食管理不严谨，导致 182 名儿童爆发细菌性痢疾，严重威胁幼儿的生命健康。

2. 于财力上的危害

幼儿园的资产是保证教学、研究、服务工作的重要物质基础，有效的资产管理对于保证幼儿园资产的安全与完整、规避漏洞、防止资产流失、提高资产的使用价值、确保幼儿园保教任务的完成，以及最终保证幼儿园的良性发展都具有重要意义。固定资产管理的基础工作不够规范，家底不清，账账不符、账实不符，游离于账外的资产很容易导致固定资产管理失控，而处理过程不透明、处理结果不公开，最终会导致资产的流失、闲置浪费严重、使用效率低下，等等，进而造成大量的财力浪费，危害幼儿园的良性发展。

3. 于物力上的危害

幼儿园后勤管理中需要定期对幼儿园的各项物品进行检查与维护，包括房屋建设、大型玩教具等。研究已有案例发现，个别幼儿园因房屋建设以及大型玩教具常年失修酿成惨案，不仅造成了人员的伤害，而且导致幼儿园的房舍不能再用，造成财物上的巨大损失。

三、幼儿园后勤危机的根源与类型

（一）幼儿园后勤危机的根源

1. 幼儿园后勤管理氛围引发的危机

幼儿园后勤工作的有效开展有赖于管理制度的健全、管理责任的明确和管理标准的细化，但必须通过制度本身的完善来保证精细化管理的落实。虽然制度的完善对推动精细化管理起着决定作用，但要保证其顺利实施，还依赖于组织机构的管理文化和管理氛围，需要将"硬管理"与"软管理"有机结合，也就是将制度与规范、考核与评价和管理氛围相结合。现阶段幼儿园后勤管理氛围存在的问题集中在领导力和执行力建设、团队建设以及管理技术和方法等方面。

（1）管理层：缺乏强有力的领导力，脱离实际

幼儿园后勤管理层的领导力是推动幼儿园后勤工作顺利开展的有利保障，

因为后勤管理层不仅是后勤工作管理的策划者，同时还是落实各项后勤工作的实施者。管理者的领导力直接影响着后勤工作的开展。现阶段，后勤管理的观念更新不够，相关人员缺乏外出学习培训的机会，对被领导者的情况了解不够，严重脱离实际。

案例 7-2 后勤园长的烦恼

在炎热的夏天，大家都会使用空调防暑降温，但是在使用空调的过程中，后勤园长发现了两个问题：一是根据教师的体感设定温度，一般对空调设定的温度都偏低；二是在幼儿进行户外活动前，教师关闭空调的意识不强。因此在户外活动后，满头大汗的幼儿回到温度偏低的室内容易感冒，而且造成了电力资源的浪费。

针对上述问题，后勤园长在大、小会议上不断提醒和强调，但收效甚微。班级空调设定的温度依然偏低，幼儿外出活动后教师还是会忘记关空调。后勤园长对此很无奈，不知道问题出在哪里。

（案例由湖南师范大学幼儿园后勤部提供）

【案例分析】

案例中，经后勤园长多次提醒，教师的行为并没有得到相应的改善，造成了不必要的浪费。管理者应该深入实践，熟悉和掌握实际情况，避免脱离实际的管理；还应该与时俱进，在引入和实行精细化管理的基础上进行创新，不断提升自己的领导力。

（2）中间层：执行力不够，不能做到"上传下达"

有人认为：执行力就是中层管理者理解并组织实施的能力。相对于管理者的定位"做正确的事"，中层管理者的定位是"做事正确"。一个优秀的中层管理者一定不能以超然的领导者自居，相反，他应是一个高度关注执行过程、切实指导执行并身体力行的"指导者""跟进者"。作为幼儿园后勤管理的中坚力量，后勤主任应及时将上层决定告知一线教师，深入了解一线教师的困惑以及需求，适时进行调整。

案例 7-3 新制定的食谱引发的思考

幼儿园为了让幼儿的膳食更加科学及可操作，在学期初重新制定了幼儿食谱，按照三餐两点的结构都标出了含量，符合幼儿的基本营养需求。在实施一个星期后，后勤园长听到有教师议论，班级剩饭、剩菜比以前更多了。但并没有一线教师向上级部门反馈，作为中间领导层的后勤主任也并不知晓这一情况。这说明后勤中层管理者没能及时深入一线，了解决策是否落地。虽然幼儿园制定了食谱，但不等于它能实施和作用于幼儿。所以，后勤主任必须跟进实际现场查看：一看食谱制定是否符合编制食谱的原则；二看是不是按照带量食谱做饭，实际带量多少；三看厨房和班级分餐量多少；四看幼儿实际进餐量。如果发现问题应立即找保健医生、厨房工作人员商定解决问题的方法和措施。此后还要对改进后的食谱是否符合膳食原则继续跟进：一看带量食谱的情况；二看幼儿进餐情况和剩饭情况。这种循序渐进的观察研究凸显了落实的决心和重要性，直到厨房工作人员、教师从思想上对此高度重视。

（案例由湖南师范大学幼儿园后勤部提供）

【案例分析】

案例中，作为中间领导层的后勤主任在新食谱制定出来后并未关注其实施效果。后勤主任应该密切关注后勤部门的决策是否得到落实，如有问题，及时寻找解决问题的办法，不断提高自己的执行力。

（3）后勤各部门的凝聚力不够，工作懈怠

在管理实践中，组织文化和团队建设对员工的凝聚力和执行力发挥着不可估量的作用。幼儿园后勤岗位比较分散，工作性质以服务性与保障性为主，工作人员容易产生被忽视或组织目标与自己关系不大的想法，从而造成工作被动甚至懈怠。

2. 幼儿园后勤管理制度不严格引发的危机

大部分幼儿园虽然制定了后勤管理制度，但由于后勤工作复杂而琐碎，所以制度较为零散，没有形成系统，导致在实施的过程中出现差错。

（二）幼儿园后勤危机的类型

1. 幼儿园财务管理危机

幼儿园财务管理涉及财务收入、财务开销、投资等。幼儿园属于教育单位，不以营利为目的，更应该注重自身的社会效应。所以在幼儿园财务管理过程中应该注重商品服务性支出、办公经费支出、人员经费支出、生活费支出等。幼儿园财务管理中存在的危机主要体现在会计基本操作不规范、财务管理粗放、缺少财务分析和内控监督等。

2. 幼儿园资产管理危机

幼儿园资产管理是以幼儿园的各类财产为对象，为保障幼儿园财产安全而进行的各项管理工作，具体包括制定和执行各项资产管理制度，确定管理者及其管理职责，检查、监督、指导资产管理工作的开展和完成情况，评估与考核资产管理工作等。幼儿园资产管理工作中存在的危机主要体现在家底不清，账账不符、账实不符，资金处理过程不透明、处理结果不公开导致资产流失等。

3. 幼儿园园舍维修管理危机

园舍维修是幼儿园在硬件改造过程中遇到的一项工程，很多幼儿园会在假期对幼儿园的房屋进行改造。幼儿园园舍维修工作的危机主要集中在房屋质量引发的危机、装修后环境质量引发的危机等。

4. 幼儿园食堂管理危机

幼儿正处在生长发育阶段，营养状况良好与否直接影响幼儿的健康成长。幼儿园膳食工作危机是指发生在幼儿园食品采购以及幼儿膳食安排过程中的危机，如幼儿大规模贫血、幼儿在园发生中毒事件等。

第二节　幼儿园后勤危机预防

危机预防其实就是强调事先认真准备，防微杜渐，高度重视危机。危本身并不是最可怕的，最可怕的是淡化危机意识和对危机的漠视。从某种意义上讲，危机预防是危机管理的根本，也是关键所在。危机预防就是在危机爆发之前消除隐患或者降解危机因素、降低危机发生可能性的行为。如何有效地预防后勤工作出现危机，可以从以下几个方面入手。

一、幼儿园后勤危机的预防原则

（一）整体性原则

后勤工作是幼儿园工作的一个重要组成部分，幼儿园后勤工作要从幼儿园的基本任务和后勤工作的特点出发，处理好整体与局部的关系。坚持整体性原则，要求后勤管理人员必须从幼儿园这个整体出发把握后勤管理的对象，不要仅仅局限于管理对象的各个要素（人、财、物），而要胸怀全局，明确后勤管理与幼儿园整体管理的关系，用发展的观点、科学的手段看待并实施后勤管理工作，以促进幼儿园整体管理水平的提高和发展。

（二）方向性原则

坚持社会主义办学方向是由我国社会主义性质、教育目标和任务所决定的。在保教结合的基础上，促进幼儿德、智、体、美等诸方面全面和谐发展是幼儿教育的根本任务。教育和教学工作是幼儿园的中心工作，幼儿园后勤工作的宗旨就是为教育教学服务。后勤管理工作要求后勤管理人员在工作中兢兢业业、吃苦耐劳、任劳任怨，以高度的责任心完成每一项具体工作。后勤管理人员要讲学习、讲奉献，创造性地开展工作，为幼儿园教育教学的实施、促进幼儿的全面发展多做贡献。

（三）教育性原则

幼儿园的后勤管理工作必须体现出教育性，这是幼儿园管理工作客观规律的反映，也是由幼儿园的职能决定的。后勤管理工作的过程也应当是教育幼儿的过程，实现管理育人、服务育人的过程。例如，设计、建造、美化幼儿园环境都要从教育的角度出发，使之典雅、大方、协调、富有感染力，以促使幼儿爱上幼儿园、愿意进入幼儿园游戏与生活。此外，还要发挥后勤管理人员的榜样作用，后勤管理人员既是管理者，也是教育者，必须有明确的教育意识，在工作中严格要求自己，做到作风正派、工作认真、恪尽职守、一丝不苟、妥善处理损坏公物的人和事。

（四）勤俭节约原则

勤俭节约是中华民族的传统美德，也是幼儿园后勤管理的一条重要原则。这就要求后勤管理人员在工作中合理、科学、有效地利用幼儿园的人力、物力、财力，使其发挥最大的作用，使幼儿园后勤管理工作获得最经济、有效的结果。例如，针对幼儿园的扩建、改建和维修工程，在对外发包前要充分了解市场，做好预算，施工中要严格监督，以免浪费幼儿园资金和出现违规行为。

（五）民主管理原则

实行民主管理，就是要保障师生和员工的民主权利，提高管理的效能。幼儿园后勤人员是学校的主人，他们既是被管理的对象，又是管理的主体。只有把领导的主导性和后勤人员的积极性、主动性、创造性结合起来，才能把后勤工作做好。后勤管理是多方面的，只靠少数后勤管理人员的努力是不够的，只有依靠和调动广大师生员工积极参与管理，才能使后勤管理工作收到最佳效果。在民主管理的过程中，必须建立健全管理制度，实行部门责任制、班级责任制，并经常督促检查，对出现的问题要及时查明原因并追究有关人员责任。

二、幼儿园后勤危机的预防策略

（一）制定幼儿园后勤管理制度

行政管理制度是指为保证行政管理顺利进行而建立的规章制度的总称。后勤行政管理制度的制定有助于规范后勤管理和员工的行为，具体有：伙食管理工作制度、后勤采购制度、财产管理制度、饮用水安全制度、门卫安全巡视制度等。

（二）明确幼儿园后勤工作人员的主要职责和任务

为了避免后勤管理危机，后勤工作人员应该明确自己的职责和任务。为了促使后勤各岗位人员进一步明确自己的职责和任务,幼儿园应该根据不同的岗位设定相应的岗位职责。岗位职责是某一岗位的工作内容以及应当承担的责任范围的解释说明(参见表7-1)。

表7-1 湖南师范大学幼儿园后勤人员岗位职责一览表

岗位	工作内容	工作要求	卫生责任区	安全及卫生要求
食堂管理员	1.全面负责食堂的管理。 2.全园食物、日用品验收。 3.糕点的制作。 4.每天及时公布食堂定点配送检验单。 5.指导红案、白案师傅提高技术。 6.督促检查食堂卫生消毒工作,负责食物留样及记录工作。 7.食堂仓库、幼儿园日用品仓库保管。 8.认真登记员工用餐、购买糕点情况,每月底将总表交财务记账。	1.认真检查食品质量,严把食品进入关。 2.不准闲人、陌生人等进入食堂。 3.认真负责地制作糕点,不出人为事故。 4.安全使用各种面点制作机械。 5.保管室物品进出要登记清楚,领用人签字,做到账物相符。要按食品保管要求对食品进行分类管理。 6.安排好有关食谱的各项联系工作,按作息时间准时开餐。	1.办公室的卫生。 2.二楼仓库的卫生(平时保洁)。	1.每天检查食堂各岗位人员工作(包括卫生)完成情况、着工作装情况。 2.食堂要有除四害得力措施且应效果好,室内无异味。 3.物品分类摆放整齐。每周检查食品的保质期。 4.点心制作好后,要按要求妥善存放。 5.定期检查食堂门、窗的管理情况,液化气、各类机器的使用情况,把好安全关。 6.担任食堂安全总负责人。

续表

岗位	工作内容	工作要求	卫生责任区	安全及卫生要求
食堂白案	1. 早餐的制作及早餐配料的准备。 2. 负责教职工中餐、晚餐的制作。 3. 送（三楼）中二班、大二班、大四班的饭菜及收拾餐具。 4. 送中二班、大二班的晚点心，并锁上食堂的门。 5. 每周一、三、五班级教室紫外线杀菌。 6. 协助切菜等。	认真负责地制作好早餐，安全使用各种电器机械，不出人为事故。	1. 白案房的环境卫生、各种机械的卫生及内务整理。 2. 面点房、食堂内仓库、二楼、蒸架的卫生。 3. 食堂外坪的卫生（星期一）。 3. 粗加工间的卫生。	1. 保持白案房干净、整齐，墙面、屋顶、门、灯、吊扇无脏迹、锈迹、灰尘、蜘蛛网等。 2. 使用制作机械前后保持机械干净卫生。 3. 物品分类摆放整齐；操作台随时保洁。 4. 面点、糕点制作好后，按要求妥善存放。 5. 担任白案制品安全责任人。
食堂红案	1. 负责幼儿、职工、来客的菜的制作。 2. 制作早餐中的凉拌菜。 3. 下午开食堂的门。 4. 将蔬菜分类摆放。	1. 在菜的制作过程中不能出现污染，保证幼儿、教师等的饮食安全。 2. 安全使用液化气灶。	1. 灶台、调料柜、抽油烟罩、气罐房、小气灶、灶台前的两个窗户、切菜案板、食堂仓库地面、两个钢架、灭火器、电扇的卫生。 2. 每天下班前食堂的清场工作。工作区域的墙面、地面、沟等的卫生。 3. 食堂外坪的卫生（星期五），一、二楼窗户的卫生。	1. 灶台、调料柜、抽油烟罩、气罐房、小气灶、灶台前的两个窗户随时保洁。下班前冷藏工作台、不锈钢案板、地板必须保持干净。 2. 担任红案食品、液化气及灶具使用安全责任人。

续表

岗位	工作内容	工作要求	卫生责任区	安全及卫生要求
食堂杂工	1. 蒸饭、分饭。 2. 小菜加工：择菜、洗菜、切菜。 3. 送收一楼小一班、小二班、小四班、小托班的饭菜及餐具。 4. 清洗三餐的餐具。 5. 冲牛奶。	1. 安全使用蒸制设备。 2. 注意菜的质量，发现问题及时报告。	1. 蒸制间及分发饭菜房间设施设备的卫生。 2. 二楼仓库的卫生（大扫除）。 3. 放米房间的卫生。 4. 食堂外坪的卫生（星期四）。	1. 卫生责任区每日保洁，每周一次大扫除，包括墙面、屋顶、门窗、灯、吊扇等的清洁。 2. 物品分类摆放整齐。 3. 注意每天通风，室内无异味。 4. 担任餐具清洗安全责任人。
食堂杂工	1. 清洗每餐的餐具，并负责餐具消毒工作。 2. 制作午点和煮稀饭，并负责分发（含其他点心）。 3. 送员工的早餐，负责收拾员工餐厅的餐具，打扫卫生。 4. 协助清洗小菜、切菜。 5. 负责分幼儿的饭菜，协助给教师打饭菜。 6. 送收四楼幼儿的饭菜、教师的饭菜。 7. 负责洗碗池、粮油仓库、员工餐厅的所有卫生。	1. 确保冲牛奶的卫生安全。 2. 安全使用电稀饭桶。 3. 按常规要求做好餐具的洗净消毒工作。 4. 注意饭菜的质量，发现问题及时报告食堂管理人员。	1. 清洗稀饭桶。 2. 职工餐厅的卫生。 3. 洗碗池（幼儿、教师）的卫生。 4. 主教学楼三、四楼窗户的卫生。	

续表

岗位	工作内容	工作要求	卫生责任区	安全及卫生要求
食堂荤菜加工杂工及花工	1. 荤菜加工。 2. 磨刀。 3. 洗餐车。 4. 全园花草管理。 5. 送收二楼班级的饭菜及餐具，协助分饭。	1. 安全使用机械，机器开动时人不能离开，用完机器后，要切断电源，防止电线短路起火。机器出现故障时及时修理。 2. 及时锁好水箱、育苗间。 3. 下午整理花草并浇水，夏天早上5:30起床浇水，晚上7:00给花浇水。 4. 负责食堂外坪卷闸门的拉关（晚上）。	1. 绞肉机、冷藏工作台、不锈钢案板。 2. 一楼食品仓库的卫生。工作区域的墙面、地面、沟、顶的卫生。 3. 食堂楼梯的卫生。 4. 育苗间里外的卫生与整理。 5. 食堂外坪的卫生（星期二）。	1. 要求设备使用前后干净。 2. 卫生区的窗户及窗台、墙面、顶、门、灯、吊扇无脏迹、锈迹、灰尘、蜘蛛网等，随时保洁。 3. 物品分类摆放整齐。 4. 担任肉类制品、肉类加工机器使用安全责任人。
食堂杂工	1. 负责所有餐具的消毒，清洗中餐的餐具。 2. 小菜加工。 3. 打豆浆，分发豆浆，清洗豆浆机。 4. 制作员工的早餐。 5. 清理生活垃圾、倒垃圾。 6. 烧开水。 7. 送收四楼师生的饭菜及餐具。	1. 按常规要求做好清洁消毒工作。注意菜的质量，发现问题及时报告食堂管理人员。 2. 开关好铁门，防止外人进入。	1. 洗菜池、食堂东面两扇窗户、单车棚（含顶面）的卫生；工作区域的墙面、地面、沟、顶等的卫生。 2. 负责洗碗池、洗菜池四周的清洁卫生及门窗的卫生。	1. 地面随时保持干净。 2. 墙面、顶、灯、吊扇无脏迹、锈迹、灰尘、蜘蛛网等。 3. 物品分类摆放整齐。 4. 每天清理垃圾，并保持垃圾房内外的卫生，不准堆放废品杂物等。 5. 担任餐具消毒、开水桶及电器使用安全责任人。

续表

岗位	工作内容	工作要求	卫生责任区	安全及卫生要求
水电及维修工	1. 全面管理、维护幼儿园的水电设施设备，每天做好检查、维修和记录。 2. 及时完成领导交给的其他临时任务。	1. 安全使用和操作机械，机器出现故障时及时修理。 2. 每天巡视，按时关紫外线灯，主动发现、消除安全隐患。	1. 配电间、电工房、电工仓库。 2. 食堂外坪的卫生（星期三）。	1. 地面随时保持干净。 2. 物品分类摆放整齐。 3. 担任幼儿园水电安全责任人。
司机兼采买工	1. 安全、准时出车，完成幼儿园的派车任务。 2. 开关后小铁门。 3. 做好幼儿园的采买工作，协助幼儿园完成其他临时任务。	1. 驾驶相关证件合格、齐全。 2. 出车前后随时做好车辆安全检查。 3. 定期做好车辆的保养、年检等。	1. 车辆的卫生。 2. 停车坪的卫生。 3. 将采买回来的物品按照保管员的要求摆放整齐。	1. 每天做好汽车的保洁工作。 2. 担任行车安全责任人。 3. 担任经手采买的物品安全责任人。
清洁工	1. 做好全园的环境卫生工作。协助做好全园的接待准备工作。 2. 会议、活动后的场地收拾整理和"三关"（关水、关电、关门窗）。 3. 协助做好床上用品的分发工作；负责杂物间、体育器械室内的物品管理及卫生等工作。	1. 在做好环境卫生工作的同时，发现安全隐患及时处理，对不能处理的，要及时通报相关责任人。 2. 全园不能随意堆放物品，要及时清理。	1. 东西楼梯和楼道、天井。 2. 长廊、大型玩具，男女公共卫生间，音乐厅、沙池、会议室、园长办公室、单车棚顶、全园的垃圾篓等。 3. 一楼大坪。	随时保持地面干净。墙面、顶、灯、吊扇无脏迹、锈迹、灰尘、蜘蛛网等。窗户、窗台及门随时保洁。物品分类摆放整齐。玩具器械经常保洁。卫生间无异味。每天早上7:30前家长和幼儿经过的公共区卫生要做完。

续表

岗位	工作内容	工作要求	卫生责任区	安全及卫生要求
传达室门卫	1. 门卫安全，考勤。 3. 书报收发。 4. 来访接待。 5. 协助招生咨询与登记。 6. 大铁门内家长所驾车辆的监管。 7. 幼儿园安全巡视。 8. 出传达室的物品检查。 9. 每天早晚开关幼儿园后铁门，专人负责其钥匙管理。	1. 严防幼儿走失。随时做好检查和记录。 2. 来园人员必须登记，通报许可后方能持"入园证"入园。严禁车辆及闲杂人员入内。 3. 幼儿离园时要求孩子牵着家长的手出幼儿园的大门。 4. 发现安全问题及时向相关部门通报。	1. 传达室内外的卫生，展板、橱窗、长廊挂画的保洁。 2. 大门外的卫生监管。 3. 双休日幼儿大环境的卫生。	1. 随时做好传达室内外的保洁，注意幼儿园的形象。 2. 物品分类摆放整齐。 3. 担任传达守卫安全责任人。

（三）明晰各后勤岗位的工作流程

要想预防后勤危机，除了拥有完善的制度外，规范性、标准性的工作流程也非常重要。考虑到幼儿园后勤的许多工作具有特定性和重复性，我们要将后勤各岗位具体的工作内容流程化，对于做什么、为什么做、谁来做、何时做、怎么做、做到什么程度、达到什么样的效果都要有明确的规定，这样有助于实现执行与管理的可操作性和规范性，避免因随意性而出现漏洞。

确定工作流程之前，管理者首先需要了解后勤各岗位工作的具体情况；之后，要制定合理的书面工作流程（参见表7-2、图7-1、表7-3），流程应包括完成工作任务的步骤及每一个步骤的特定标准；最后，工作流程必须经过实践的检验，在实施的过程中不断修订与完善，以保证流程的专业化、操作化和规范化。

表 7-2　幼儿意外伤害事故处理流程

事故发生 ↓	安抚孩子并第一时间将其送到保健室进行初步处理，根据保健医生的建议再进行下一步处理（如果特别紧急且班级教师懂得急救方法，则先自己进行急救处理）。
告知相关人员 ↓	1. 告知在园的教学园长或者保教主任（教学园长或者保教主任通知行政园长），由行政园长妥善安排班级工作人员。 2. 如实告知并安抚孩子的家长。
进一步检查和处理 ↓	听取医生和家长的意见，进行进一步处理。如需到医院处理，则由保健医生和一位班级当班人员陪同并及时通知家长。
了解事故经过和反思 ↓	1. 教学园长调取监控录像，了解事故的全过程。 2. 当班人员于事故发生第二天撰写事故经过与反思，将电子版交给教学部。
持续关注及时沟通	1. 如果孩子来园，则遵医嘱做重点观察和处理，并跟家长沟通观察情况。 2. 如果孩子没来园，对于情况严重的（缝针或更严重的）孩子，班级教师要上门探望并陪同孩子到医院换药等；对于情况不严重的孩子，班级教师也要每天跟踪了解，安抚孩子和家长。

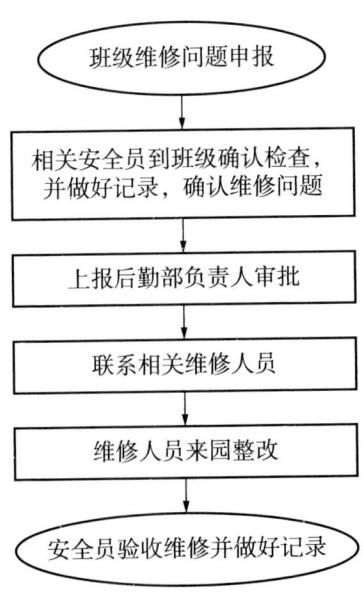

图 7-1　幼儿园日常维修工作流程

要求：

◆安全员负责检查维修人员的资质。

◆安全员带领维修人员进入场地维修。

◆全员负责检查、验收并做好维修记录，以便日后核查。

◆维修结束后向后勤部负责人汇报。

表7-3 保健室开学工作流程

报到工作↓	1.检查新生、插班生入园体检手册或转园证明是否合格。 2.收取新生、插班生的预防接种查验证明，督促家长按时带幼儿接种疫苗。
保健室卫生消毒工作↓	保健室所有用具及环境卫生打扫工作。
班级、食堂卫生消毒工作↓	到班级、食堂查看预防性消毒工作的执行情况并进行指导。 1.各类物品消毒，配置消毒液。 2.消毒内容，消毒时间，消毒方法，消毒要求。
填报表格的准备及分发↓	1.保健室表格、报表资料的准备和完善，橱窗资料的准备。 2.分发卫生保健表格到各班组：表1（长沙市托幼机构晨午检及全日健康观察记录表）、表2（长沙市托幼机构在园儿童带药服药记录表）、表7（长沙市托幼机构消毒工作登记表）、喂服药委托书、家访记录表。 3.督促教师按要求填写规范。
体检工作↓	督促新职工和休长假职工上岗前进行体检。
外用药物、消毒物品的准备↓	外用备用药物购买到位，84消毒液、艾香购买到位并分发到各班。 1.常备外用药必须放在保健室柜内并锁好。 2.把84消毒液、艾香存放在保健室柜内并锁好，按量分发到班级。
常规检查	检查全园卫生、预防性消毒工作情况，保证以洁净的环境迎接新学期。

（四）建立后勤管理监督机制

监督是规章制度得以落实和执行的保障，任何措施和制度的落实、执行都离不开强有力的监督。

检查是监督机制的主要实施手段,检查不仅是上级主管的职责,而且是管理链条上各组织部门共同的责任。一般从检查对象来看,可以分为自我检查与他人检查;从检查的时间来看,可以分为随时检查与定期检查;从检查的内容来看,可以分为固定项目检查与非固定项目检查。上级主管的检查应是全面、全方位的,下属单位的检查应以定期、固定的为主,并将检查结果定期向上级主管汇报。同时,管理者还要充分发挥员工的自查作用。在检查的过程中,要做好规范的检查记录,直面问题,找出解决问题的办法。

三、幼儿园后勤危机的预防案例

(一)幼儿园后勤管理制度案例

案例 7-4　伙食管理工作制度

一、关于食品卫生

1. 严格执行《中华人民共和国食品卫生法》。

2. 食堂卫生要每日一小扫、每周一大扫。

3. 环境卫生做到定人、定物、定时、定质,保持环境卫生、整洁。

4. 工作人员上岗时穿工作服、戴工作帽,入厕时脱工作服,接触仪器要用工具夹,工作前先洗手。

5. 做到生熟器具分开使用,生熟食物、成品与半成品分开,冰箱内的食品同样生熟分开,购买熟食后要加热再吃。

6. 食品加工制作过程所用的工具充足,生熟分开,用后洗净放在干净固定的位置盖好,防止污染。

7. 食品工具、器械用后洗刷干净并用洁净的布盖好。

二、关于采购员验收

1. 按照食谱认真购买主、副食及水果等,及时供应食堂半成品及原料,保证饭菜质量。

2. 严格落实食品验收，由管理员、炊事员、保健医生、采购员对食品质量进行验收，严格把关。

3. 采购员做到不买不适合幼儿吃的食品，不买腐烂变质食品，不买过期积压食品，防止幼儿食物中毒。

三、关于幼儿伙食

1. 严格执行出入库制度，出入库要有手续，建立账目，及时核对，账物相符，日清月结。

2. 非库管人员不得随便入库。

3. 库房有专人负责，物品摆放整齐，室内整洁、通风，有清扫制度，有防虫、防鼠、防腐措施。

4. 定期盘点，防止物品、食品腐烂变质及虫蛀等。

5. 做到公、私、大、小严格分开，精打细算，计划开支，把一日食物定量标准恰当地分配到三餐两点中去，保证幼儿营养充足。

6. 准确掌握幼儿出勤人数，做到每天按人数、按定量供应主副食，按时开餐，如出现提前或推迟早餐现象，则给予相应处罚。

（案例由湖南师范大学幼儿园后勤部提供）

【案例分析】

案例中，从食品卫生、采购员验收以及幼儿伙食三个方面对幼儿园的伙食管理全面把关。

案例 7-5　幼儿园食品采买制度

1. 后勤园长、后勤主任、保健主管及厨房管理员等对所选食品进货机构进行资格审核并实地考察，以竞标形式确定供货商。试用期过后，经双方协商，签订保证食品合格的协议书。

2. 园方应保管、留存相关的重要书面材料，包括协议书、资质证明、五证、检验报告等。

3. 对食用量大的食品（如米、面、蛋、肉、蔬菜、乳类食品及水果）应设立固定的采购点。

4. 指定专（兼）职人员负责食品采购及台账记录等工作。

5. 采购员要严格按照食谱的种类和数量采购新鲜食品，由厨房主管配好每天所需食品的品名、数量并做好记录交给送货人，送货人必须按品名、数量按时送货到园。

6. 采购时应主动向对方索取此批产品的检验报告、化验样品和产品检验合格证，禁止采购腐烂变质、超期、标识不明等不符合国家标准的原料和食品。尤其在采购生禽肉类食品时，应查验确认为定点屠宰的产品并有检疫检验合格证明。

7. 采购食品在入库或使用前要核验购物凭证，相符后方可入库，所有采购食品必须当天逐项记入"食品采购与进货验收出入库清单"。

8. 采购员通过多种途径了解市场价格，一般情况下，厨房食品采购的价格应低于市场零售价，在价格浮动的情况下尽量压低价格，以节约幼儿园开支。

9. 厨房食品采购应采用公开、公平、定人、不定期向社会采购的方式。

（案例由湖南师范大学幼儿园后勤部提供）

【案例分析】

上述案例对幼儿园食品采买的流程做了详细介绍，从源头上控制食品安全危机。

案例 7-6 消防安全制度

一、消防组织

1. 为了搞好消防安全，幼儿园必须设一名兼职消防员和义务消防小组，在幼儿园防火负责人的领导下开展消防工作。

2. 积极向职工进行防火宣传教育，普及防火与灭火常识。

3. 检查各项安全制度、防火措施的执行和落实情况，对存在的火险隐患提出整改意见，督促及时整改。

二、火源管理

1. 火源周围（如锅炉、开水炉、饭菜灶、烟囱、烤火炉等）严禁堆放易燃物品，应保持整洁，漏火和有毛病的用火用具必须修好后方可使用。

2. 严格执行用火审批制度，凡生活用火和冬季取暖用火等必须事先申请，经消防负责人审查，符合安全规定，发给"用火许可证"后才能用火。

3. 严禁使用易燃液体（包括废油），不准用汽油混合油燃烧油炉。

4. 使用石油液化气应勤检查，严禁携带各种火种入内，严格按照安全规定使用。一旦发现漏气，应立即打开门窗通风换气并与有关部门联系修理。

5. 在可燃地板、楼板上燃点蚊香，下面要垫耐火材料，不可放置在靠近床铺、蚊帐或通风口的地方，需在工作场地点蚊香者，必须人离蚊香熄灭，禁烟火处严禁燃点蚊香。

6. 无人看管时，禁止在火炉旁烘烤木材和衣物，所有炉灶内的灰屑火源必须用水浇灭后倾倒在专门的地方。

7. 只能在规定的地方燃放鞭炮和烟火。

三、消防措施

1. 定期进行全园性消防演习，学习消防知识，以便在火灾发生时有条不紊地处理问题，减少损失。

2. 幼儿园应根据灭火工作的需要，配备种类和数量适当的消防器材，布置在明显和便于取用的地点，消防器材设备附近严禁堆放其他物品。

3. 消防设备、工具要定期检查和更换，任何人不得擅自移作他用，违者按《中华人民共和国治安管理处罚条例》严肃处理。

4. 幼儿园一旦发生火灾，应立即报警（火警电话"119"）并做好火场指挥，凡本园职工及其家属闻讯均应立即奔赴现场，参加灭火救援。

5. 幼儿园内主要道路，幼儿活动室周围及楼梯、走道等所有安全出口以及通向消防设备和水源的道路，必须保持畅通无阻，禁止在上述地点堆放物品和停车。

（案例由湖南师范大学幼儿园后勤部提供）

【案例分析】

上述案例从消防组织、消防管理以及消防措施三个方面对幼儿园消防内容进行了详细说明。

案例 7-7　饮用水安全制度

1. 开学前将饮水机管道内的水清空，更换滤芯、取样、送专业部门进行水质检测，水质检测合格后方可使用。

2. 每两个月对饮水机进行一次常规检查，检查项目包括：机器的检查、水质检测（TDS 值的检测）、抽取 2～4 台机器中的水试口感。

3. 生活老师每周按消毒要求对饮水机外壳进行消毒。

4. 生活老师每天用干净的抹布擦拭饮水机的外壳，清洗水槽。

5. 为避免幼儿烫伤，饮水机的水温应调至 40℃。

6. 每周星期五下班前由生活老师关闭饮水机的电源。

7. 如果饮水机出现故障，应立即停止使用，班级教师及时报告园后勤部，待维修人员修好或更换后方可使用。

（案例由湖南师范大学幼儿园后勤部提供）

【案例分析】

上述案例从七个方面保障幼儿饮用水的安全。

案例 7-8　幼儿园的门卫制度

1. 门卫工作人员必须有高度的责任感，安全意识强。

2. 严格遵守幼儿园作息制度，按时开门、落锁关门。

3. 工作时间不离岗，不聚众聊天，不做与工作无关的事情。关注监控视频，发现情况立即报告办公室。

4. 因特殊情况暂时离开时必须落好门锁，并悬挂"温馨提示"。

5. 衣着整齐、仪容端正、态度和蔼、主动热情。

6. 非正式来访人员不得入园，因工作来访必须填写来宾登记表方能进入，推销人员经园方同意后方能进入。督促来园人员做好禁烟工作。

7. 幼儿家长送衣物、物品由传达室人员查看后，刷门禁卡方能入园。

8. 幼儿入园后不能独自出入，不准陌生人接走幼儿。

9. 随时巡视检查幼儿园安全，发现问题及时报告。

10. 保持传达室整洁，不准堆放杂物。

（案例由湖南师范大学幼儿园后勤部提供）

【案例分析】

上述案例对门卫的管理制度做了详细介绍。

（二）幼儿园后勤工作人员岗位职责案例

案例 7-9　后勤副园长岗位职责

1. 在园长领导下，负责领导全园的后勤工作，管理好幼儿园的园舍、设备、财物，做好增收节支的各项工作，为保教工作服务。

2. 加强后勤工作的日常管理。深入各班组检查工作、了解情况，解决日常后勤服务中出现的各种问题。

3. 督促后勤人员履行岗位职责。主持制定并严格执行后勤人员工作质量考核办法并向园长提出奖惩建议。

4. 做好后勤人员的政治思想工作，组织后勤人员开展政治学习和业务学习。

5. 搞好财产管理。定期清查园内财产，建立固定资产台账，做好物品的供应、使用、保管、损坏赔偿工作。

6. 做好安全保卫工作。做好防火、防盗、防幼儿走失、防食物中毒工作；对园内设施设备、房屋建筑定期进行安全检查并组织维修与更新；保持幼儿园环境整洁优美；规范门卫管理；做好厨房食品安全、用水安全、用火安全；组织教职工安全教育。

7. 做好防病、消毒的组织管理工作。督促医务人员认真落实疾病防控、食品卫生、用品消毒、消灭蚊虫等工作。

8. 加强食堂管理。抓好食品采购与保管、幼儿营养搭配、食谱制定等工作，管理伙食收支，定期向有关方面报告伙食收支情况。

9. 加强对水电工、司机、传达人员、杂工的管理。督促其严格执行岗位操作规程，确保安全，严格用车管理。

10. 加强对财务室的管理。督促财务室按财务制度及时完成收费、财务结算等日常工作。

11. 协助园长做好劳资、人事工作。做好工作人员的年度考核、职称评定、考勤和奖惩等工作。协助各部门做好人员聘用及档案转存工作。

12. 园长因公外出或因病休息时，协同保教副园长共同管理全园各项工作。

（案例由湖南师范大学幼儿园后勤部提供）

【案例分析】

上述案例从十二个方面对后勤园长的主要职责做了详细说明。

案例 7-10 安全检查员岗位职责

1. 负责做好园内安全工作。

（1）负责对全园园舍、场地、设备设施进行安全检查、登记、报告，做好安全预防工作，确保幼儿安全。

（2）负责对全园幼儿一日活动中的安全进行检查、记录、反馈等，避免安全事故的发生。

（3）在幼儿发生意外伤害时协助班级教师到医院处理。

（4）协助主管园长完成上级部门布置的各项安全工作，做好安全工作相关资料（安全计划、总结、各种表格等）的收集、归档。

2. 负责落实园舍、大型玩具、电器、电教设备等的维修。

3. 负责资料室书籍杂志的整理、编册、保管、借还等。

4. 负责检查、登记各班水电表，督促大家节约用水、用电。

5. 协助幼儿园做好大型活动的接待工作，完成园内临时安排的各项任务。

6. 完成幼儿进餐情况的检查及登记工作，协助保健医生做好早上幼儿入园晨检工作。

7. 负责幼儿做操及运动大本营环节的安全巡视及幼儿护理等。

（案例由湖南师范大学幼儿园后勤部提供）

【案例分析】

上述案例从七个方面对安全员的主要职责做了详细说明。

案例 7-11 会计人员岗位职责

1. 严格执行财务制度，管好用好各项资金，当好领导参谋。

2. 建立健全各种账目，做到账目、账实相符。

3. 按时报送财务、统计有关报表，做到核算准确，数字真实，内容完整。

4. 严格审查各种票证，及时处理报账及债权债务清理工作，防止损失和浪费。

5. 按月核对银行和出纳现金账，按学期核对保管实物账，按月核对食堂收支账，按期核对单位财产。

6. 每月向园长汇报资金使用及余额情况。

7. 审核各种收退费情况。

8. 监督管理出纳现金和账务工作。

9. 担当行政总值班任务时，要认真履行职责。

（案例由湖南师范大学幼儿园后勤部提供）

【案例分析】

上述案例从九个方面对会计人员的主要职责做了详细说明。

案例 7-12 出纳人员岗位职责

1. 建立现金日记账，现金收付做到日清月结，每天库存不得超过 500 元，不得私自挪用现金。

2. 按财务制度严格审查、复核各种现金收付单据，凡是无经办人和验收人、无领导签字的单据以及大小写金额不符或有疑问的单据应拒绝报账。

3. 管理空白现金支票和转账支票，防止丢失，如有丢失应及时处理，造成的损失由本人负责。

4. 严禁开空头支票，严禁白条抵库，因此造成的损失由本人负责。

5. 借出现金、开出支票必须经主管领导同意、会计认可。

6. 负责收取幼儿园的所有来往账款，接受会计的检查指导。

7. 负责编制工资花名册，核算并编写职工每月奖金，发放各类工资、福利等。

8. 协助幼儿园完成大型活动接待工作及采购工作等临时性任务。

9. 每学期开学后半个月内，向园领导报送幼儿交费花名册、伙食退费审核表，统计汇报全园收费情况。

10. 每学期期末，组织预收费。

（案例由湖南师范大学幼儿园后勤部提供）

【案例分析】

上述案例从十个方面对出纳人员的主要职责做了详细说明。

第三节　幼儿园后勤危机应对

因为危机具有突发性、威胁性和危害性、不确定性以及紧迫性等特点，即使预防做得再好，有些危机事件也难以避免。面对后勤危机，每位后勤管理人员以及相关工作者都应该拥有应对危机的能力和准备。当后勤危机发生时，后勤部门应该引起高度重视，立即采取行动应对，将危机的负面影响降到最低。

一、幼儿园后勤危机的应对原则

（一）速度第一原则

幼儿园后勤服务组织对危机的快速反应是有效避免危机扩大或者恶化的手段，甚至能够把危机消灭在萌芽状态。

（二）与利益攸关者保持沟通的原则

与幼儿园后勤服务利益攸关者应当是幼儿园、幼儿园师生、后勤服务人员以及关心和支持幼儿园的其他社会人士等。要带着诚意，及时与后勤服务利益攸关者沟通，向他们说明危机的进展情况，以期重新获得他们的理解和信任。

（三）承担责任原则

不管危机会给幼儿园后勤组织带来多大的损失，都要以负责任的态度来维护服务对象，即幼儿园、师生和后勤工作者的利益。

（四）权威证实原则

危机发生后，幼儿园后勤服务组织应尽力争取政府主管部门、独立的专家或机构、权威的媒体及利益攸关者代表的支持，而不是徒劳地解释或自吹自擂。

（五）系统运行原则

危机发生后，后勤服务组织在高效处理一种危机时，不要忽视另一种危机，在进行危机管理时必须系统运作，绝不可顾此失彼。

二、幼儿园后勤危机的应对策略

（一）思想上：高度重视，做出反应

一旦后勤工作发生事故，幼儿园园长以及后勤相关负责人要对事件高度重视，应第一时间出现在现场，成立危机处理小组。如有人员伤亡，必须及时安排抢救和保护，同时采取得力的措施迅速阻断、消除或隔离危害源。危机处理小组要 24 小时对危机事件进行跟踪、回应和决策，并尽可能保持幼儿

园持续运转。

（二）情绪上：临危不乱，及早处理

潜伏性和意外性是危机的重要特点。幼儿园在面对突如其来的危机时，应做到临危不乱。乱了阵脚则无法看清危机的实质，无法有效地进行整体公关。幼儿园要牢牢抓住危机的实质，尽快分析危机产生的原因：是工作程序问题还是员工工作态度问题，是主观问题还是客观问题。要在第一时间迅速做出判断并制定有针对性的解决方案。另外，管理既要着眼于当前危机事件本身的处理，又要立足于幼儿园形象的塑造，不能头痛医头，脚痛医脚，要从全面、整体的高度来理解和分析问题，争取获得多重效果和长期效益。

（三）态度上：态度诚恳，行胜于言

作为一个特殊的社会机构，幼儿园担负着重要的社会责任，关系着千家万户的希望。尤其随着社会的发展，家长对教育机构的期望和要求越来越高，这意味着幼儿园一旦遇到问题就有可能发生危机。面对危机，幼儿园只有开诚布公地说明事情的原委，诚恳地接受批评，才能淡化矛盾、转化危机。对于幼小的生命，任何伤害都有可能是致命的、无法逆转的。无论面对何种性质、类型及起因的危机事件，幼儿园都应该主动承担义务，积极处理。即使起因在受害者一方，也应首先消除危机事件所造成的直接危害，以正确的措施赢得家长和社会的理解，创造妥善处理危机的良好氛围。

（四）外联上：积极配合，尽量避免负面消息的传播

媒体的报道对幼儿园危机事件的扩散和影响至关重要，因此要妥善处理与新闻媒体的关系，坦诚的态度是争取获得公众支持、转化危机的最有效的方法。

1. 掌握报道的主动权

及时组织和整理关于事件的消息，如危机内容、幼儿园已采取的补救措施，并尽早对外发布，以减少公众的误解、传言和猜测，还原事件的客观面貌。公关专家帕金森认为，危机中传播失误所造成的"真空"很快会被颠倒

黑白的流言占据，"无可奉告"的答复尤其会造成此类问题。

2. 提供标准化的声音

积极配合并指定专人（发言人）与媒体保持联系，争取得到他们的谅解和支持，通过媒体来与大众沟通；拒绝与媒体合作，则会切断与公众沟通的渠道，误解、猜疑和不信任就会不请自来。同时，用平实的语言传递消息有利于信息的传播和公众的理解。

3. 尽快对外公布准确的信息

如果幼儿园方面确实存在失误或不当行为，一经确认应尽快对外公布准确的信息并积极采取措施进行补救，不要抱有侥幸心理，一旦隐瞒的事件被外界或媒体曝光，对幼儿园的信用和声誉的打击将是致命的。

4. 积极配合新闻媒体

新闻媒体常常是新闻事件的直接追问者，如果幼儿园无法正面配合，一些记者由于无法获得足够的信息，则可能会转而报道他们所"理解"的"客观"的消息。应尽量避免事件被误导。如果报道与事实不符，应及时将真实情况传递给相应媒体并要求更正；如果幼儿园的接待工作失当，园长或开办人应直接或通过中间力量与媒体达成共识，避免事件被误导。幼儿园应向媒体主动澄清事故的性质以及幼儿园已经采取的补救措施，让公众了解幼儿园的积极态度和行动，以求得公众的理解。

三、幼儿园后勤危机的应对案例

案例 7-13 天翔幼儿园（化名）的伙食危机

天翔幼儿园（化名）是江苏省某市一所民办寄宿制幼儿园，硬件良好，规模颇大，师资力量较强，在当地有着较好的口碑和影响力。孙园长在该园工作多年，将天翔幼儿园管理得井井有条。

2月7日，分管后勤工作的副园长刘颖（化名）突然告诉孙园长，在本市的"教育视窗"网站论坛上，有一篇帖子涉及天翔幼儿园。孙园长打开电脑，找到了那篇名为"天翔老师把孩子的菜打包带回家"的帖子:"尊敬的孙园长:我是天翔幼儿园大三班幼儿的家长,我向您反映一个亟待解决的突出问题,就是班上的老师把孩子的菜打包带回家。此事我一直想对您说。不管怎么说,每个孩子都按规定交了伙食费,无论孩子吃不吃,他们都有权利得到应得的那一份。现在的小孩子很懂事,在幼儿园里不敢说,回家说了之后还不要我们跟老师提,我们感到很寒心。请孙园长百忙之中抽出时间认真整顿一下,让孩子们吃好,让家长真正放心,不要影响孩子们的身心健康。拜托了。"

帖子是2月3日发的,离刘老师发现这篇帖子已经过去4天了,后面已经有数十人跟帖。有的网友跟帖说:"这种事也能干出来?真丢脸!不过感觉在民办幼儿园也正常!"也有网友认为不太可能发生这样的事情:"应该不会吧,你可以到幼儿园网站上留言,询问是否属实。"

孙园长对此十分重视,马上在论坛连续跟帖表示:

"家长朋友您好!今天一早我们幼儿园成立了调查小组,已经对您反映的问题做了细致的调查,现将具体情况反馈给您。首先,我们将最近一段时间大三班幼儿用餐全过程的录像做了回放,根据录像的内容,我们没有发现老师有您说的这种情况。在幼儿用餐的过程中,配班教师一直在教室里看护孩子用餐,主班教师在吃幼儿园提供的工作餐,而且大三班幼儿的饭量较大,从录像中可以看到保育教师两次去厨房,为幼儿添饭加菜。

除此之外,我们还找教师了解了情况。班级教师说:'我们不会做出这种让人看不起的事情,我们家里不会穷到没有菜下饭,而且幼儿园各班教室里都有摄像头,我们不可能明知故犯,给自己找这种麻烦。这学期,我们唯一一次吃孩子的东西是在迎新年包饺子活动中,当时班上的家长都参与了。饺子煮好以后,我们首先请孩子端一碗送给家长,然后孩子自己吃饺子,后来家长邀请老师也来分享他们的劳动成果,这样,我们三个老师就一人吃了一碗。'

家长朋友,不知道我们给您的反馈能否让您了解事情的原委,对这件事给您带来的困扰我们深表歉意!伙食方面,我们幼儿园对于孩子的饭菜(包括点心）是不限量供应的，如果孩子不够吃，幼儿园厨房会有备份。如果您还有什么需要和我们交流的，可以直接拨打我的电话……"

该帖子涉及的两位老师倍感压力和委屈，她们情绪激动，没法工作，要求孙园长澄清事件的真相，恢复自己的名誉。

在等待了三天之后，孙园长又发帖要求那位家长到园里说明情况："家长朋友您好！您在帖子上提到的这件事情我们已经做了回复，不知道您可有关注？现在，我以幼儿园园长的身份请您站出来，请您来到我的办公室！我们大三班的两位老师要求幼儿园还她们清白，维护她们的声誉。她们说如果事情属实，她们会自动辞职，因为做出这种事情的人不配为人师表。既然幼儿园做了调查，事情并非家长所陈述的那样，她们就必须为自己澄清无中生有的事情。为了能更好地给家长和老师一个交代，我们请办公室保留了录像内容。所以请您务必配合我们的工作，我们将会为您和老师提供一个交流的平台！"但最终孙园长也没见到那位家长。

最后，孙园长安排人员将这起由家长发帖投诉引起，投诉人又缺席参与调查的事件在本园网站上公布出来。幼儿园恢复了平静。同时，孙园长还带领几位副园长认真排查了幼儿园可能存在的各类危机并制定了相应的应对预案。

（摘自：https://tieba.baidu.com/p/4252896177?red_tag=1457434754，有删减）

【案例分析】

1. 这是一个社会层面上的危机。

从案例的叙述来看，2月3日一位"家长"在论坛发帖，"投诉"该园教师将孩子们的饭菜打包带回家。园方在得知此事之后，比较迅速地跟进调查，并在无法得知该"家长"联系方式的前提下一直采取跟帖的方式，表达了自己愿意对此事一抓到底的决心，然后根据监控录像资料证明了教师的清白。孙园长诚恳地多次要求该"家长"到自己的办公室说明情况，该"家长"却始终没有露面。这不禁让人心生疑惑。

2. 天翔幼儿园的危机处理行为基本得当。

这个帖子发出4天后才被园方发现并做出回应，有点滞后了。但此后园方的处置是基本得当的。

第一，园方表达了对此事的严重关切，并表态如果属实一定严惩。第二，迅速跟帖邀请该"家长"到园长办公室说明和交流情况。第三，迅速调出监控录像进行调查，弄清真相，并一再表示："我们是民办幼儿园，我们要虚心接受社会各界提出的意见和建议。家长反映了问题，我们一定会重视，在解决和处理问题的时候，我们会秉持公平、公正、公开的原则。我再次希望反映问题的这位家长及时和我们联系，给我们提供有力的证据。如果对于这件事情有什么误会，那我们更应及时交流、沟通。您迟迟不肯露面，会让我们做出多种设想，更无法给当班老师一个合理的说法！"

多次表态和公布调查结果已经把网上质疑天翔幼儿园管理问题的舆论引向对园方有利的角度，或者说网友逐步看清了事件的真相。一位家长说："我认为应还老师公道。没有事实证据的事情怎么能胡说八道？我是三班的家长，我的孩子非常喜欢老师，孩子每天都吵着早点去幼儿园。放心吧，两位老师，我们是你们的坚强后盾，流言终究会不攻自破。希望两位老师不要受到影响，一如既往地好好工作。"

最后，园方将事件的原委和调查结果公布在自己的网站上，以正视听。同时，对这起事件进行了反思，并以此为契机对可能存在的危机因素进行排查，制定了应对预案，把一次危机事件变成了提升本园管理水平的机会。

当然，这一事件的确没有给天翔幼儿园造成很大的负面影响，园方这样处置也算是温和恰当的。如果此事真的给幼儿园造成了很坏的影响，比如，造成孩子大面积退学、招生任务难以完成或者被波及的教师因委屈而出现情绪问题等，园方也有必要将此事纳入司法程序，由有关部门采取锁定发帖者IP地址的方式查明其真实身份，并对其进行起诉。

【危机应对】

1. 在危机管理的过程中，要坚持高度重视、重在预防、临危不乱、快速反应、及早处理、行胜于言的基本原则。

2. 在危机管理的过程中，不要存有侥幸心理，不要只是辩解，不要保持沉默，不要手足无措，不要逃避责任。

3.在危机管理的过程中，要坚持兵贵神速、及时回应、稳健行事、避免模糊、及时澄清、不留遗憾的原则。

【案例启示】

1.及时发现外界对幼儿园的评价。

2.加强家园合作与联系，争取得到家长的理解。

第八章　幼儿园公共关系危机管理与实例

　　当今时代，信息瞬息万变，社会关系错综复杂，幼儿园作为公共服务机构，在社会公共关系这张大网中需要和不同的部门、人群与机构打交道，协调内部与外部的各种关系，应对各种突发事件，在公众面前宣传、维护幼儿园的正面形象，努力营造有利于幼儿园可持续性发展的教育环境。《幼儿园工作规程》第三十条指出，"幼儿园应当充分利用家庭和社区的有利条件，丰富和拓展幼儿园的教育资源"；《幼儿园教育指导纲要（试行）》总则第三条也指出，"幼儿园应与家庭、社区密切合作，与小学相互衔接，综合利用各种教育资源，共同为幼儿的发展创造良好的条件"。这些都体现了幼儿园与家庭、社区建立良好公共关系的重要性。《幼儿园园长专业标准》中也突出了园长公共关系管理的重要性，第50条"建立和完善幼儿园应急机制，制定应急预案，定期实施安全演练，指导教职工正确应对和妥善处置各类自然灾害、公共卫生、意外伤害等突发事件"，以及第51—60条关于园长职责"调适外部环境"的10个专业要求，从专业认知与行为能力上对园长的公共关系管理素质提出了要求，彰显了幼儿园重视公共关系管理和加强危机防范的重要性。如果幼儿园公共关系危机管理懈怠或缺失，则会因小事件酿成大灾害，影响幼儿园的形象和发展，严重时危及生存。幼儿园公共关系危机管理能力的培养与提升是时代的呼唤，更是发展的需要。

第一节 幼儿园公共关系危机概述

在危机管理领域，有个著名的"蝴蝶效应"：20世纪70年代，美国一位名叫洛伦兹的气象学家在解释空气系统理论时说，亚马逊雨林里的一只蝴蝶翅膀偶尔振动，两周后也许就会引起美国得克萨斯州的一场龙卷风。"蝴蝶效应"说明，对一个坏的小事件如果不加以引导、调节，就会带来大危害。这个对事件加以引导管理的实践过程就是危机管理。幼儿园中存在的危机范围较广，幼儿园一旦置身于公共关系危机中，就会面临公众舆论压力，导致公众信任度降低、形象受损。

一、幼儿园公共关系危机与管理的概念

（一）幼儿园公共关系危机的概念

"公共关系"一词首次出现在1807年美国总统托马斯·杰斐逊的国会演讲中。公共关系学科化的先驱、美国纽约大学爱德华·伯奈斯教授（Edward Bernays）认为，公共关系是一种新型的管理功能，通过制定政策和程序来获得公众的谅解和接纳。中国人民大学张践教授认为："公共关系就是一个组织运用有效的传播手段，使自身适应公众的需要，并使公众也适应组织发展需要的一种思想、策略和管理职能。"

幼儿园是基础教育机构，是按照一定宗旨和系统建立起来的公共组织。幼儿园公共关系是指在实施保育和教育的过程中，有组织有计划地运用沟通、传播等手段，与幼儿园内部、外部和公众建立密切联系，在幼儿园与公众之间建立发展相互信任、理解、支持与合作的关系，创造幼儿园可持续性发展的教育环境，塑造幼儿园健康良好的形象。幼儿园公共关系在幼儿园工作中起着内促团结和谐、外求支持发展的重要作用。幼儿园公共关系中涉及的公众群体多，容易因管理不善引发危机。幼儿园公共关系危机是指严重影响幼

儿园的正常运作，具有较大公众影响力的偶然事件，如各类纠纷、安全事故、公众投诉、网络事件等。幼儿园公共关系危机直接影响幼儿园的形象和声誉。

（二）幼儿园公共关系危机管理的概念

公共关系危机管理是指组织为了避免或减少公共关系危机发生时所造成的损害而采取的危机预防、事件识别、紧急反应、应急决策、善后处理、应对评估及事件反思等管理行为，以达到提高公共关系危机发生的预见能力、救护能力、恢复能力的目标。公共关系危机管理被广泛运用于国家、政府、企业以及机构组织的管理体系中，是削减风险、维护公信力、减少损失和促进发展不可缺少的管理思想和职能。

幼儿园公共关系危机管理就是为了避免或减少损失，在公共关系危机发生前的评估、预警和防控，在公共关系危机发生时的确认、应对和处置，在公共关系危机结束后的善后、反思和恢复等管理行为，并在时代变迁中不断丰富管理内涵。加强公共关系危机管理是树立和维护幼儿园形象的有效措施，是促进幼儿园公共关系健康发展的实践过程。

二、幼儿园公共关系危机的特点与危害

（一）幼儿园公共关系危机的特点

1. 普遍与必然性

幼儿园公共关系危机普遍存在，甚至防不胜防。一方面，幼儿活泼好动，喜欢探索，但动作协调能力差，自护意识和自护能力差，容易发生安全事故。面对幼儿在园期间发生的意外事故，如果教师或幼儿园处置不当，与家长沟通不顺畅或延误治疗，就有可能发生公共关系危机。另一方面，现阶段占很大比例的民办幼儿园发展不平衡，很多幼儿园办园条件差，办园行为不规范，师资队伍不稳定，管理理念落后，存在的安全隐患多，这是幼儿园公共关系危机必然发生和普遍存在的原因。

2. 突发性与紧迫性

幼儿园公共关系危机常常突如其来，人们无法预料危机发生的时间、地

点、对象、影响范围与损失程度，有些危机苗头即使早被发现，但是由于没有制定或落实预警机制，还是会突然爆发。由于公共关系危机自身还具有传播性，所以危机会在短时间内迅速发酵，让人措手不及。幼儿园公共关系危机的突发性与紧迫性特点决定了第一时间处理和日常加强危机管理的重要性。

3. 关注性与聚焦性

幼儿园的主体是幼儿和教师（女教师居多），他们都属于弱势群体，社会公众关注度高，公众涉及面广泛，再加上随着时代的发展、互联网信息技术的广泛运用，在一切人和机构都能成为信息生产者和传播者的"众媒"时代，人人掌控媒体终端，一些看上去毫不相关的人群也会自发主动地进行交流传播，因此幼儿园公共关系危机的传播和辐射会异常迅速。公众视线聚焦、过分关注危机，常常会导致舆论界小题大做、肆意炒作，甚至有人故意煽风点火、添油加醋，将幼儿园推向风口浪尖。

4. 关联性与破坏性

幼儿园公共关系的对象是公众，可分为内部公众和外部公众。内部公众就是幼儿园的教职工和幼儿，外部公众就是幼儿家长、社区居民、政府部门、新闻媒介、其他幼儿园、科研机构及其他组织等。幼儿园和不同公众之间都有可能发生公共关系危机并具有相互关联性，内部危机常常波及外部危机，某一类危机可能诱发或衍生另一类危机。例如，师幼关系危机易诱发教师与家长的信任危机或者发展成家园关系危机，如果家长将矛盾通过媒体、网络传播，那么还会引发幼儿园与新闻媒介的关系危机。幼儿园公共关系危机本身既有破坏性，又有关联性，因此破坏力更大，表现为形象、声誉、财产与发展等受损。

5. 风险性与挑战性

幼儿园公共关系危机具有风险性，对幼儿园不利。每次危机的发生对幼儿园都是一次严峻的考验，也是挑战幼儿园管理能力的时候。如果幼儿园能机智应对，因势利导，那么就能化险为夷，化被动为主动，甚至化敌为友。危机当前，如果幼儿园在公众面前表现出勇敢与担当、诚恳与智慧，那么就能获得公众的同情和支持，挽救声誉，甚至塑造比危机发生前更好的形象，这是幼儿园公共关系危机风险与挑战并存的特点。

（二）幼儿园公共关系危机的危害

1. 破坏幼儿园的凝聚力

幼儿园由管理人员、一线教学人员、后勤人员、保健医生、保洁人员等组成，大家各尽其才，各司其职。幼儿园是一个大家庭，同事关系宽松、亲密、和谐，只有大家心往一处想，劲儿往一处使，拧成一股绳，幼儿园才具有强大的向心力和凝聚力。反之，如果幼儿园内部公共关系出现危机，教师与教师之间、管理层与员工之间、部门与部门之间关系紧张，工作上互相抱怨、推诿，甚至故意使绊子、找茬儿，幼儿园负能量弥漫，员工在单位没有归属感，离心离德，团队凝聚力丧失，那么应对外部危机时也是一盘散沙，无战斗力，会严重制约幼儿园的发展。

2. 破坏幼儿园的公信力

公信力就是"使公众信任的力量"。幼儿园要与公众建立良好的公共关系，相互信任、理解、支持与合作。良好公共关系的建立是长期积累、持续努力的过程，也是不断变化的动态过程，不能一蹴而就。破坏良好公共关系或者破坏良好的口碑，往往只需一次事故、一次纷争、一场灾难。这些年，网络上不断爆出的事故——幼儿园集体"喂药"事件、幼儿园园车安全事故、幼师"虐童"视频案等，使幼儿园成为大众和新闻媒体关注的焦点，甚至有不良媒体为"博眼球"和"点击率"反复炒作，夸大其词，丑化幼儿园及幼师队伍，导致公众对幼儿园的信任降低，对幼儿园产生怀疑、排斥和戒备心理，幼儿园发展所需的社会合力遭到破坏。

3. 破坏幼儿园的财力

公共关系危机往往会不同程度地造成经济损失。幼儿在园期间遭受意外伤害或发生安全事故要接受治疗，严重一点儿，家长会提出索赔，如果幼儿园确实存在过错，根据相关法律是要承担赔偿责任的。如果遇上不讲理的家长，幼儿园又为了避免舆论关注，采取私了的方式息事宁人，那么经济损失常常会更大。除了安全类事故，其余公共关系危机也会直接或间接破坏幼儿园的财力，因为一旦发生危机，在应对的过程中既要安排人手，又要奔波协调。所以，安全是最大的效益，事故是最大的成本。

4. 破坏幼儿园的竞争力

幼儿园是社会体系的一部分，在市场经济的推动下，办园模式发生了变化，管理模式也由传统的关门办园转为开放办园，民办幼儿园发展迅速，各种幼教集团、连锁园、加盟园等运营模式加速了幼教的产业化进程。幼儿园与社会公共关系更加密切，交叉点更多，建立良好公共关系是幼儿园树立品牌形象、提高竞争力的重要举措。目前民办幼儿园基本上是以生养师，生源不好会直接影响收益，如果危机影响了幼儿园公众形象，破坏了竞争力，那么就会减少幼儿园的生源，消耗幼儿园发展的能量，增加办园成本，严重时幼儿园会陷入办园困境。

三、幼儿园公共关系危机的根源与类型

（一）幼儿身心发展不成熟引发的公共关系危机

幼儿是幼儿园的主要服务对象，幼儿通过在园生活，学会学习，学会交往，养成良好的生活习惯，得到德、智、体、美全面发展。在个体成长过程中，3—6岁儿童的行为、动作、认知、心理等具有典型的年龄特点，容易发生安全事故。据有关调查显示，3—6岁儿童在幼儿园发生意外伤害事故率高达46.1%。因为幼儿正处于好奇心强、探索欲旺、活泼好动的年龄段，身体的平衡能力、协调能力欠佳，自护、自救能力较差，很容易在运动、行走、游戏等过程中发生安全事故，如擦伤、异物入体、韧带拉伤、胳膊脱臼、骨折等，引发家园公共关系危机。另外，幼儿心理不成熟，认知能力有限，分辨力不强，也可能引发危机。例如：有时教师一个拍拍肩、摸摸头的动作，在孩子眼中就变成了"老师打××同学""老师打我"；因语言表达不准确，或者将自己想象的和实际发生的事情混淆，使得幼儿回家向家长转述某件事时引起家长对教师的误会；幼儿渴望被教师关注，因此故意在班上捣乱，甚

至对同伴产生攻击行为；也有极少数幼儿因为患有自闭症或有其他心理、性格问题，与教师对抗、与同伴发生冲突，引发师幼公共关系危机或家长与家长之间的矛盾。幼儿园应为孩子提供安全的环境，帮助孩子提高安全意识和自护自救能力，密切关注孩子的行为表现，加强家园沟通，只有这样才能减少或避免因幼儿身心发展不成熟引发的公共关系危机。

（二）幼儿园教师职业素养缺失引发的公共关系危机

幼儿园教师是幼儿园发展的中坚力量，是贯彻党的教育方针、落实教育理念、促进幼儿全面发展的直接实施者，也是幼儿园办园质量的重要保障。幼儿园教师职业素养越高，学前教育发展能量就越强。《幼儿园教师专业标准（试行）》指出，"幼儿园教师是履行幼儿园教育工作职责的专业人员，需要经过严格的培养和培训，具有良好的职业道德，掌握系统的专业知识和专业技能"，并提出幼儿园教师应该秉承的四大基本理念——"幼儿为本、师德为先、能力为重、终身学习"。近年来，随着大力普及学前教育，幼儿园教师队伍不断扩大，年轻化的师资给幼教事业注入了新的活力，但幼儿园教师总体素质不容乐观，存在许多问题，如准入门槛低、资质不合格、年龄结构不合理、待遇低、队伍不稳定等，这些客观存在的问题为幼儿园发生各种危机埋下了隐患。在民办幼儿园和农村幼儿园，部分幼儿园教师没有接受过专业培养，缺少专业认知，缺乏对幼教事业的热爱，教育理念落后，教育方法简单。还有些幼儿园教师虽然资质合格，但职业认同感、幸福感不高，责任心差，组织能力差，情绪管理水平低，甚至法治观念淡薄，因此很容易造成幼儿在园发生各类事故，与幼儿、家长、同事发生矛盾，从而引发各类公共关系危机。做好青年教师的培养工程，加强全体幼儿园教师师能、师德教育，提升职业素养，任重而道远。

（三）幼儿园管理能力缺失引发的公共关系危机

管理出质量，管理出效益。幼儿园管理的对象是一个集合体，涵盖幼儿园的人、财、物、事、时空、信息、手段等要素。根据幼儿教育的任务和内容，幼儿园管理包括目标管理、计划管理、保教业务管理、教育科研管理、保教质量管理、后勤管理、财务管理、制度管理、队伍管理、园长自身建设等。幼儿园管理要想有序和高效，必须有一个优秀的管理团队，做到职责明确，有章可循，有法可依，各项管理内容具体，措施落实到位。如果管理层素质差，特别是园长管理能力低下，没有居安思危、未雨绸缪的危机意识，漠视危机管理的重要性，那么幼儿园管理就会一片混乱，员工行动没有方向感、行为没有约束力和规范性，就会埋下公共关系危机隐患，增加危机发生的概率。

（四）幼儿家长人文理念偏差引发的公共关系危机

人文理念是指人们在一定时期内的思想观念、道德标准、价值取向。人文理念存在个体差异，由于家庭出身、教育背景、生活经历、兴趣爱好不同，人文理念也会有所区别。在幼儿园公共关系危机中，有不少是因为家长在育儿理念、价值取向等方面存在偏差，特别是幼儿的爷爷奶奶辈更加明显。面对幼儿在园期间发生的意外，家长有时不能冷静、理性地对待，不能分辨谣言、判断真假，不理解教师，不信任幼儿园，动辄投诉教师、投诉幼儿园，甚至受社会上"医闹""校闹"等不良风气的影响上演"园闹"，过分追究幼儿园及教师的责任，提出不合理的赔偿要求等。面对家长，幼儿园一方面要提高服务意识，方便家长，尊重家长，建立家园工作机制，创建家长学校，正面引导家长树立正确的理念；另一方面要完善家委会，让家长参与幼儿园的管理，借助家委会做一些协商调解工作。当然，幼儿园也要加强法治意识，要用法律武器维护教师和幼儿园的合法权益。

（五）幼儿园网络舆情监测缺失引发的公共关系危机

在信息传播技术和传播手段极为发达的当下，网络舆情引发的公共关系危机时有发生。由于网络舆情监测不到位，使不利报道、不实报道和外界谣言抢占舆论制高点引发的幼儿园公共关系危机已不少见。新媒体时代的公共关系危机源头多，微博、微信、微视频、飞信、易信、QQ、网络、报刊、电视等都是危机传播的主要媒介，相比传统媒介，幼儿园需要关注的传播路径和平台更多。幼儿园平常要加强员工的信息技术教育，加强与媒体建立公共关系，加强网络舆情监测，完善网络舆情预警、应对机制。

（六）其他不利因素引发的公共关系危机

身处变化发展的社会大环境中，还有别的一些不利因素也可能引发幼儿园公共关系危机。社区、其他幼儿园、职能部门等其他组织，都是必须面对的公众，幼儿园都会与其产生互动、联系。如果幼儿园不注意与这些部门或组织协调关系，有误会、隔阂不主动解释、消除，那么很容易让幼儿园置身于孤岛、办事受阻，或者招来非议，引发危机。幼儿园同行之间的恶性竞争也是引发公共关系危机的不利因素。抢生源、打价格战、恶意中伤、造谣生事甚至大打出手，这些年在民办幼儿园中常有发生，幼儿园的形象因此受到破坏。此外，一些突发事件也是引发危机的不利因素，例如社会上一些不法分子在幼儿园门口或园内制造伤害、恐吓、暴力等恶性事件，危及幼儿和教职工的生命安全，幼儿园要高度重视、严密防范、消除隐患。

第二节　幼儿园公共关系危机预防

"海恩法则"[①]启示我们，每一起严重的事故都必然有征兆、苗头和隐患。任何组织想要预防潜在的危险，必须从源头上控制、管理好每一个细节，关注相关信息，准确分析，科学预测，防患未然。"海恩法则"同样适用于幼儿园公共关系危机管理，因为公共关系危机也可以通过排查隐患、评估信息、采取预警措施等进行防范。美国危机管理专家迈克尔·里杰斯说："预防是解决危机的最好方法。"

---

① 海恩法则是德国飞机涡轮机的发明者帕布斯·海恩提出的一个在航空界关于飞行安全的法则。海恩法则提出：每一次严重事故的背后，必然有29次轻微事故和300个未遂先兆以及1000个事故隐患。海恩法则强调两点：一是事故的发生是量的积累的结果；二是再好的技术，再完美的规章，在实际操作层面也无法取代人自身的素质和责任心。

一、幼儿园公共关系危机的预防原则

幼儿园公共关系危机预防概括起来有以下五大原则：

（一）幼儿为本原则

《幼儿园教育指导纲要（试行）》指出："幼儿园必须把保护幼儿的生命和促进幼儿的健康放在工作的首位。"《幼儿园教师专业标准（试行）》和《幼儿园园长专业标准》都提出，要树立"幼儿为本"的理念，幼儿园的一切工作都要以幼儿为中心，围绕幼儿的生活、学习与发展进行。危机预防应该遵循"幼儿为本"的原则，要充分呵护幼儿的生命，关注幼儿的身心健康，尊重幼儿是发展中的人、独特的人这一特点，信任孩子，包容接纳幼儿成长的个体差异，蹲下来看孩子，真正落实平等的师幼观。只有坚持"幼儿为本"的办园理念和教育理念，落实幼儿在园的主体地位，幼儿园管理工作、班级保教工作才能满足幼儿身心健康成长的需要，建立亲密、和谐的师幼关系，消除危机隐患，避免事故，预防公共关系危机。幼儿为本的原则是幼儿园管理的基本要求，也是预防危机最基本的指导思想。

（二）全员参与原则

任何组织建立的公共关系都是集体形象，因此幼儿园员工的一言一行以及幼儿的行为习惯、认知水平和社会交往能力，既体现幼儿园的师资水平、保教质量，也彰显幼儿园的文化特征、师生共同塑造和维护的幼儿园公众形象。在公共关系危机预防中，要加强员工危机意识培养和危机预警教育，团结全体师生，调动全员的积极性，发挥集体的智慧。公共关系危机预防不仅需要内部全员参与，还需要调动外部公众。幼儿园要主动邀请家长、媒体、教育行政部门等参与幼儿园的大型活动，沟通感情，促进了解。只有平时"人和"，才能得到困境中所需的"合力"。要多向教育、消防、公安、卫生等行政职能部门汇报工作，他们也是幼儿园的间接管理者，争取得到他们的指导和支持，让他们参与危机预防是增强幼儿园危机预防能力的重要途径。只有做到内外协调，全员参与，危机预防才能获得最宝贵的人力资源，达到事半功倍的效果。

（三）制度保障原则

幼儿园的各种规章制度是确保正常有序地开展工作的依据，是幼儿园的"法"。公共关系危机预防与规章制度关系密切，幼儿园组织机构合理，制度完善，工作效率高，各类危机发生概率自然会降低，有利于良好公众形象的塑造。幼儿园要建立公共关系危机管理机制，健全预警制度：成立公共关系管理小组，明确岗位职责，做到定岗定员，权责分明，考核到位；制定公共关系危机预案，用制度来保障危机预警程序化、规范化、常态化。如果没有制度来规范职责和程序，那么员工就会遇事推诿、怠慢，降低危机敏感性，发现不了危机苗头和隐患；如果没有制度化的预警方案和措施来落实，员工就会遇事慌乱、无序，降低应对效率。

（四）与时俱进原则

在这个知识爆炸时代，学习非常重要。《幼儿园教师专业标准（试行）》和《幼儿园园长专业标准》对教师和园长提出了"终身学习"的要求。幼儿园公共关系本身就具有开放性和时代性，因此危机预防也要与时俱进、顺势而为。园长和教师要利用各种工具、平台进行学习，提高预警能力。例如，学习各种专业书籍，掌握先进理念和知识，提高自身的专业能力、思维能力、判断能力；学习信息技术，建立数字化幼儿园，保障幼儿园与外界信息畅通；学习微信等最新传播媒介，建立幼儿园公众号，及时发布幼儿园动态消息；通过网络了解行业动态，从相关幼儿园危机报道中吸取教训、借鉴经验。与时俱进，不断接收新信息，提高危机管理能力，即使面对新问题，也能保持嗅觉敏锐，灵活应对。

（五）持之以恒原则

"凡事预则立，不预则废""防微杜渐"都是古人在生存中总结出来的大智慧，特别适用于危机管理领域。不过，要实现"凡事立而不废"的目标，需要持续不断地进行"预"和"防"。幼儿园公共关系危机预防要渗透在日常管理中。公共关系的本质就是形象和声誉的传播，是一个被公众认识、认可、喜欢、宣扬的过程，好口碑不是通过一件事或一阵子就形成的，要靠长期的积累。幼儿园要时刻绷紧危机之弦，战略先行，明察秋毫，防微杜渐。要抛开炒作、作秀等立竿见影的权宜之计，脚踏实地，求真务实，从点滴做起，从小事做起，持之以恒，用真诚去赢得公众的理解，用时间去换取公众的信任。

二、幼儿园公共关系危机的预防策略

（一）培养危机意识

《周易》说"君子以思患而豫（通'预'）防之"，意思是明智的人总能想着可能发生的祸害，预先做出防范。居安思危、顺时忧逆、提高对危机的认知程度和警觉性，是预防危机的思想基础。幼儿园要让管理者、员工以及家长具有以下危机意识并达成共识：公共关系很重要；排除一切安全隐患；学习新媒体时代的传播技术与沟通方式；严格执行与落实各项规章制度；管理者经常与公众保持联系；管理者养成与员工交流想法的习惯；管理者按时深入班级查看幼儿的生活与学习，了解幼儿的精神状态和情绪表现；教师和家长密切沟通，家园之间衔接到位；家长配合幼儿园做好幼儿安全隐患排查，严格遵守接送等制度；管理者随时接待家长，引导家长参与幼儿园日常管理等。通过危机意识的培养，幼儿园内外一体，居安思危——思则有备，备则无患。

（二）制定危机管理制度

规章制度是科学管理幼儿园的重要保证。北京师范大学张燕教授概括了规章制度的三大作用："规章制度可以保证正常教养工作秩序，提高管理成效；规章制度具有制约规范作用；规章制度具有行为指向作用，有助于增强责任意识，建设良好园风。"幼儿园的各种规章制度对员工工作职责和工作规范提出了要求，是实现幼儿园工作规范、有序、高效这一目标的制约机制。有了制度的规范和约束，员工就有了方向，明确什么是对、什么是错、什么可为、什么不可为。幼儿园要制定专门的"危机管理办法"，对可能出现的各类危机进行管理，也可有针对性地制定"公共关系危机管理办法"，明确管理内容，规范管理职责，规范员工行为，包括新媒体时代的网络行为等。制度建设是幼儿园精神文化的重要组成，当制度文化内化为员工的责任意识、工作习惯时，就会大大减少因责任心缺失、管理混乱引发的事故，减少公共关系危机，提升幼儿园在公众面前的良好形象，扩大影响。

（三）组建危机管理小组

幼儿园公共关系危机管理小组可由以下人员组成：园长（负责全程管理，向上级部门汇报，与公众沟通，指挥调度）、副园长（协助园长管理，配合有关部门取证，接待家长等）、办公室主任（建立并管理全园师生、家长、媒体、行政等部门的联系电话等信息库，联络公众）、总务主任（负责后勤物资准备，园舍等设施、设备的安检，排查隐患等）、保教主任（危机管理知识培训，保教活动安全排查等）、保健医生（检查幼儿的健康常规，与卫生部门保持密切联系，诊断幼儿的伤势、病情，初步处理等）、新闻发言人（由有影响力、责任心强、善于沟通的园领导兼任）、年级组长（监测本年级危机因素，带领本年级教师排查隐患）、家长代表（收集家长意见，做家园公共关系的纽带）、法律顾问（法律知识培训、咨询、指导等）、心理辅导员（心理培训、咨询，评估心理健康、心理疏导等）等。危机管理小组的主要职责是：公共关系危机信息的采集；组织危机管理知识培训；判断危机发生的可能性并评估其风险和损害；制订危机预警计划并组织执行；组织危机应对；组织危机后的恢复、重建工作等。

（四）创建危机预警系统

幼儿园公共关系危机预警系统是危机管理小组根据幼儿园内外环境与条件的变化、与公众相处关系的变化，对未来可能出现的危机进行预测和报警的管理系统。危机预警系统要遵循一定的规律和依据，采集准确的数据和信息，制定相关警戒标准，通过评估、比对进行危机界定、危机警报，其目的就是发现危机前兆，预见危机发生的地方和规模，再依据预警解决问题或做出反应。幼儿园公共关系危机预警监测对象既包括各类危机事故隐患（因为任何一类危机都可能引发公共关系危机），又包括内外公众。预警系统的管理要做到定时、定人、定责，每日危机隐患排查、统计如下：保健医生对幼儿身体情况、流感发生率进行统计；园长就家长来访和投诉进行统计；行政值班人员就门卫执勤、登记盘查来访者情况以及园舍户外设施场地安全情况进行统计；后勤园长就食堂卫生、安保设施等情况进行统计；保育员就室内环境安全情况进行统计；教师就幼儿活动环境和玩教具卫生、安全情况进行统计；教师就幼儿情绪、行为异常情况进行统计；信息技术人员或办公室人员就网络舆情进行统计，等等。这些信息和数据每日由幼儿园内部信息平台汇总，按指定程序上报相关人员，各项指标依据警戒线进行评判，如接近或超过警戒指标，则上报园长，由危机管理小组按照构成预警进行处理。此外，幼儿园要定期在家长、教师、社区中做民意调查，采取无记名问卷调查、个别谈话的形式搜集信息，了解公众对幼儿园的评价，对教师师德水平、保教工作的满意度，了解各岗位员工的工作态度、工作能力。园长要经常和员工谈心、交流，了解员工的思想动态，采纳员工的合理建议，以上都是收集信息、科学监测、实现预警的良好举措。

（五）完善危机应急预案

幼儿园公共关系危机应急预案是事先制定，在紧急状态下进行危机处理的行动方案。主要内容包括：潜在公共关系危机分类，制定相应预防措施，确定危机波及的各方和损失，制定应对战略及战术。制定危机应急预案意义重大，因为一旦危机发生，幼儿园会承受巨大压力，以致失去理智，做出错误决定，而在风平浪静时，人处于理性、冷静的状态，能做出明智的决定，再加上应急预案是集体智慧的结晶，一般考虑周详、细致，在危机来临时能目标明确、决策果断、反应迅速、主动出击，最大限度地降低危机损害，尽快修复被破坏的公众形象。应急预案制定好后要进行演练，发现问题再加以修改、完善，保证预案的可行性和有效性，并让大家熟悉内容，熟记流程和要点。

（六）做好危机应对的人财物准备

灾难经济学家曾提出：在灾难前投入十分之一的资金用于灾害防范，就可以降低十分的损失。幼儿园投入培训经费，提升教师专业素养和职业道德；投入活动经费，定期开展集体活动，增强团队凝聚力，能预防和减少因内部员工自身问题引发的公共关系危机。危机应对如同作战，一支训练有素、应对能力强的队伍是人才保障。除了队伍建设，幼儿园还需要一定的物资装备和经费保障。例如，这些年曾出现不法分子制造的校园恶性伤害事故，虽然概率极低，但影响极坏，对幼儿园的声誉、形象损害巨大，甚至会对幼儿园造成致命打击。幼儿园务必居安思危，积极防范，平时除了加强与公安系统的警务联系，还要配备一些操作方便，可以远距离制服歹徒的长矛、叉之类的防卫器材。要配备消防器材、火警报警装置，添置监控、摄像机，规划安全避险通道，购买校园安全保险，建立幼儿园数字化信息系统等，以应对公共关系危机后勤方面的财、物要求。

三、幼儿园公共关系危机的预防案例

墨菲定律认为，只要存在发生事故的原因，事故就一定会发生。这警示我们，对任何事故隐患都不能麻痹大意，只有平时精心，关键时刻才能放心；只有平时细心，关键时刻才能安心。思路决定出路，方法决定速度，危机管理的最高境界就是不出现危机，危机预防就是为了实现这一目标。

案例8-1　暑假装修，平稳过渡

某幼儿园是一所民办园，办园时间较长，声誉良好，尽管这些年社会力量办园火热，周边也陆续增加了好几所投入大、上档次的民办园，竞争激烈，但是这所幼儿园以规范的管理、良好的公众形象受到家长欢迎，生源一直充足。暑假快到了，幼儿园考虑到目前校园的装修太陈旧，决定利用假期对幼儿活动室、寝室重新装修，更换幼儿桌椅、床，户外添置各种攀爬悬吊运动器械。幼儿园很重视装修中的环保安全问题，在筹备工作会议上邀请家长委员会成员参加，耐心解释装修的必要性，并让家长监督装修材料的使用和施工过程，购买的装修材料、家具及运动器械都有环保安全证书，是正规厂家生产的，同时督促施工方加快进度，以便留出较长的通风散气时间，并邀请专业机构做了除甲醛的科技处理。8月底，幼儿园邀请环保部门进行室内环境检测，结论为合格，但是考虑到幼儿敏感的体质，在征求家长委员会和部分家长的意见后，向教育局申请延迟一个月开学，并通过报刊、电视、网络等媒体进行公告。公告中还出具了环保部门检测证书和装修材料环保证书，并附上教育局同意延长开学时间的通知、家长委员会签名材料以及幼儿园装修前后的图片。此外，幼儿园安排教师逐一和老生家长取得联系，做好沟通解释工作，行政人员负责接待来访的老生家长和已报名新生的家长。国庆假后如期开园，没有流失一个老生，新生入园人数也基本持平。幼儿园继续保持警惕，对幼儿在园生活密切关注，保健医生每天多次巡视，检查幼儿的皮肤、身体及情绪有无异常。当个别家长因为孩子某些不适症状对幼儿园装修表示怀疑时，教师耐心解释并及时上报，由园医及园长出面沟通。因为幼儿园做好了全员公关的预案，信息通畅，个别问题都得到了妥善解决，没有造成生源流失，没有发生特殊时期的公众信任危机。

（案例由湖南省娄底市教育科学研究所王立群提供）

【案例分析】

幼儿园新装修和老园翻修都是敏感问题，家长对装修给幼儿健康造成的潜在影响越来越重视，公众也格外关注幼儿健康的话题。本案例中的幼儿园在老园翻修这个公共关系敏感期平稳过渡，采取了以下措施：一是坚持"幼儿为本"的理念，将保障幼儿的身体健康放在首位，慎重选择安全环保的装修材料和室内外器材，并做科技除害处理，保障师生的身体健康。二是幼儿园全员危机意识强，从园长到教师重视与家长的沟通，特别邀请家长委员会成员参与筹备，见证装修过程，体现了尊重家长、信任家长的态度。三是危机预防策略适当：邀请家长参与；通过环保监测、官方认证；报告教育行政部门得到支持；及时公告、主动引领媒体；接待家长来访、耐心解释；教师电话家访、加强沟通；保健医生巡检、及时跟进，个别问题应对、妥善解决。这家幼儿园高度重视危机预防，准备充分，管理规范，预警工作开展得扎实，所以能在市场中保持竞争力。安全无小事，幼儿园无小事，只有各个环节严格把关，对问题有预见性，时刻保持警惕，做好预防，幼儿园的各项工作才能平安、顺利，获得公众的信任与支持。

第三节 幼儿园公共关系危机应对

公共关系危机应对是指危机发生后，危机管理人员采取措施、积极面对、有效处理的过程。有些危机可以依据预警方案加以调整，灵活应对；有些危机属于突发事件，没有防备，可按照危机应对的基本原则和策略，主动应对危机，果断迅速地面对问题、解决问题，不能遮遮掩掩、避重就轻、"鸵鸟式"应对，那样只会让危机变得更加严重，让公众误会、怀疑和失望，以致失去公信力。

一、幼儿园公共关系危机的应对原则

（一）快速反应原则

公共关系危机发展一般会经历五个阶段：危机爆发——媒体效应——形象危机——财务危机——生存危机。无论是对生命安全、身体健康造成伤害，还是对心理健康、精神情绪造成伤害，危机应对都刻不容缓。如果能在第一个阶段就采取有效措施，积极应对，那么就可以大大降低解决危机的成本，取得良好的效果。因为公共关系危机具有传播扩散的特点，如果错过危机应对的黄金时期，那么各种不利因素就会增多，甚至呈几何倍数增长，场面很快就会失控，危机造成的损害就会加大。因此，在应对危机时必须牢记时间第一、快速反应的原则，充分利用第一个"24小时"，控制危机局势，阻止危情蔓延。

（二）人道主义原则

人道主义，是源于欧洲文艺复兴时期的一种思想，提倡关怀人、尊重人、

以人为中心的世界观，主张人格平等、互相尊重和互相关爱。幼儿园公共关系危机应对应坚持人道主义的原则，当必须在人与财、物之间进行选择时，要毫不犹豫地选择人；要对危机中受到伤害的人给予同情和关爱；要尊重每一个人、每一个生命，做到公平、公正，不偏不倚；要给予受害人物质和精神方面的帮助，积极治疗受伤者；要在平时学会急救方法，在关键时刻救护他人或自救，在医护人员到达前争取宝贵的抢救时机；要及时安抚伤者及其家人的情绪，主动赔偿应当承担的损失，主动承担应负的社会责任。危机应对中的人道主义思想体现了师幼为本的管理理念，也体现了《幼儿园教育指导纲要（试行）》所要求的"幼儿园必须把保护幼儿的生命和促进幼儿的健康放在工作的首位"这一理念，它是《幼儿园园长专业标准》第13条"将尊重和关爱师幼、体现人格尊严、感受和谐快乐作为幼儿园育人文化建设的核心"的内涵所在。

（三）实事求是原则

幼儿园必须在第一时间赶赴现场或取证，调查原因，了解真相。要对事件发生的起因、发展过程、受伤情况或造成的后果，以及媒体已经报道的信息等情况全部知晓，并及时公布信息。无论对内部员工，还是对新闻媒体、受害者以及上级领导，都要勇于面对，实事求是。越是在公众面前语焉不详、躲躲闪闪，或者对事实的真相了解不深入，在解释时就越会破绽百出，这种危险的"真相留白"会给滋生谣言提供空间，不仅不利于安抚受害者的情绪，而且会失去公众的信任和支持，让危机变得更加"危险"。

（四）真诚沟通原则

幼儿园公共关系危机具有聚焦性，危机发生后，幼儿园就成了焦点和热点，新闻发言人的信息发布、对受害者的帮助和关爱、对媒体及公众的态度，都会直接影响危机应对的效果。幼儿园的一言一行都要谨慎，与公众真诚沟通，自觉接受媒体的监督，该解释的解释，该道歉的道歉，该治疗的治疗，该帮助的帮助，该汇报的汇报，说话做事有真心、耐心和良心。态度诚恳，有礼有节，才能安抚当事人，获得谅解，换来公众的信任。

（五）权威认证原则

幼儿园公共关系危机发生后，为了澄清误会，减少损失，幼儿园要保持冷静和理性的态度，想方设法争取主动权。有时单凭自己的力量是不够的，当面对一些较为复杂的问题时，幼儿园要寻求国家权威鉴定部门的支持，对公众存在疑义的问题进行权威认证，出具鉴定文书，以正视听。也可邀请权威人士，如教育、卫生、消防、公安等职能部门的负责人协助调查，公开调查真相，提高传播的公信力。

（六）勇于担责原则

恪尽职守，勇于担当，本身就是一种良好的品质，能获得信任和称赞，个人如此，集体也一样。幼儿园要想树立良好的集体形象，平常就要加强员工的责任心教育，要做到人人有事干、事事有人管。当公共关系危机发生后，幼儿园更要主动担责，应对危机，要在第一时间充分了解事情真相。如果是由幼儿园自身原因造成的，要主动承担责任，坚决不推诿，不逃避。如果危及当事人的身心健康和生命安全，要及时治疗和抢救，要对受害者及其家属真诚致歉，并诚恳地向公众说明真相，向公众致歉。特别是在事实清楚、责任明确的前提下，幼儿园应该承担的赔偿要主动履责。

二、幼儿园公共关系危机的应对策略

（一）确认危机，迅速行动

幼儿园公共关系危机一旦发生，就要迅速启动应急预案，管理小组要根据掌握的信息和事实迅速判断，评估危机伤害范围，对可能引起的关注焦点、话题热点做出判断，主动向有关部门汇报。园长作为第一责任人，要有确认危机的专业素质，不能优柔寡断，既要抓住重点，遏制事态蔓延，又要考虑周全，不遗漏环节。危机确认能力直接关系应对决策的科学性、客观性和时效性。

（二）确定发言人，公布真相

公共关系危机发生时，由于新媒体时代信息传播的途径和方式广泛，公众对事故的关注和好奇心理都会加速事件传播，在传播过程中常常添油加醋，以讹传讹，因此，"说真话，立即说"是危机发生时稳定人心的重要策略。一方面要迅速召开幼儿园内部员工会议，让每一个员工清楚事情的真相和幼儿园对事情的处理态度，让员工消除因不明真相而产生的担忧与疑问，愿意和幼儿园站在一起共同应对，在对外传递信息时能口径一致，正面传播，正面引导；另一方面要迅速选定新闻发言人。发言人要善于沟通，有亲和力，心理素质良好，有一定的职务和权威性且有一定的经验。新闻发言人根据管理团队商定的发言内容，做好充分的准备，着装、仪态、语速、口气、表情都要适宜，选择合适的发言场合和时间，技术性、专业性较强的问题要选用清晰、准确的语句，确实不知道的内容要诚恳地表示会尽快给予答复，无法告知的内容不能简单地使用"无可奉告"等词汇——这种词汇就像斗牛场上挥舞的红布，只会引起公众更强烈的好奇心。要放低姿态，有礼貌、耐心地做出解释。新闻发言人的良好表现有助于化解矛盾冲突，增强公众共情效果。

（三）与媒体合作，控制舆论

媒体管理是公共关系危机管理的重要内容。幼儿园平时要加强与当地主要媒体的沟通联络，与记者保持联系。一旦发生危机，要迅速与记者联系，以便对事情进行真实、客观的报道。要选择合适的时间、地点召开新闻发布会，接受记者的现场采访，公布事件经过，告知幼儿园目前已经采取、今后将要采取的应对措施，并通过校园网、微信公众号、微博等渠道传播，掌握舆论主动权，抢占舆论引导先机，不让真相"留白"，不给谣言滋生的时间和空间。要对外公布联系电话，确保全天都能及时接听媒体及公众打来的电话，接听人做好记录，对于重要的电话要及时回访。只有主动应对，传播渠道畅通，才能有效管理危机，挽回受损形象。

（四）寻求外援，权威相助

俗话说，"当局者迷，旁观者清"。在危机发生时，要善于邀请"外脑"援助，减少决策错误。例如，主动向上级求援，邀请主管部门的领导和具有公众影响力的权威人士参加现场应对或危机管理会议，提高应对策略的正确性和有效性，都有利于安抚受害人情绪；必要时，幼儿园还可向权威部门求助，申请技术鉴定，申请专业举证；幼儿园公共关系危机常常会涉及法律纠纷，在前面的危机预防中，我们也说到幼儿园要聘请法律顾问，法律顾问既可以在平日对员工进行法制教育，又可以在危机发生时进行法理分析，给予法律援助，依法维护园方和教师的权益。平时，幼儿园要与这些部门、组织和个人加强联系，关键时候就能获得帮助。

（五）积极处理，公布结果

及时公布危机应对进展和责任人处置信息，是保持信息畅通、满足公众了解危机的需求、实现对外有效沟通的必要措施。处理危机的速度、进度和态度能够让受害者和公众看到幼儿园的管理能力、决策执行力和公关合力，不拖沓、不紊乱、不推卸才能减少抱怨和矛盾冲突，挽救幼儿园的公共形象。如果是幼儿园内部员工人为因素造成的危机，那么要在妥善安置师生、消除危险因素之后，对责任人进行问责，触犯法律的要移交司法机关，违反幼儿园管理制度的要依规处分，并及时公布处理结果。如果园方和教师无过错，则要根据客观事实和法律公开信息，维护幼儿园和员工的权益。

（六）评价危机，做好善后

评价公共关系危机、做好善后包括以下内容：确认该危机如何影响幼儿园重要受众的行为和思想；评估该危机对幼儿园招生和声誉的影响程度；识别本次危机是否已经结束；比较危机发生前后员工的工作态度；处理危机遗留问题；采取措施，挽救受损形象等。幼儿园可以根据新闻媒体是否还在报道、谣言是否还在传播等来判断危机是否结束，也可以采取发放问卷调查、开座谈会、电话回访等方法确认。"善后"不等于"事后"，善后是为了预防危机引发次生问题，进行积极引导、干预，修复民意，修正幼儿园形象，减轻事后风险的过程。善后工作要前置，要与应急工作同时进行。很多公共关系危机由于善后工作做得不妥当、不及时，往往一错再错，错上加错，不仅损害幼儿园声誉，而且波及教育行政和职能部门，使其饱受公众非议。这种危机造成的综合后果具有"缓释效应"，即使事件处置完了，其滞后影响仍广泛和长久地存在。

三、幼儿园公共关系危机的应对案例

（一）由幼儿引发的公共关系危机应对案例

案例8-2　孩子，我们爱你

幼儿活泼好动，磕磕碰碰在所难免。有时候，幼儿自己不小心摔伤，但家长认为幼儿的伤害发生在园内，幼儿园应该承担所有责任。家长可能会不依不饶，甚至引发危机。

我们幼儿园曾经有一名幼儿，在户外游戏中跑步时不小心摔伤了。幼儿失去平衡，右手着地，导致右手手腕骨折。发生意外后，我们第一时间与幼儿家长取得联系，并由副园长带领保健医生、主班教师将孩子送往家长指定的医院医治。在治疗的过程中，由于孩子的手不能随意动，医生把孩子的衣服剪开为孩子做了手术。

同时，幼儿园也启动了相关的调查和资料的收集，经过详细了解，确定是孩子不小心摔倒。但面对幼儿在园的意外伤害，我们不推卸、不逃避责任，积极面对，配合家长做好幼儿的康复工作。

对于孩子遭受的意外，爷爷奶奶特别心疼，情绪一直非常激动，指责教师没有看好孩子。我们非常理解家长的心情，幼儿园为孩子送去了新衣服，术后幼儿园主动派出教师分担照料孩子的任务，尽心尽力，体现了我们对孩子的关心。

在这个过程中，家长感受到了幼儿园对孩子的关爱。家长慢慢被感化了，他们也能站在幼儿园、教师的角度思考，体谅教师的不容易，最后，这个危机被化解。

（摘自：于渊莘，邹平. 沟通的力量——园长公共关系协调能力的提升［M］. 北京：北京师范大学出版社，2017.）

【案例分析】

幼儿活泼好动、平衡能力弱，易摔倒造成安全事故，这在幼儿园里十分常见，如果处理不当，很容易引发公共关系危机。例如，家长投诉教师和幼儿园，要求赔偿；教师饱受委屈，提心吊胆；幼儿园陷入纠纷，甚至惹上官司。这所幼儿园在事故发生后第一时间联系家长，及时送幼儿到医院做手术，派出教师照顾术后的幼儿，给幼儿送去新衣服，认真调查事故经过、保存资料，体现出关爱孩子、勇于担责的积极态度，起到了安抚家长情绪、缓解矛盾的作用。由于应对主动，措施得力，心疼孙子的爷爷奶奶由责备教师到逐渐谅解教师，体谅幼儿园。危机就在幼儿园园长等人充满爱心、细心、耐心的工作中被化解了。日常管理中，为了减轻家长和幼儿园在遭遇较大危机事故后的经济压力，一方面幼儿园要引导家长为幼儿购买意外伤害保险，另一方面幼儿园要购买校园责任保险。当然，购买保险需遵循家长自愿的原则，幼儿园不能从中获取任何好处。有了保险赔偿作为保障措施，应对危机的难度也会减轻一些。

（二）由教师引发的公共关系危机应对案例

案例8-3 孩子不愿上幼儿园的背后

丁丁要入园了，家长面临着选择幼儿园的问题。他们在同事和朋友中四处打听，又到附近的几所幼儿园进行实地考察，最终选择了离家较近的一所小区配套幼儿园。这所幼儿园环境优雅，硬件设施较好，对外宣传的办园理念也不错。家长陪同丁丁到幼儿园进行入园体验，几天后正式入园。丁丁比较适应新环境，没有明显的分离焦虑症。

不料一个多月以后，丁丁却逐渐表现出异样，早上不愿起床，哭着喊着不去幼儿园。家长好不容易哄好了，一到幼儿园门口丁丁就低着头，噘着嘴，缠着家长，见了老师也不喊，下午从幼儿园回来也不开心，精神不振，情绪低落。丁丁妈妈主动向带班老师咨询丁丁为什么不喜欢上幼儿园，老师说没事，这是正常的分离焦虑症。细心的妈妈还是觉得另有原因，于是仔细询问孩子，在丁丁断断续续的表达中，妈妈还是听出了一些端倪——老师打小朋友的手板，不准吃饭慢的小朋友玩玩具，骂丁丁是"坏孩子"。丁丁妈妈虽然很生气，但是也担心孩子说假话，就私下和其他家长交流。结果发现，班上还有好几个孩子也有类似的情况，有孩子说老师把他关在厕所里，有家长回家发现孩子的裤子有很浓的尿骚味，很明显是孩子尿湿后老师没给换裤子。事情一公开，家长们十分气愤，联想到网上的幼师虐童案，感觉孩子也被虐待了，于是集体跑到园长办公室大闹——有的要求立刻换老师，有的要求退钱转园，有的要求赔偿孩子的精神损失，有的大喊要找电视台来曝光。原来的行政园长是一名退休后返聘的老园长，几年来把幼儿园管理得很好，因年岁大辞职了，新园长没见过这种场面，不知如何是好。好在老园长闻讯后赶到，立刻采取措施，园医和保教主任进班级和孩子们谈话，了解孩子们的身心状况，两位副园长分别找当班教师和保育员谈话，老园长在接待室安抚家长。经过认真调查，这是一起由于教师职业素养缺失引发的危机。这名教师是新招聘的，性格急躁，看到孩子们吵闹就心烦，经常发脾气训孩子，吓唬孩子，催促孩子快点吃饭，不然就不准玩玩具；有个孩子因为喝多了水，总是跑厕所，就罚他在厕所里站着。由于幼儿园开学事情多，新园长对业务不够熟练，没有深入班级了解情况，忽视了对新教师的考察、培养，导致公共关系危机的发生。虽然在老园长的帮助下此事平息了，但它给幼儿园的声誉造成了不好的影响，包括丁丁在内的几名幼儿还是转园了。

（案例由湖南省娄底市教育科学研究所王立群提供）

【案例分析】

　　幼儿园队伍建设不仅要培养骨干，而且要步步为营，关注每一位教师，促进其成长。案例中这位新教师缺乏对幼师职业的认同感，对孩子没耐心，不了解小班孩子的心理、行为特征，工作方法简单粗暴，组织能力差。在幼师队伍里，这样的教师数量还不少。这是由近些年学前教育普及快，幼师准入门槛低带来的问题。幼儿园要高度重视新教师的培养，加强对新教师职业修养、专业能力的培训，要充分发挥团队学习共同体的作用，以老带新，以优培新，师徒结对，互相帮扶。幼儿园在新聘人员时，要将这项工作前置，可以从假期开始，既要用严格的制度来规范教师的保教言行，又要关爱教师，唤起教师对职业的认同和热爱。案例中的新园长因管理经验不足，没有危机防范意识，造成家长大闹、幼儿转园的后果，这也告诫我们，作为园长，更要居安思危，深入一线，加强学习，不断提高自己的专业能力和管理能力。

（三）由幼儿园管理引发的公共关系危机应对案例

案例8-4 对交接幼儿工作管理的体会

一天傍晚，一位幼儿家长急匆匆地来到园长办公室找我，说她的孩子吴某被陌生人接走了，不知去向……后经了解，事情是这样的：吴某见赵某的爷爷来接赵某，便要求赵某的爷爷带她回去。赵某的爷爷认识吴某的家，便答应了。于是，赵某的爷爷在教室门口对老师说了声"老师，我把吴某接走了"，然后就离开了。当时，正是家长接幼儿的高峰期，教师在忙乱中并未看清接吴某的是谁，只知道是个高个子的爷爷。吴某的妈妈来园未接到孩子，而老师又说不清孩子的去向，因此家长便气愤地找到园长室……

虽然这件事只是虚惊一场，但它暴露了幼儿园管理工作中存在的问题。为此，我们经过研究，完善了"交接幼儿制度"。这项制度覆盖幼儿在园一日生活中可能出现的各个交接环节（包括入园、中途接送、教师之间或教师与保育员之间换班、离园等），涉及保健医生、带班教师、保育员、值班教师及家长等人员，内容全面、具体。

为了使"交接幼儿制度"落到实处，我们又采取了以下措施：

首先，召开家长会。各班在近期召开一次以交接幼儿为主要内容的家长会（以后将该内容纳入开学初的家长会），向家长宣传我园交接幼儿的制度，争取得到家长的配合。同时，让每位家长填写调查表（主要调查可以接幼儿的人员及其与幼儿的关系等内容）。调查表由各班教师妥善保存，教师要严格按调查表提供的可以接幼儿的人员名单交接幼儿。

其次，幼儿园建立"各班交接幼儿记录表"。每天傍晚，各班总会有少数未被及时接走的幼儿，这些幼儿要由值班教师负责。带班教师必须与值班教师当面交接这部分幼儿，并在上述表格上写明这些幼儿的名字以及可以接幼儿的人员名单。此后，家长每接走一个幼儿，值班教师便在该幼儿的名字后做一个记号。

（摘自：张燕，邢利娅. 幼儿园管理案例及评析［M］.
北京：北京师范大学出版社，2002.）

【案例分析】

接送幼儿必须坚持流程管理，实现无缝对接。近年来，由于民办园发展过快，幼儿园管理不规范，导致幼儿安全事故和公共关系危机频发：某5岁女孩被陌生人接走遭猥亵，身心受重创，家长将幼儿园告上法庭；某4岁幼儿被冒名"叔叔"接走，身体致伤，家长质疑幼儿接送制度，索赔精神损失费及医疗费8万余元；某幼儿园让放学来园的7岁哥哥李亮亮领走4岁的弟弟李星星，兄弟俩没回家，在附近一个池塘玩耍，双双溺亡，家长将幼儿园告上法庭……这些例子暴露了幼儿园在幼儿接送制度方面的漏洞。案例8-4中的园长在危机隐患面前有警觉，善于反思，查漏补缺，行动力强，完善了覆盖幼儿一日生活各个环节的接送制度，并及时告知家长，争取得到家长的配合。幼教工作者需要用爱和责任去诠释职责，守护幼儿。生命没有回车键，我们要警钟长鸣，防范危机。

（四）由家长引发的公共关系危机应对案例

案例8-5 "难缠"的家长

周三早上，王园长一上班就接到市教育局阳光服务平台打来的电话："我们接到家长投诉，说孩子在幼儿园受了伤，小腿骨折，你们却不管不顾，逃避责任。家长要教育局出面协调，要求赔偿治疗等有关费用。不然，他就会找媒体来报道此事。"于是，王园长立刻赶到教育局向主管科室汇报事情的经过：

上周五上午在户外游戏时，中二班的东东在荡桥旁边摔了一跤，右手擦破点儿皮，一直在现场观察孩子们游戏活动的老师连忙带东东去保健室。园医对伤口进行了消毒处理，确诊其他部位没有受伤后，老师陪东东休息了一下。东东自己提出还要玩游戏，老师就带他回到户外参与活动。东东一直玩得很开心。

下午，东东爸爸来接孩子，老师将孩子摔跤的事告知了家长，爸爸见东东伤得不重，没说什么，就带孩子回家了。谁知过完周末，周一上班时，东东爸爸找到王园长，说东东右小腿骨折，是上周五在幼儿园摔的，还拿出了周日在医院拍的片子和医生的诊断书，要求幼儿园赔偿东东的治疗费和陪护费。王园长马上了解情况，老师将东东摔跤的经过详细告知园长，并找来园医，大家一致认为那天不可能发生骨折，孩子的骨折应该另有原因。园长提出要带老师去家中看望孩子，东东爸爸说因为没有时间照顾孩子，孩子去爷爷奶奶家养伤了，并拒绝告知地址，只是一个劲地闹着要赔钱。王园长提出质疑，如果周五就发生了骨折，东东还能在骨折后活蹦乱跳地玩游戏吗？还能忍到周日才去医院治疗吗？可是家长拿着X光片资料和病历本，气势汹汹地要幼儿园赔钱，扬言不给钱就去教育局投诉，找媒体记者来报道。闹了一天，双方僵持不下，东东爸爸就将资料发到家长微信群，说幼儿园不负责任，家长们在微信群里七嘴八舌地议论着。王园长咨询了医生，医生也认为骨折与周五的摔跤无关，应该是周末出的事。王园长一气之下就把东东爸爸踢出了微信群。于是，家长就去教育局投诉了。

后来，事情水落石出，东东周日跟着爸爸在野外游玩时发生了骨折。东东的爸爸妈妈离婚了，孩子受伤后没人照顾，就送回乡下的爷爷奶奶家养伤。东东爸爸想到孩子周五在园受了伤，就趁机赖上幼儿园，上演"园闹"，想逼幼儿园赔钱。

（案例由湖南省娄底市教育科学研究所王立群提供）

【案例分析】

随着改革开放的深入，公民的道德观、价值观呈现多元化，单亲家庭、留守儿童、隔代教育给幼儿教育带来了挑战，家长群体也越来越复杂。尽管幼儿园都重视家园工作，然而，有些不太讲理或比较强势的家长不够理解幼儿园和教师，甚至无理取闹，引发了幼儿园公共关系危机。案例中的东东爸爸就属于这一类。面对家长的索赔，王园长立刻组织调查，弄清事情原委后，在幼儿园不应该负责任的前提下坚持立场不退步，这种态度是正确的，但工作还可以做得更细致和主动些。遇到这类家长，园长首先要和家长阐述事实，可以将幼儿园相关记录，包括视频资料拿给家长查看，再站在法律的角度告知家长，即使是在幼儿园发生的伤害事故，也要按照"过错原则"赔偿——存在过错才赔偿，无过错是不需要赔偿的。如果家长继续无理取闹，干扰幼儿园的工作秩序，破坏幼儿园的声誉，那么幼儿园可以依法追究责任，也可以主动借助家委会、社区、教育主管部门的力量，进一步了解真相，协助应对刁蛮的家长。

（五）由网络引发的公共关系危机应对案例

案例 8-6　微信朋友圈里的"幼儿园中毒案"

赵园长是某县级市一所乡镇幼儿园的园长。该幼儿园日常管理工作比较规范，生源不错。有一天，几个家长突然涌进园长室，质问为什么幼儿园发生食物中毒事件要隐瞒家长。赵园长一头雾水：幼儿园什么时候发生过食物中毒事件？赵园长连忙请家长道明消息来源。家长掏出手机，给赵园长看微信朋友圈。一个署名"山民"的网友撰写了一篇题为"××幼儿园十几名幼儿食物中毒住院治疗，教育局介入调查"的文章，除了文字，还配有几张家长陪同孩子检查和孩子躺在病床上输液的照片，后面有不少跟帖。××幼儿园即赵园长所在的幼儿园。赵园长看到事情比较严重，连忙召开班子会议。很快，办公室主任发现这篇文章已经在当地的"××新闻在线""××论坛""××掌上新闻"登出，最早的是三天前。赵园长认定这是同行的恶意竞争，滋事造谣，以前也有过类似的事件——附近某幼儿园在家长中散播赵园长所在的幼儿园食堂消毒不合格、用地沟油等谣言，这一次更是变本加厉地利用网络造谣。赵园长立刻向所在乡镇和市级教育主管部门报告，并联系"××新闻在线"的记者来幼儿园实地调查，在记者的帮助下发表了辟谣声明。很快，造谣文章的出处被查到，文字和图片皆是盗用当年3月某省农村小学附属幼儿园十几名幼儿发生细菌性感染食物中毒的新闻报道，赵园长立即向教育局汇报此事。事情很快查清了，造谣文章是相邻幼儿园的园长李某所为，因为近两年，陆续有幼儿从李某所在的幼儿园转去赵园长所在的幼儿园。李某认为赵园长挖她的生源，怀恨在心，就一而再、再而三地造谣生事，恶意报复。后来，市教育局找到李某诫勉谈话，教育李某要从自身管理找原因、找差距，不能采取错误的做法，损害别人的名誉，否则，不仅赵园长会依法追究责任，教育局也将严惩恶性竞争行为。造谣风波逐渐平息，赵园长终于舒了口气。

（案例由湖南省娄底市教育科学研究所王立群提供）

【案例分析】

在互联网迅猛发展的时代，越来越多的人学会通过网络媒介传递信息、交流思想、表达诉求，互联网的研究和运用已经成为社会发展与民众生活中不可分割的一部分。网络舆情危机应对也成了幼儿园公共关系管理的重要内容。幼儿园要引领全体员工掌握一定的互联网技术，学会使用网络工具，提高对网络舆论的敏感度和识别能力。一旦得知网上有不利于幼儿园或教师的负面消息，首先要从以下几个方面确认危机：在哪里发的帖？谁发的帖？什么时间发的帖？具体内容是什么？发帖人的意图是什么？传播范围怎样？有无意见领袖参与传播？确认后要迅速应对舆情危机。在上述案例中，赵园长的应对策略还是妥当的：报告教育行政部门，找到当地主流媒体的记者实地调查，发表辟谣文章，澄清事实，减轻舆情影响。平时，幼儿园更要加强网络舆情的监测，可以通过一些舆情监测软件对互联网进行全面监测，监测范围可以涵盖新闻、论坛、博客、微博、QQ、微信等互联网载体，例如舆情专家CRD系统、舆情秘书CII平台等，可实现24小时连续服务，还具有手机推送等便捷功能，能随时随地了解和监控舆情动态，有效防止或减轻网络舆情引发的公共关系危机。

（六）由其他原因引发的公共关系危机应对案例

案例 8-7 幼儿园法律纠纷

纠纷一

某幼儿园的潇潇从小就表现出与众不同的绘画天赋，他的画多次在各种级别的儿童画展上获奖。就在潇潇上幼儿园大班的这一年，当地一家出版社计划出版《儿童优秀美术作品选》。该出版社面向社会，尤其面向一些大型幼儿园征集优秀的儿童美术作品。潇潇所在的幼儿园便把潇潇的几幅绘画作品推荐给了出版社。很快，《儿童优秀美术作品选》出版了，但在该书中，潇潇的几幅作品下面只有"××幼儿园供稿"的字样，却没有潇潇的署名。潇潇的父亲得知这一情况后，马上找到该出版社索要样书、稿酬以及作者证明。对于潇潇父亲提出的要求，该出版社表示，样书可以给，作者证明也可以开，但当初选登潇潇的画是得到幼儿园同意的，稿酬已经统一支付给幼儿园了。于是，潇潇的父亲又到幼儿园索要稿酬。对此，幼儿园方面表示不能理解。园方认为，潇潇的画是经过幼儿园老师的指导和推荐才得以入选《儿童优秀美术作品选》的，对于潇潇来说，这是一种荣誉，家长不应该再索要稿酬。而潇潇的父亲则不赞同这种说法，他将出版社和幼儿园一起告上了法庭。

纠纷二

婷婷今年只有6岁，就读于某县城的一所私立幼儿园。别看婷婷年龄不大，可是她有一副动听的歌喉，经常在各种文艺比赛中获奖。今年，为迎接"六一"儿童节，县里举行"六一"儿童节文艺演出，并对参加文艺演出的节目进行了评奖。经幼儿园推荐，能歌善舞的婷婷参加了县里的文艺演出并获得了一等奖。县里的这次颁奖大会十分隆重，电视台等各大媒体也纷纷前来采访，获得一等奖的婷婷自然成为媒体报道的焦点，她上台接受颁奖时的镜头被拍摄得十分清晰。婷婷获得一等奖不但令其家人十分高兴，而且让她就读的私立幼儿园看到了宣传自己的绝佳机会。婷婷获奖后不久，该私立幼儿园就用婷婷上台接受颁奖时的镜头作为电视广告，在电视中为该幼儿园做广告宣传。看到电视中播放的这个广告后，婷婷的父亲非常气愤，他找到幼儿园，要求其停止播放电视广告并赔偿相关损失。而幼儿园方面则说，播放这个广告是经过婷婷口头同意的。

（摘自：王贵水. 危机管控　全面应对——园长危机应对的100个建议[M]. 北京：华夏出版社，2013.）

【案例分析】

随着普法工作的深入，我国法制建设稳步推进，公民的法律知识越来越丰富，维权意识越来越强。以上两个案例都是幼儿家长作为监护人起诉侵犯幼儿相关权益的幼儿园而导致的公共关系危机。这类危机的出现往往是由幼儿园缺少法律知识，处置不当造成的。纠纷一违反了《中华人民共和国著作权法》的相关规定。《中华人民共和国著作权法》（2010年颁布）第四十七条规定："有下列侵权行为的，应当根据情况，承担停止侵害、消除影响、赔礼道歉、赔偿损失等民事责任：（一）未经著作人许可，发表其作品的；……（七）使用他人作品，应当支付报酬而未支付的……"幼儿虽小，但也是公民，其著作同样受法律保护，幼儿园和出版社不能忽视幼儿著作权。幼儿是无民事行为能力的人，应该由监护人代为监管其著作权。在没有得到潇潇监护人同意的情况下，幼儿园将潇潇的作品提供给出版社出版，只署幼儿园的名称而没有署潇潇的姓名，这是侵犯潇潇著作权的行为，潇潇的监护人可以依法追究幼儿园和出版社的侵权行为，提出赔偿。纠纷二违背了《中华人民共和国广告法》的有关规定，2015年新修订的《中华人民共和国广告法》第三十三条明确规定："广告主或者广告经营者在广告中使用他人名义或者形象的，应当事先取得其书面同意；使用无民事行为能力人、限制民事行为能力人的名义和形象的，应当事先取得其监护人的书面同意。"第三十八条规定："不得利用不满十周岁的未成年人作为广告代言人。"婷婷所在幼儿园擅自使用幼儿形象做广告，侵害了婷婷的人身权利，应当依法承担民事责任。法律纠纷不仅会损害幼儿园的公众形象，还会耗费时间和精力来处理。幼儿园一定要加强普法工作，学法、知法、用法，依法办园。目前来说，与幼儿园管理相关的法律法规或条例主要包括：《中华人民共和国教育法》《中华人民共和国教师法》《中华人民共和国未成年人保护法》《中华人民共和国民办教育促进法》《中小学幼儿园安全管理办法》《学生伤害事故处理办法》《中华人民共和国劳动法》《中华人民共和国劳动合同法》《工伤保险条例》等，以及《中华人民共和国侵权责任法》《中华人民共和国民法通则》《中华人民共和国广告法》《中华人民共和国著作权法》等。幼儿园可以组织员工集中学习法律知识，也可通过相关新闻报道案例学习法律知识。

主要参考文献

[1] 安平.重视另一种财富[J].学前教育,2008(2).

[2] 北京师范大学实验幼儿园.幼儿园后勤精细化管理[M].北京:北京师范大学出版社,2015.

[3] 曹湘瑜,郭宗莉.一封"意外"的教师来信[J].早期教育:教师版,2009(10).

[4] 陈迁.幼儿园管理的50个细节[M].福州:福建教育出版社,2011.

[5] 陈群.幼儿园危机管理实务[M].北京:中国轻工业出版社,2009.

[6] 陈秀华.我们这样研"反思"[J].早期教育:教师版,2010(4).

[7] 陈忠鹏.浅谈中小学后勤管理的特点和原则[J].延边教育学院学报,2004(5).

[8] 程凤春.幼儿园管理的50个典型案例[M].上海:华东师范大学出版社,2011.

[9] 程惠霞.危机管理——从应急迈向前置[M].北京:清华大学出版社,2016.

[10] 冯宝安.论幼儿园突发事件管理的四个阶段——基于希斯4R危机管理理论的视角[J].早期教育:教科研版,2014(12).

[11] 冯宝安.幼儿园突发事件危机管理机制构建研究[D].重庆:西南大学,2013.

［12］冯宝安.幼儿园危机管理机制构成体系与实例分析［J］.早期教育：教科研版，2015（11）.

［13］冯宝安.周兴平.2010—2015年在园幼儿死亡事件统计分析与解决对策［J］.学前教育研究，2016（2）.

［14］高庆春，马东平.幼儿园管理［M］.北京：清华大学出版社，2016.

［15］耿学超.安全管理实操［M］.北京：北京工业大学出版社，2004.

［16］黄思思.福州市公立幼儿园突发事件应急预案管理研究［D］.福州：福建农林大学，2014.

［17］江芸涵，等.男幼师为啥这么稀缺［N］.四川日报，2016-05-10.

［18］金忠明.教师，走出职业倦怠的误区［M］.上海：华东师范大学出版社，2011.

［19］黎志涛.幼儿园建筑设计［M］.北京：中国建筑工业出版社，2006.

［20］李力.小学校园危机管理策略研究［D］.成都：西南交通大学，2013.

［21］李兴贵.四川省中小学危机管理机制研究［D］.成都：电子科技大学，2009.

［22］凌晓俊，时松.幼儿园危机的类型、特点及管理策略研究［J］.天津师范大学学报：基础教育版，2015（3）.

［23］刘梦新.幼儿园教师教龄17年工资2500元 钱不够儿子补课［N］.黑龙江晨报，2013-02-25.

［24］刘鹏.城市公共危机预警研究［M］.北京：中央编译出版社，2010.

［25］卢俊.幼儿园园长临场应变技巧50例［M］.北京：中国轻工业出版社，2008.

［26］梅路宇.中学校园危机管理问题研究［D］.长春：吉林大学，2015.

［27］聂运霞.上海市幼儿园园长危机管理的意识和行为研究［D］.上海：华东师范大学，2009.

［28］祁娜.引入危机管理意识 浅谈幼儿园安全管理［J］.中国现代教育装备，2012（18）.

[29] 邱诗琦.幼儿园教师权益保障现状调查研究——以湖南省长沙市为例[D].长沙：湖南师范大学，2015.

[30] 苏伟伦.危机管理——现代企业实务管理手册[M].北京：中国纺织出版社，2000.

[31] 王彩丽.幼儿园拒签劳动合同，也没缴纳五险一金[N].沈阳晚报，2012–08–21.

[32] 王贵水.危机管控 全面应对——园长危机应对的100个建议[M].北京：华夏出版社，2013.

[33] 王宏伟.应急管理理论与实践[M].北京：社会科学文献出版社，2010.

[34] 王小波.平安·健康·发展——幼儿园安全管理之我见[J].上海教育科研，2010（9）.

[35] 希斯.危机管理[M].王成，等，译.北京：中信出版社，2001.

[36] 谢祖霞.基于危机管理视角谈幼儿园管理[J].经济研究导刊，2011（36）.

[37] 熊卫平.危机管理——理论、实务与案例[M].杭州：浙江大学出版社，2012.

[38] 许龙君.校园安全与危机处理[M].北京：中国人民大学出版社，2010.

[39] 薛澜，等.危机管理：转型期中国面临的挑战[M].北京：清华大学出版社，2003.

[40] 严娅.中小学校园危机心理干预问题浅析[J].成功：教育版，2011（9）.

[41] 于渊莘，邹平.沟通的力量——园长公共关系协调能力的提升[M].北京：北京师范大学出版社，2017.

[42] 张践.公共关系学[M].北京：中央广播电视大学出版社，2011.

[43] 张燕.幼儿园管理[M].北京：北京师范大学出版社，2005.

[44] 张燕.幼儿园管理案例及评析[M].北京：北京师范大学出版社，2016.

[45] 张霞.幼儿园安全管理与纠纷防范处理实务全书：第三卷[M].长春：

吉林音像出版社，2013.

［46］赵红霞.大学危机管理实务［M］.北京：中国轻工业出版社，2010.

［47］赵雨.对构建高校后勤危机管理体系的思考［J］.中国冶金教育，2007（6）.

［48］郑思.民办幼儿园老师工资低辞职率高［N］.深圳商报，2013-09-10.

［49］周丛笑.教研那些事：一位特级教师的学前教育教研手记［M］.长沙：湖南教育出版社，2017.

［50］周锦锋.我国食品安全危机预防管理现状分析与对策研究［D］.上海：上海交通大学，2007.

［51］周薇.学校危机管理的思路与方略探析［J］.中国农业教育，2010（1）.

［52］朱延莉.我国中小学校园危机管理问题研究［D］.延安：延安大学，2013.

［53］祝优优.家长不满"温岭虐童案"判决［N］.法治周末，2013-08-28.

［54］卓思廉.学校危机管理机制初探［J］.北京教育学院学报，2008（2）.

［55］Essa E.幼儿问题行为的识别与应对［M］.王玲艳，等，译.北京：中国轻工业出版社，2011.

万千教育 学前教育类书目

书号	书名	著、译者	定价(元)
幼儿园教师专业成长指导			
2547	认识婴幼儿的游戏图式	张　晖　等译	48.00
2113	做会沟通的幼儿教师	胡剑红　等主编	38.00
2236	幼儿园文案撰写规范与技巧	刘　敏　等著	52.00
2311	幼儿园探究性环境创设（四色）	康　丹　等译	48.00
2056	小脑袋，大问题（四色）	孟　晨译	48.00
2309	破解幼儿园教师的90个工作难题	杜长娥　徐　钧　主编	52.00
2112	幼儿园优质教研活动设计方案	朱　清　等著	38.00
1781	给青年幼儿教师的建议	吴邵萍　著	40.00
8470	答新手幼儿教师120问	刘洪霞　主编	28.00
1798	幼儿园新手教师指导手册	王　芳　等著	48.00
1783	从新手到骨干——幼儿教师专业成长故事	尹坚勤　编著	42.00
1780	幼儿教师追求幸福的方法	余胜兰　著	42.00
9111	做个幸福快乐的幼儿教师 ——为你的专业成长支招	莫源秋　著	28.00

编号	书名	作者	定价
9047	幼儿教师临场应变技巧60例	冯伟群 著	25.00
8930	幼儿教师易犯的150个错误	伍香平 编著	32.00
0070	幼儿教师必知的礼仪规范	向多佳 编著	38.00
9611	幼儿园教师必知的60条教育政策与法规	洪秀敏 编著	34.00
幼儿园教师专业成长指导系列合计			681.00
幼儿园教师教学技能与活动指导			
2727	从头到脚玩绘本（全彩）	董旭花 张海豫 主编	78.00
2253	理解儿童心理从绘画开始（全彩）	陈侃 著	38.00
0760	幼儿园备课·说课·听课·评课	俞春晓 等 著	42.00
9499	幼儿教师必须修炼的10项教学技能	俞春晓 著	25.00
9454	幼儿园教学诊断技巧与对策58例	王春燕 等 著	38.00
9612	幼儿园综合主题活动——设计技巧与优秀案例	赵旭莹 等 主编	42.00
1235	幼儿园绘本美术活动创意设计（全彩）	郭莉萍 赵福云 主编	68.00
9323	幼儿园美术活动创意设计（全彩）	罗梅 赵福云 主编	56.00
0180	给幼儿教师和家长的81条美术教育建议（全彩）	李力加 著	62.00
9150	幼儿园节日活动精彩设计方案	刘洪霞 主编	35.00
9590	幼儿园语言活动创新设计	郭咏梅 著	32.00
0157	幼儿园优秀语言活动设计70例	郭咏梅 主编	26.00
0453	幼儿园优秀体育活动设计99例	朱清 侯金萍 主编	45.00

9892	幼儿园优秀美术活动设计99例（全彩）	陈学群 余 晖 主编	58.00
9591	幼儿园优秀健康活动设计80例	范惠静 主编	38.00
9439	幼儿园优秀社会活动设计65例	伍香平 主编	25.00
9385	幼儿园优秀科学活动设计88例	董旭花 主编	35.00
9951	幼儿园科学探究故事20例	王明珠 主编	40.00
幼儿园教师教学技能与活动指导合计			**783.00**
幼儿园区域活动指导			
1935	幼儿园户外环境创设与活动指导（全彩）	董旭花 等 著	72.00
2103	幼儿园社会区材料设计与评价（四色）	王微丽 霍力岩 主编	60.00
1950	幼儿园科学区材料设计与评价（全彩）	王微丽 霍力岩 主编	60.00
1951	幼儿园生活区材料设计与评价（全彩）	王微丽 霍力岩 主编	60.00
1782	幼儿园数学区材料设计与评价（全彩）	王微丽 霍力岩 主编	60.00
1800	幼儿园语言区材料设计与评价（全彩）	王微丽 霍力岩 主编	60.00
2598	幼儿园艺术区材料设计与评价（全彩）	王微丽 霍力岩 主编	60.00
9613	幼儿园区域活动 ——环境创设与活动设计方法（全彩）	王微丽 主编	60.00
9149	小区域，大学问 ——幼儿园区域环境创设与活动指导	董旭花 等 著	30.00
9548	幼儿园创造性游戏区域活动指导 （角色区·建构区·表演区）	董旭花 等 编著	32.00
9549	幼儿园自主性学习区域活动指导 （生活操作区·美工区·益智区·科学区）	董旭花 等 编著	35.00
0156	幼儿园区域活动现场指导艺术 ——透视38个区域故事	董旭花 等 著	38.00

9134	如何有效实施幼儿园主题性区域活动	秦元东　等　著	24.00
7937	幼儿园科学区（室） ——科学探索活动指导117例	董旭花　主编	28.00
幼儿园区域活动指导合计			679.00
幼儿园园所管理			
2102	破解幼儿园园长的50个管理难题	苏晓芬　等　著	48.00
1784	幼儿园危机管理策略与实例	周丛笑　等　编著	52.00
1596	幼儿园安全管理策略	张春炬　李芳　主编	42.00
0039	园本培训促进幼儿教师专业发展	晏红　著	32.00
9883	幼儿园教研活动设计与实施	莫源秋　著	32.00
9620	幼儿园保育员工作指南	伍香平　等　主编	20.00
9438	幼儿园园长的领导艺术	任民　李迎春　著	32.00
9006	幼儿园园长临场应变技巧50例	卢俊　著	20.00
9012	幼儿园园长易犯的80个错误	伍香平　主编	25.00
幼儿园园所管理合计			303.00
幼儿行为观察与应对指导			
2308	0—8岁儿童纪律教育 ——给教师和家长的心理学建议（第七版）	蔡菡　译	72.00
9138	幼儿行为的观察与记录（第五版）	马燕　等　译	32.00
2045	幼儿问题行为的识别与应对 ——给家长的心理学建议（第二版）	冯夏婷　主编	58.00
7797	幼儿问题行为的识别与应对（教师篇）（第6版）	王玲艳　等　译	38.00

1262	幼儿活动档案记录与解读（第二版）	马　燕　等　译	46.00
幼儿行为观察与应对指导合计			246.00
幼儿园家长工作指导			
2345	幼儿成长揭秘 ——常见问题分析与家园共育策略	王普华　等　著	48.00
1934	幼儿教师与家长沟通之道（第二版）	晏　红　著	46.00
364	幼儿园家长工作技能与艺术	莫源秋　编著	45.00
806	破解家园沟通的44个难题	胡剑红　主编	35.00
9610	幼儿教师的家长工作技巧	张春炬　主编	34.00
9592	幼儿园家长开放日活动设计与实践指导	卢筱红　主编	25.00
9322	幼儿园家庭教育指导形式与方法	晏　红　著	34.00
幼儿园家长工作指导合计			267.00
幼儿园教师教育技能与活动指导			
2096	让幼儿都爱听你说（第二版）	马希武　等　译	36.00
1707	有力的师幼互动	王连江　译	36.00
9903	幼儿教师与幼儿有效互动策略	莫源秋　等　编著	35.00
1197	幼儿教育中的心理效应	莫源秋　等　编著	32.00
9950	让幼儿都爱听你说 ——幼儿教师说话的艺术	马希武　等　译	20.00
8953	幼儿教师实用教育教学技能	莫源秋　等　著	30.00
784	幼儿教师必须掌握的教育技巧	莫源秋　著	35.00

193	跟蒙台梭利学做快乐的幼儿教师	刘文　主编	58.00
2599	做幼儿喜爱的魅力教师（第二版）	莫源秋　著	48.00
7303	老师，你在听吗？ ——幼儿教育活动中的师幼对话	汪寒鹭　等译	28.00
幼儿园教师教育技能与活动指导合计			358.00
幼儿心理与发展指导			
2205	幼儿行为管理的方法与策略	莫源秋　著	46.00
1779	幼儿情绪管理的方法与策略	莫源秋　著	48.00
9496	透视幼儿心理世界 ——给幼儿教师和家长的心理学建议	冯夏婷　主编	36.00
0783	透视0—3岁婴幼儿心理世界 ——给教师和家长的心理学建议	冯夏婷　主编	38.00
0183	幼儿常见心理行为问题：诊断与教育	莫源秋　著	38.00
6608	幼儿心理健康教育	刘文　编著	25.00
幼儿心理与发展指导合计			231.00
幼儿园一日活动设计指导系列			
9952	幼儿园一日生活过渡环节的组织策略	吴文艳　主编	28.00
8469	幼儿园一日生活环节的组织策略	宋文霞　等主编	36.00
9531	幼儿园一日活动教育细节69例	王明珠　主编	28.00
0158	幼儿园大型活动组织与策划手册	李春玲　著	35.00

……
欲了解更多图书信息，请登录：www.wqedu.com
联系地址：北京市西城区三里河路6号院2号楼213室　万千教育
咨询电话：010-65181109，65262933
*本目录定价如有错误或变动，以实际出书为准。